前　言

看盘，是每个股市投资者的必修课。假如一个人想要驾驶汽车，那么，他一定要先学会驾驶技术，然后才能开车上路。投资也一样，一个投资者如果想在股市中获得赢利，那么，也需要学会一些投资技术。一位投资大师曾经说过："炒股，而不学投资技术，就像一个人打扑克不看牌一样，都会是必输无疑的。"在众多投资技术中，看盘既是最基础的，也是最重要的。

盘面信息会说话。对于投资者来说，盘面中的每一个信息都有特定的指示意义，如股价线、分时线、盘口成交数据等。只要能够熟练掌握看盘技术，这些盘面信息就会告诉投资者一些别人无法领悟的信息。投资者通过看盘不仅可以看清大盘的变化、个股的涨跌，更可以预测股价或指数的变动趋势。

同样的盘面信息，不同的人会解读出不一样的内容，这就是看盘水平的差别。每个人都希望自己解读的信息能够反映真实的股市变化，所以，每个投资者都需要提升自己的看盘水平。我们这本书就是专为投资者提升看盘能力而设计的。

本书从看大盘分时图讲起，详细讲述了大盘分时图、个股分时图以及盘中看盘的各种细节，并且提供了投资者可采取的应对策略。在投资者应掌握的各种看盘技术中，K 线占了比较大的比重，因而，本书通过两章的内容，讲述了 K 线语言和 K 线的各种形态，并且给出了各种 K 线形态的最佳买卖点，以供读者参考。

均线、技术指标与量价形态同样是看盘技术中不可或缺的内容，因而，本书也将其作为重要的内容进行讲解。本书在对均线的讲解中给出了用均线判断买卖点的各种技巧，确保投资者可以仿照使用；本书在对技术指标的讲解中给出了用技术指标判断买卖点的方法，以便于读者操作；本书在对量价形态讲解中分别介绍了基本量价形态和特殊量价形态的买卖点，以便于读者快速掌握各种量价形态。

本书与市面上同类图书相比还具有如下几项特点：

1. 全面、系统

本书从多个角度介绍了看盘的基本方法、基本技巧，使投资者可以全面、系统地掌握看盘的精髓，从而更好地应用于实战。

2. 实用性强

本书所提出的盘面信息解读方法，是在总结前人经验的基础上提出的，因而具有很强的实用性。投资者通过这些看盘方法，可以大大提升看盘水平，实现轻松在股市中获利的目标。

3. 案例有针对性

本书所提供的案例要么是最近一段时间出现的典型案例，要么是股市发展过程中具有很强代表性的案例。总之，这些案例将在很大程度上帮助投资者快速掌握书中所讲的内容，并迅速地应用于实战。

股市中永远存在风险，本书所介绍的这些看盘的方法、技巧也不能回避股市中的风险，投资者一定要根据自身情况，先控制好风险，再求获利。本书在编写过程中得到了很多人的帮助，这才顺利完稿。在本书的编写过程中，刘丽丽、张超、栾续伟、刘磊磊为本书资料的收集和填充做了大量的工作，吕淑梅、任洪伟、秦瑞芝、张志义、张亮、刘振清为收集案例和图表做出了许多努力，刘晓丽、刘继全、王凤芝、王光伟、张亚贤、王福仁、张亚平提供了很多实战案例，刘益星、周灿辉、张亚芝、王凤杨为全书的修改与增删提供了很多有用的建议，在此，一并表示感谢。

众智理财
（股市实战一本就通系列）

看盘实操一本就通

盘面解析——一看就懂

K线精析——一学就会

均线形态——一点就清

量价形态——一讲就明

股震子　编著

中国劳动社会保障出版社

内容提要

本书从看大盘分时图谈起，详细讲述了大盘分时图、个股分时图以及盘中看盘的各种细节，为投资者提供了可采取的应对策略。在投资者应掌握的各种看盘技术中，K线占了比较大的比重，因而，本书通过两章的内容，讲述了K线语言和K线的各种形态，并且给出了各种K线形态的最佳买卖点，以供读者参考。

均线、技术指标与量价形态同样是看盘技术中不可或缺的内容，本书也将其作为重要的内容进行讲解。在对均线的讲解中给出了用均线判断买卖点的各种技巧，确保投资者可以仿照使用；在对技术指标的讲解中给出了用技术指标判断买卖点的方法，以便于读者操作；在对量价形态讲解中分别介绍了基本量价形态和特殊量价形态的买卖点，以便于读者快速掌握各种量价形态。

本书适合所有股民，尤其适合新股民和即将进入股市者阅读。

图书在版编目(CIP)数据

看盘实操一本就通/股震子编著. —北京：中国劳动社会保障出版社，2012
ISBN 978-7-5045-9490-7

Ⅰ.①看… Ⅱ.①股… Ⅲ.①股票投资-基本知识 Ⅳ.①F830.91

中国版本图书馆CIP数据核字(2012)第028971号

中国劳动社会保障出版社出版发行
(北京市惠新东街1号 邮政编码：100029)
出 版 人：张梦欣
*
北京北苑印刷有限责任公司印刷装订 新华书店经销
787毫米×1092毫米 16开本 17印张 289千字
2012年3月第1版 2012年3月第1次印刷
定价：38.00元
读者服务部电话：010－64929211/64921644/84643933
发行部电话：010－64961894
出版社网址：http://www.class.com.cn

目　录

第一章

大盘看盘实操

通常所说的大盘指的就是沪市的“上证综合指数（简称上证指数）”和深市的“深证成份股指数（简称深证成指）”。由于目前深证成指的走势都是与上证指数保持一致的，因此，投资者通常意义上所说的大盘，主要指的是上证指数。由于大盘指数反映了市场上最具代表性股票的走势，因而，往往对其他股票也能起到引领作用。

上证指数是以上海证券交易所挂牌上市的全部股票（包括A股和B股）为样本，以发行量为权数（包括流通股本和非流通股本），用加权平均法计算得出的股价指数。以1990年12月19日为基日，基日指数定为100点。深证成指是从在深圳证券交易所上市的所有股票中抽取具有市场代表性的40家上市公司的股票作为计算对象，并以流通股为权数计算得出的加权股价指数，深证成指以1994年7月20日为基日，基日指数定为1 000点。

我们在这里主要以上证指数为例介绍大盘情况。上证指数分时走势图，是把股票市场的一系列交易信息，实时地用曲线在坐标图上加以显示的一种技术图形。坐标的横轴表示交易时间，纵轴的上半部分是指数，下半部分显示的是实时的成交量。下面我们以2011年9月14日的上证指数分时走势图为例，简单介绍一下上证指数分时走势图所传递的信息。

图1—1所示为上证指数在2011年9月14日的分时走势图。图中的实线“上证指数线”代表了上证指数的实际走势，反映的是经过加权处理的大盘指数，在一般的股市行情软件中用白线表示；图中的虚线“领先指数线”代表的是不含加权处理的大盘指数，在行情软件中一般用黄线表示。图中的红柱线与绿柱线表示的是买盘与卖盘的对比情况，在中间横轴上方的红柱线，表示的是买盘大于卖盘的情形；在中间横轴下方的绿柱线，表示的是卖盘大于买盘的情形。

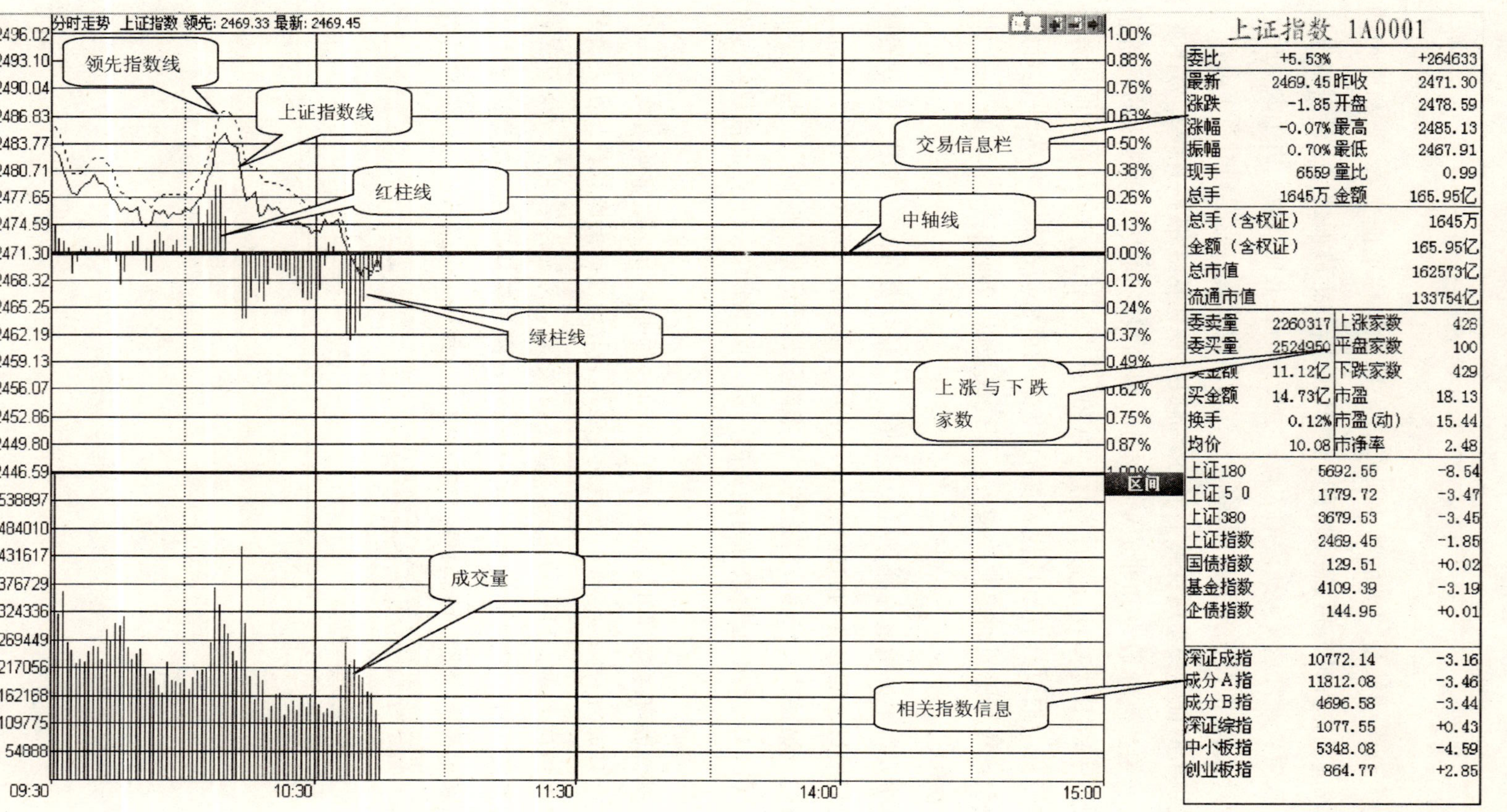

图 1—1 上证指数分时走势图（2011 年 9 月 14 日）

第一节　大盘分时图实战看点

➲ 实战看盘

俗话说："窥一斑而见全豹"，看大盘分时图也是如此。对于普通投资者来说，看大盘分时图没有必要一点一点地细看，只需观察其中的几个要点就可以了。

一般情况下，需要投资者特别注意的大盘分时图要点包括以下三个：第一，上证指数线与领先指数线的走势；第二，大盘红柱线与绿柱线的变化；第三，整个市场中的上涨家数与下跌家数。

一、上证指数线与领先指数线

上证指数线，也就是通常所说的分时走势图上的白线，是以样本股的发行股本数为权数进行加权计算得到的，因此，一些大盘股（权重股）对该线的走势影响很大；而领先指数线，就是通常所说的分时走势图上的黄线，是未经过加权处理的，受大盘股（权重股）影响较小，因而，更能反映一些小盘股的走势特点。

其实，通常意义上所说的大盘股与小盘股并没有明确的界定，只是相对而言，总股本较小的股票被称为小盘股；总股本较大的股票则被称为大盘股。现阶段意义上的小盘股指的是流通股本不超过1亿股的股票；而将流通股本超过5亿股的股票称之为大盘股。

上证指数线与领先指数线所处的位置不同，说明大盘股与小盘股涨跌情况不同，对后市的影响也各有差异。一般情况下，这两条线在不同位置所代表的意义不同。

1. 当指数上涨时，如果上证指数线上升较快，而领先指数线上升较慢，则说明大盘股在领涨；反之，则说明小盘股在领涨。

2. 当指数下跌时，如果上证指数线下跌较快，而领先指数线下跌较慢，则说明大盘股在领跌；反之，则说明小盘股在领跌。

3. 如果上证指数线与领先指数线粘合在一起，则说明整个市场是一种普涨或普跌的格局，且上涨或下跌的幅度越大，上涨或下跌的家数越多。

4. 如果上证指数线在领先指数线的上方，则说明大盘股的走势强于小盘股；反之，则说明小盘股的走势强于大盘股。

5. 上证指数线与领先指数线出现相反的走势，说明市场资金关注点存在分歧。如果上证指数线在上，则说明市场资金比较青睐大盘股；反之，则说明市场资金青睐小盘股。

上证指数线与领先指数线的变动，反映了市场资金关注热点的变动与资金操作的重点。投资者通过观察这种变化就可以确定自己选股的方向。

在图1—1中，上证指数线与领先指数线基本上粘合在一起，并且全部在中轴线附近波动，此种走势说明，市场处于盘整格局，观望气氛比较浓，而从大盘走势图旁边的上涨家数与下跌家数中也可以得到印证："2011年9月14日10点45分，上涨家数428，平盘家数100，下跌家数429"，这也可以说明，整个市场呈现出了盘整的格局。

二、红柱线与绿柱线

柱状线是一种买盘与卖盘实力强弱对比的均衡线。当柱状线位于中间横轴的上方时，该柱状线呈红色；当柱状线位于中间横轴的下方时，该柱状线呈绿色。

红柱线表示的是买盘强于卖盘，当红柱线逐渐变长时，表示买盘逐渐增强；绿柱线表示的是卖盘强于买盘，当绿柱线逐渐变长时，表示卖盘逐渐增强。

红柱线与绿柱线表示的都是瞬间买盘与卖盘的对比情况，并不是说大盘上涨时所有时间的买盘都强于卖盘，只有在大盘加速上涨时才会出现明显的红柱线增多的情况；当大盘在上涨中途出现盘整时，也会出现红柱线变短或绿柱线变长的情况。

红柱线与绿柱线的长度不同，所代表的含义也不同。

1. 当红柱线变长时，说明买盘踊跃，大盘上涨的力度比较强；反之，当红柱线变短时，说明买盘不济，大盘上涨的力度减弱。

2. 当绿柱线变长时，说明卖盘比较踊跃，大盘下跌的力度就比较强；反之，当绿柱线变短时，说明卖盘不济，大盘下跌的力度也在减弱。

例如图1—1中，红柱线与绿柱线呈现出以下几个特征：第一，在看盘初期，红柱线与绿柱线交替出现，说明市场上买盘与卖盘都不积极，因而，股价呈现下跌状态；第二，经过了开盘阶段的一阵下跌之后，红柱线逐渐增多，表示买盘逐渐增多，市场表现强势，股价也出现了一波上涨；第三，当股价上涨到一个阶段高点之后，红柱线减少，绿柱线逐渐增多，表示卖盘开始增加，股价呈现出下跌走势，尽管此时股价相比前一交易日仍是上涨的，但相比开盘价已经出现下跌了。

三、上涨家数与下跌家数

上涨家数是指当时股票价格高于前一交易日收盘价的股票个数；下跌家数是指当时股票价格低于前一交易日收盘价的股票个数。与此相对应，还有平盘家数这一概念。平盘家数是指当时股票价格与前一交易日收盘价相同的股票个数。

上涨家数与下跌家数的多少反映了市场的景气程度，含义如下。

1. 当上涨家数远远超过下跌家数时，说明市场气氛非常活跃，短期有进一步上涨的可能，适合投资者进行短线操作。

2. 当下跌家数远远超过上涨家数时，说明市场气氛非常不好，短期还有进一步下跌的可能，投资者最好采取观望的态度。

图1—1中，上涨家数与下跌家数一栏中，有如图1—2所示的信息。

上涨家数	428
平盘家数	100
下跌家数	429
市盈	18.13
市盈(动)	15.44
市净率	2.48

图1—2 上涨家数与下跌家数

在图1—2中，上涨家数为428家，而下跌家数为429家，说明上涨家数与下跌家数基本持平，市场处于盘整阶段，且市场正在选择突破的方向。大盘指数未来上涨或下跌充满了不确定性，此时，投资者最好选择持币观望。

股海箴言

投资者通过大盘分时图可以研判股市整体的运行方向以及个股的运行趋势，但是，仅仅靠大盘分时图提供的信息，还是远远不够的。投资者需要综合国民经济运行情况、技术指标运行趋势等进行系统地、综合地分析，这样，得出的结论才能更加客观、准确。

第二节 大盘分时图看盘技巧

➲ 实战看盘

看盘，不仅要观察盘面显示出的各种信息，更要对盘面背后的信息进行解读。我们看大盘分时图时，不仅要看各种各样的盘面信息，更要研判未来指数的走势方向。

一、集合竞价阶段的大盘点位和成交量

好的开始是成功的一半。对于大盘指数来说，集合竞价阶段的低开与高开也许并不能影响全天的走势，但是，开盘时段的点位和成交量还是会对投资者的心理造成一定影响。当指数高开时，投资者往往会感到心情舒畅；当指数低开时，投资者难免会感到失落，并担心当天行情走低。

处于正常情况下的开盘点位和成交量往往不会对指数的走势造成影响。非正常情况的开盘点位和成交量的影响如下：

1. 指数上涨，成交量放大。当大盘指数上涨，且成交量放大时，表示市场做多气氛浓厚，指数未来上涨的可能性很大。投资者宜跟进买入。

2. 指数上涨，成交量萎缩。当大盘指数上涨，且成交量萎缩时，表示市场做多气氛较淡，指数未来有可能会出现一定的回调。投资者宜持币观望。

3. 指数下跌，成交量放大。当大盘指数下跌，且成交量放大时，表示市场做空气氛浓厚，指数未来有可能会出现一定的下跌。投资者宜迅速卖出股票。

4. 指数下跌，成交量萎缩。当大盘指数下跌，且成交量萎缩时，表示市场交易清淡，观望气氛比较浓厚，指数未来走势具有很大的不确定性，投资者宜持币观望。

图 1—3 是 2011 年 8 月 25 日上证指数的分时走势图。

2011 年 8 月 25 日上证指数早盘开盘时，在全球股市反弹的大氛围影响下，指数出现高开，且成交量也同步出现放大情况，这说明该股未来有进一步上涨的可能，投资者宜买入该股。

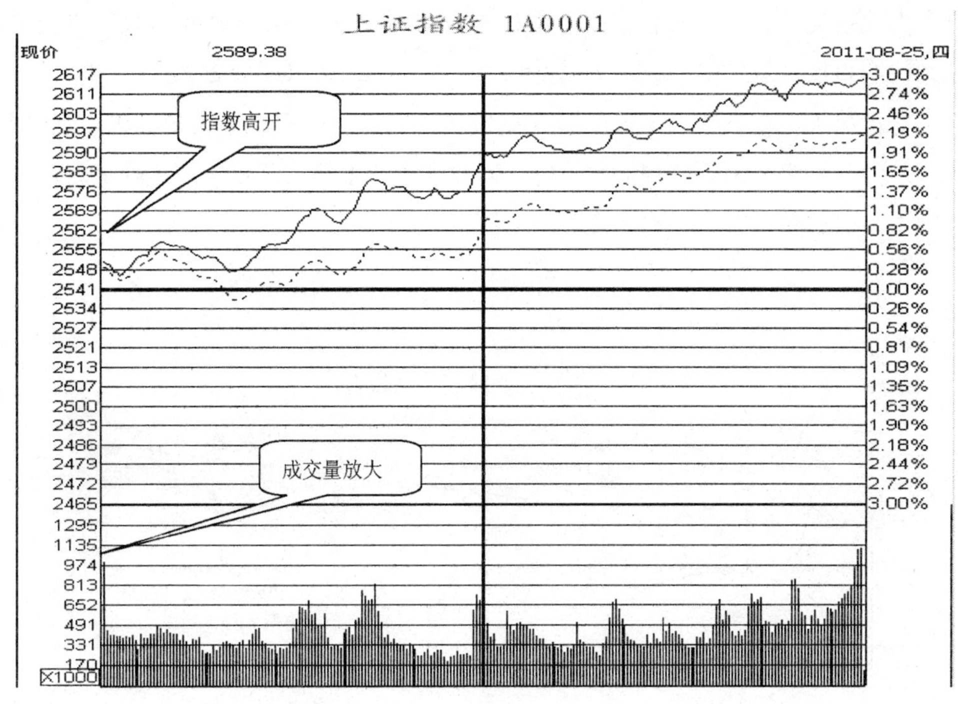

图 1—3　上证指数（1A0001）日分时走势图（2011 年 8 月 25 日）

二、开盘半小时股价变动方向

物极必反，盛极而衰。大盘指数往往也遵循自然界的这一普遍规律。如果没有什么特别的利好消息或利空消息，当大盘开得过高或过低时，都会出现相应的回调。如果大盘指数开得过高，就会有一部分获利盘在早盘涌出，促使指数下跌，因而，半小时之内指数就会出现回落；如果开的过低，就会有一部分抄底的买盘在早上进入市场，拉动指数上升，因而，半小时之内指数就会出现回升。

除此之外，开盘半小时内的大盘走势情况往往会对一整天的走势构成一定的影响。具体走势情况以及影响如下。

1. 在上涨趋势中，大盘开盘半小时内，指数线出现一浪比一浪高的走势，说明买盘非常强劲，当天大盘震荡走高的可能性较大。如果开盘半小时的成交量过高，即半小时的成交量已经超出前几个交易日全天或几天的数量，那么庄家拉高出货的可能性非常大，投资者应该谨慎应对。

2. 在下跌趋势中，大盘开盘半小时内，指数线出现一浪比一浪低的走势，说明卖盘实力比较强劲，当天大盘震荡走低的可能性较大。如果开盘半小时的成交量较大，则说明市场对股价的下跌走势基本认可，后市下跌的可能性更大。

一般情况下，影响大盘走势的因素比较多，例如，外围股市走势、汇市的走势、国际政治经济形势、国家的相关政策等。因此，大盘走势具有较大的不确定因素。

图 1—4 是 2011 年 7 月 4 日的上证指数。

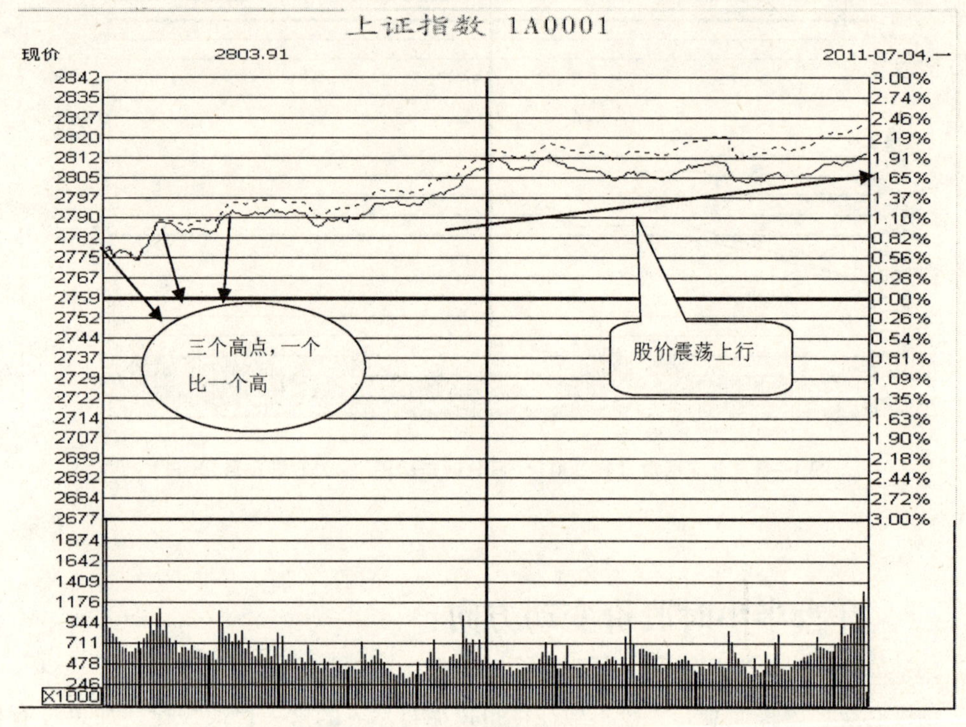

图 1—4 上证指数（1A0001）日分时走势图（2011 年 7 月 4 日）

2011 年 7 月 4 日，大盘指数线上涨的高点，一个比一个高，而且每当指数创出高点时，成交量就会出现异常增加，这说明大盘指数走势良好，未来还将进一步走高。这也印证了文中关于在上涨趋势中，开盘半小时的走势情况对整天走势影响的判断。

三、大盘的阻力位与支撑位情况

大盘指数在运行过程中，总会受到阻力位与支撑位的影响。阻力位是指阻碍指数向上的某一价位区域；支撑位是指阻止指数向下运行的某一价位区域。通过对阻力位与支撑位的判断可以很好地研究大盘的走势方向。

当指数冲过阻力区时，表示大盘走势非常强，有进一步上涨的可能，投资者可以选择买入；当指数跌破支撑区时，则表示大盘走势非常弱，有进一步下跌的可能，投资者应该选择卖出。

常见的大盘阻力位和支撑位有以下几个。

1. 开盘价。若当日开盘后指数走低，因竞价阶段在开盘价处积累了大量卖盘，指数运行到此时就会受到一定的卖盘压力，此处就会成为一个阻力位；反之，如果开盘后指数走高，开盘价处就会积累一定的买盘，指数运行到此时就会受到一定的买盘支撑，此处就会成为一个支撑位。下面看一下 2011 年 9 月 14 日上证指数的走势情况。

如图 1—5 所示，2011 年 9 月 14 日，上证指数在开盘之后一路走低，下午 1：40 以后，指数在金融股的带动下出现了一波反攻，在下午 2 点多的时候，指数回升到开盘价附近，但因受到开盘价的阻力，重新开始下跌，直到临近收盘阶段，指数在成交量放大的支持下，才顺利突破开盘价。由此可见，开盘价对指数具有阻力作用。

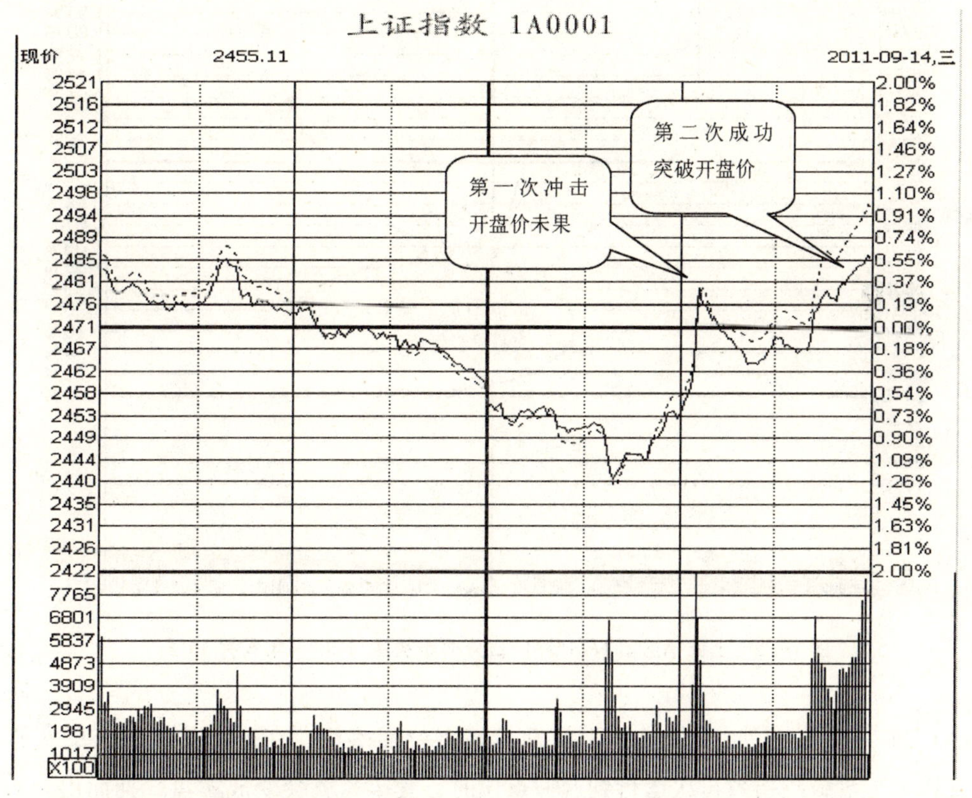

图 1—5 上证指数（1A0001）日分时走势图（2011 年 9 月 14 日）

2. 前一收盘价。若当日指数低开，则在指数反弹到前一交易日收盘价点位时，前一交易日的买盘就会变成卖盘而涌出，从而对股价形成一定的阻力；反之，若当日指数高开，则在前一交易日积累的买盘就会进场，从而会对股价产生支撑作用。下面看一下 2011 年 8 月 11 日上证指数的走势情况。

如图 1—6 所示，上证指数的指数值在 2011 年 8 月 11 日低开之后，一路上扬。指数在回升到前一交易日收盘价附近点位时遇阻而出现回落，这说明前一交易日的收盘价对指数有重要的阻力作用。随后，指数发动新一轮的上涨，并成功突破了前一交易日的收盘价，从此，前一交易日收盘价的作用由阻碍变成支撑了。上证指数在 8 月 11 日的震荡运行中，曾有四次回调到前一交易日收盘价附近，但均被收盘价支撑而起，这说明前一交易日的收盘价对指数有很强的支撑作用。

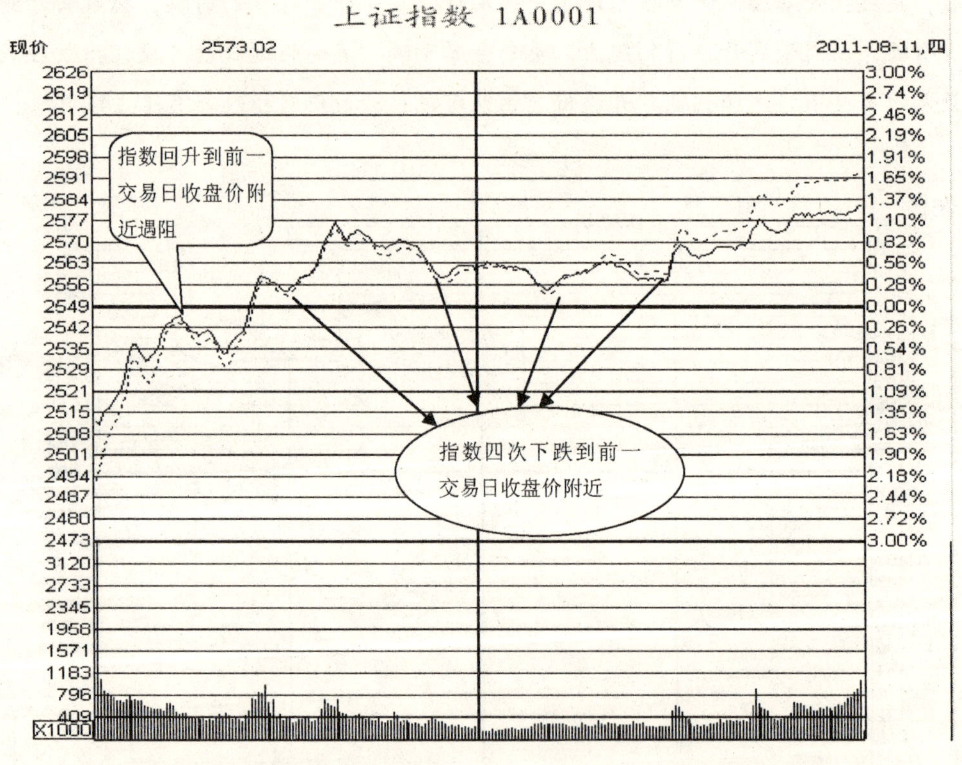

图 1—6　上证指数（1A0001）日分时走势图（2011 年 8 月 11 日）

3. 前期最高点位。当指数创下前期最高点位回落后，在高点位置进入的买盘就会变成套牢盘，当指数再次运行到这一点位时，套牢盘就会变成卖盘蜂拥而出，对股价形成一定的阻力；反之，当指数冲破最高点之后，很多投资者见到股价已经突破阻力位，就会选择跟进买入，而前期最高点价位往往会被认为是一个非常合适的价位，这就会在前期最高点位置积累大量的未成交的买盘，这样，当指数再次回落到这一价位时，就会获得一定的支撑，如图 1—7 所示。

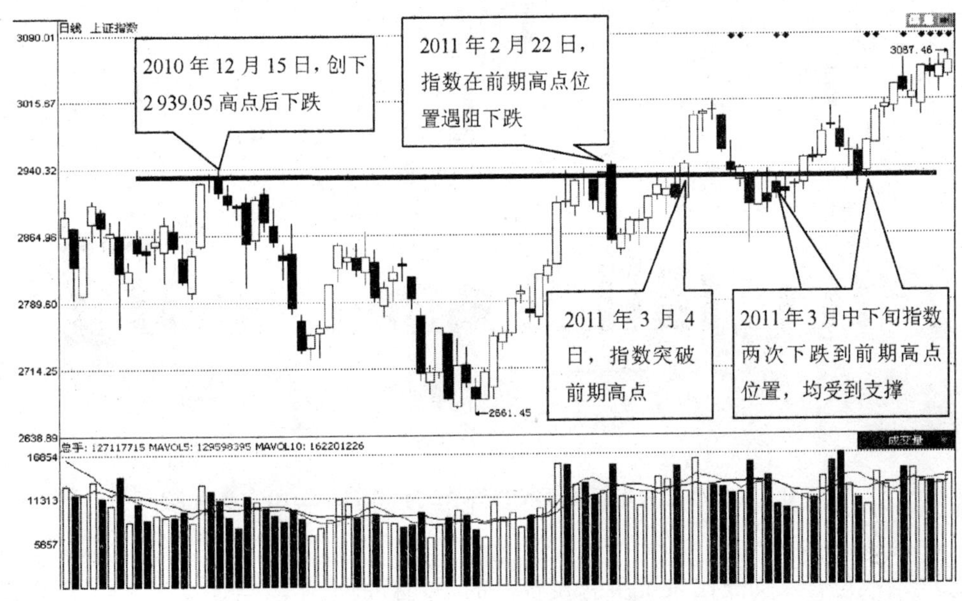

图 1—7　大盘日 K 线走势图

图 1—7 中，上证指数在 2010 年 12 月 15 日创下 2 939.05 点之后，掉头向下，从而形成一个相对高点。2011 年 2 月 22 日，上证指数再次运行到前期高点附近时，因遇到阻力而向下运行。2011 年 3 月 4 日，上证指数成功突破了前期高点，此后，该点位对指数的阻力作用变成了支撑作用。2011 年 3 月中下旬，上证指数两次下跌到该点位附近，均因受到支撑作用而重新上涨。

4. 前期低点位。当指数自上而下运行到前期最低点时，很多投资者就会认为指数已经运行到了低点，因而，进场买盘就会增多，从而使股价在这一点位获得支撑，形成支撑位；当指数跌破前期最低点的支撑位后，很多投资者就会认为跌势还将继续，于是，就会有更多的卖盘涌出，从而，在这一位置积累很多未成交的卖盘，当指数自下而上反弹再次运行到这一价位时，就会受到上次未成交卖盘的压力，形成阻力位，如图 1—8 所示。

图 1—8 中，大盘指数在 2009 年 12 月 22 日形成一个局部低点 3 036.43 点，在之后的一波下跌中，大盘跌破这一最低点点位，下探到 2 890.2 点后开始回升，但是在 2010 年 3 月 3 日回升到前期最低点位 3 036.43 点附近时遇阻，开始掉头向下。由此可见，前期最低点对大盘上升的阻力作用。

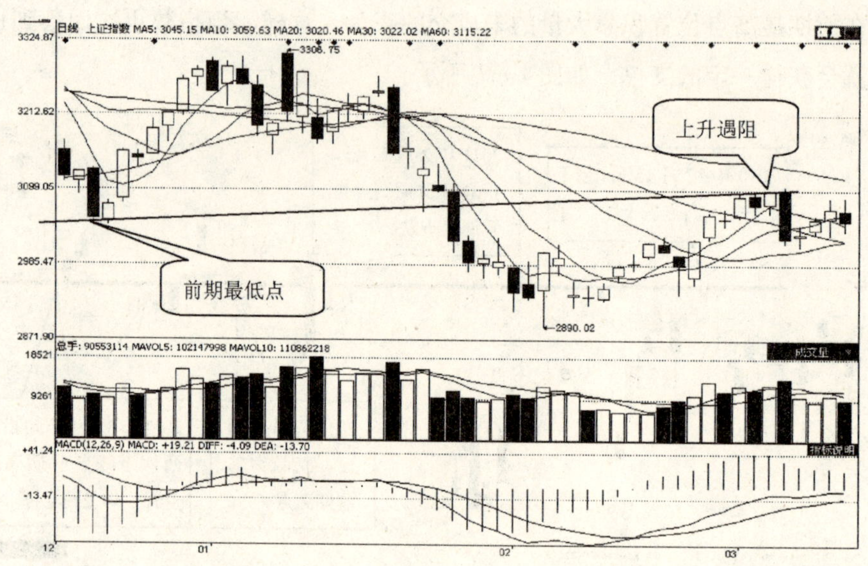

图 1—8 大盘日 K 线走势图（2009 年 12 月 18 日—2010 年 3 月 22 日）

5. 均线位置。均线代表了所有投资者的平均持股成本。当大盘指数位于均线下方时，表示很多投资者都处于被套牢状态，一旦指数自下而上运行到均线附近，就会有一定的卖盘涌出，对股价上行形成一定的阻力，一般短线压力较大的均线主要是 5 日均线和 10 日均线。一旦指数向上冲破均线压力，市场上大多数投资者就会对指数上行持乐观态度，当指数下跌到均线附近位置时，很多投资者就会认为是一个较好的补仓或买入机会，于是，纷纷入场买入，这就对指数下行提供了一定的支撑作用。

下面以大盘在 2010 年的走势为例进行说明，如图 1—9 所示。

2010 年 4 月 15 日大盘在创下一个相对高点之后，一路向下，均线一直保持对指数的压制，中间虽有几次向上运行的过程，但均因均线压制无果而终，可见均线对指数的阻碍作用。

到了 2010 年 7 月 21 日，上证指数经过两个交易日的上涨一举向上突破各条均线，这时，均线的阻碍作用开始变成支撑作用，从 7 月 21 日开始后的几个交易日内，指数一直是沿着均线上升的，由此可见均线的支撑作用。

6. 整数关口。由于人们的心理作用，一些整数位置往往成为上升时的重要阻力位，同时也会成为下跌时的支撑位。

例如，当大盘指数自下而上上涨到 3 000 点附近时，很多投资者会认为大盘指数向上突破 3 000 点会非常不容易，就会选择卖出股票以回避风险，对大盘指数的上行构成实质性的压力，造成指数遇 3 000 点而出现回调的情况，这就是整数关口的阻力

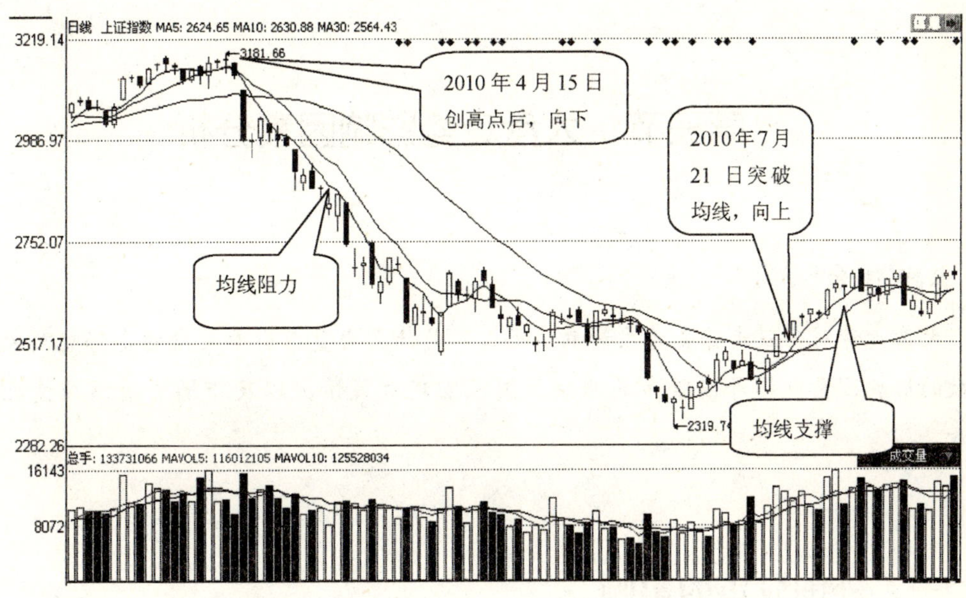

图 1—9 大盘日 K 线走势图（2010 年 3 月 19 日—2010 年 8 月 18 日）

作用。同样，当大盘指数自上而下跌到 3 000 点附近时，很多投资者会认为大盘指数不会跌破 3 000 点，因而会进场抄底以待大盘指数的反转向上。投资者的纷纷入场抢筹，往往会对大盘指数构成一定的支撑，使得大盘指数遇 3 000 点后开始掉头向上，这就是整数关口的支撑作用。这也是大盘在 2 000 点、3 000 点等重要点位附近多空双方都经历了激烈交锋的原因。

➲ 股海箴言

股市中充满了变数。也许上午大盘还是节节上涨的，但是，到了下午就有可能转而下跌；也许大盘全天都在低位震荡，但是到了尾盘却被直线拉起。投资者不能将自己的思维固定在各种对大盘的分析技巧当中，而应以变化的心态来看待大盘指数的运行。

第三节 大盘走势影响因素分析

➲ 实战看盘

大盘走势对个股走势会产生影响。那么，是什么力量在影响大盘的走势呢？大盘指数的影响因素包括外围股市的涨跌、国家宏观政策情况以及市场资金供应情况等因素。

一、外围股市的影响

经济一体化使股市的联动效应日趋显著。其他国家股市的大幅震荡，在一定程度上会影响我国股市的大盘走势。因此判断大盘指数运行的走势，需要对外围股市进行研判。

1. 对我国 A 股大盘影响较大的主要是美国股市以及主要欧洲国家的股市。一般情况下，如果开盘前一日美国股市出现上涨，那么，我国 A 股的大盘指数大多会出现相应的上涨行情，反之亦然。

2. 外围股市特别是欧美股市走势的影响主要体现在开盘价上。当欧美股市出现下跌时，A 股就很有可能会低开，反之亦然。

3. 随着中国经济的强劲增长，其他国家股市对中国股市的影响正在减弱。

美国股市对中国股市影响的案例，如图 1—10 所示。

2011 年 8 月 5 日，标准普尔调低美国主权信用评级，引发投资者对美国经济的担忧。道琼斯指数连续出现大幅下跌的走势。2011 年 8 月 9 日，A 股市场受其影响上证指数大幅度低开，其后，上证指数震荡走高。这一方面说明美国股市对我国股市有着重要的影响，另一方面也可以看到，影响仅局限于开盘价位的下跌，难以影响整体走势。

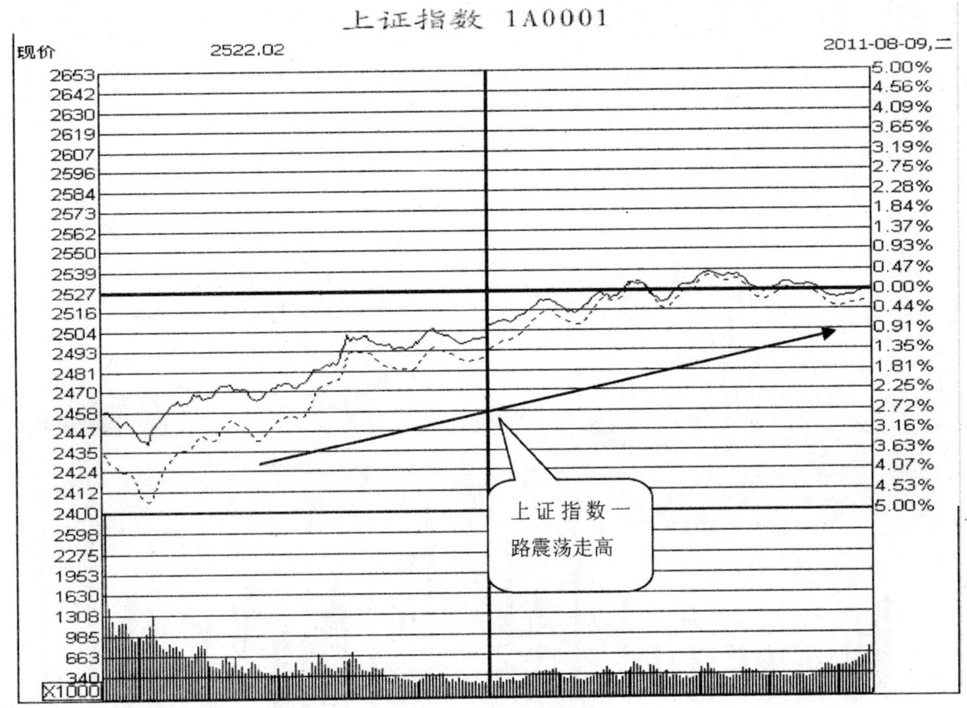

图 1—10　上证指数（1A0001）日分时走势图（2011 年 8 月 9 日）

二、国家宏观政策的影响

目前，我国政府所发布的一些政策对市场的指导作用比较强。当证券市场投资气氛越来越浓的时候，政府会发布一些政策，抑制过度投资行为；同样，当证券市场出现萧条时，政府会发布一些政策鼓励投资行为。

除了一些专门针对股市的政策会对证券市场产生影响之外，政府出台的一系列针对国民经济发展运行的政策，会对某些行业、某些上市企业形成一定的利好，从而促使证券市场上的某一板块、某一只股票出现异动，进而带动大盘指数出现异动。

目前，对我国股票市场有重要影响的政策包括以下几方面：

1. 国家发布的一些全局性、宏观性的经济政策。这些政策要么对整个国民经济都会产生重要影响，要么对股票市场中的诸多行业会产生重要影响。

如 2008 年我国政府推出的“四万亿投资计划”，由于涉及的行业较多，因而，直接促使大盘指数由下跌转向上涨，如图 1—11 所示。

2007 年 10 月，上证指数见顶 6 124 点之后开始一路下跌。接着，随着 2008 年国

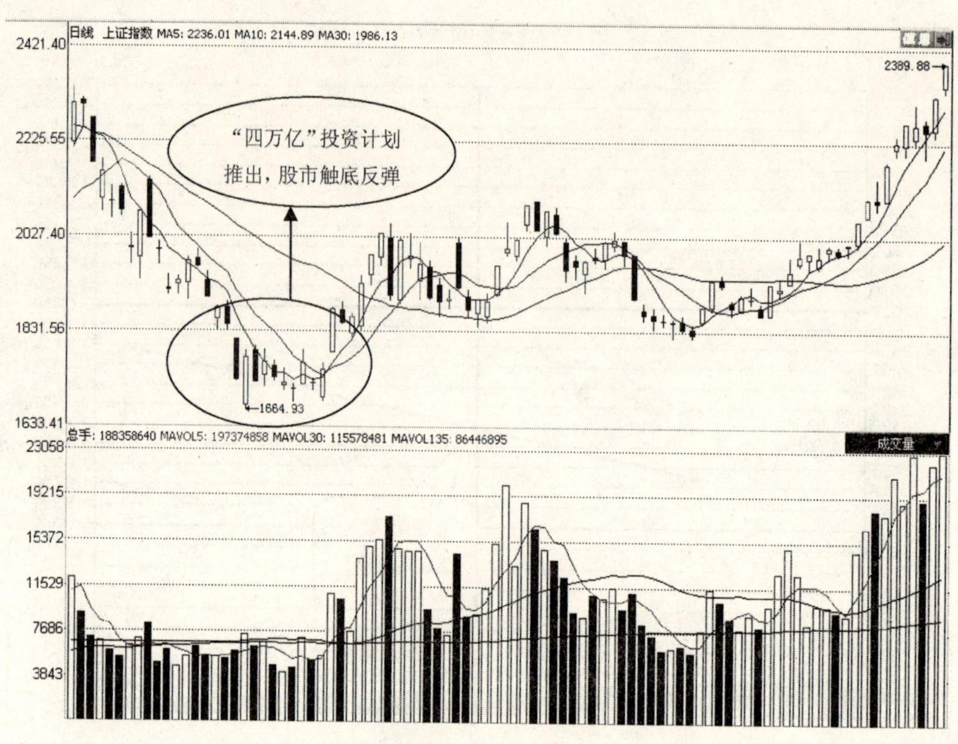

图 1—11 上证指数（1A0001）日 K 线走势图

际金融危机的越演越烈，上证指数也下跌到谷底的 1 664 点。为了保持经济增长，维护社会稳定，我国政府在2008 年11 月份推出了"四万亿"经济刺激计划，由于"四万亿"经济刺激计划涉及的行业较多，整个市场的股票都受这一利好刺激而出现上涨，从此，上证指数开始一波上涨。

2. 国家发布的一些针对权重股、重要行业的经济政策。由于大盘指数是由权重股经过加权处理得到的。因而，这些政策对权重股以及相关产业造成实质性的影响会间接促使大盘指数出现异动。

如 2010 年国家为抑制房地产过热的情况，出台的一系列针对房地产市场的限购措施，在一定程度上压制了房地产行业股票的上涨。由于房地产以及相关行业在大盘指数中占的比重比较大，因而，这些政策也在一定程度上抑制了大盘指数的上涨，如图 1—12 所示。

2010 年 4 月 17 日，国务院为了坚决遏制部分城市房价过快上涨，发布《国务院关于坚决遏制部分城市房价过快上涨的通知》简称"新国十条"。由于房地产行业属于国民经济的支柱行业，且与其他行业关系密切，因而，当政府出台抑制房地产市场的政策时，就会对股票市场上很多行业产生连锁反应，从而，使上证指数出现一波下跌走势。图 1—12 中，上证指数就是从 2010 年 4 月 19 日（4 月 17 日、18 日周末休市）开始下跌的。

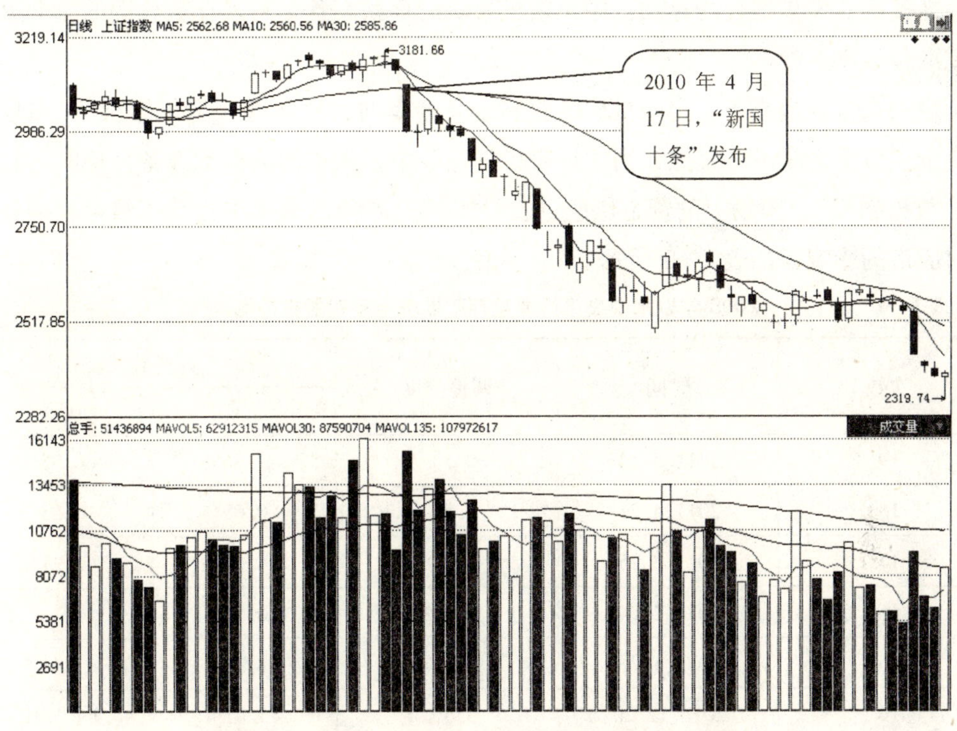

图 1—12　上证指数（1A0001）日 K 线走势图

三、市场资金量的影响

资金是股票市场的血液。如果股票市场的资金充裕，那么就会有越来越多的资金流入股市，这样，由于有很多资金想买入股票，就会推动股价上涨，大盘屡创新高；反之，如果股票市场的资金紧张，那么就会有越来越多的资金流出股市，由于很多资金急于变现就会纷纷卖出股票从而推动市场上的股价下跌，大盘屡创新低。

一般情况下，当中央银行执行宽松的货币政策时，即“放松银根”就会引起货币投放量的增加，从而促使市场上的资金量增多，股市出现上涨的可能性就会增大；反之，当中央银行执行紧缩的货币政策时，即“紧缩银根”就会引起货币投放量的减少，从而促使市场上的资金量减少，股市出现下跌的可能性就会增大。

判断中央银行执行的是宽松的货币政策还是紧缩的货币政策的依据主要包括以下

几点：

1. 存款准备金率。存款准备金是指金融机构为保证客户提取存款和资金清算需要而准备的在中央银行的存款，中央银行要求的存款准备金占其存款总额的比例就是存款准备金率。

当中央银行提高各个金融机构的存款准备金率时，意味着“紧缩银根”，市场上的资金供应量会减少；反之，当中央银行降低各个金融机构的存款准备金率时，意味着“放松银根”，市场上的资金供应量会增加。2008 年以来中央银行调整存款准备金率对股市的影响，如表 1—1 所示。

表 1—1　　2008 年以来中央银行调整存款准备金率对股市的影响

次数	时间	调整幅度	上证指数表现	
			当日	次日
19	2011. 5. 12	0. 5%	-1. 36%	+0. 95%
18	2011. 4. 21	0. 5%	+0. 65%	-0. 53%
17	2011. 3. 25	0. 5%	+1. 06%	+0. 21%
16	2011. 2. 24	0. 5%	+0. 56%	0%
15	2011. 1. 20	0. 5%	-2. 29%	+1. 41%
14	2010. 12. 20	0. 5%	-1. 41%	+1. 79%
13	2010. 11. 29	0. 5%	-0. 19%	-1. 61%
12	2010. 11. 16	0. 5%	-3. 98%	-1. 92%
11	2010. 5. 10	0. 5%	+0. 39%	-1. 90%
10	2010. 2. 25	0. 5%	+1. 27%	-0. 28%
9	2010. 1. 18	0. 5%	+0. 4%	+0. 3%
8	2008. 12. 25	-0. 5%	-0. 61%	-0. 05%
7	2008. 12. 5	-1%	+0. 86%	+3. 57%
6	2008. 10. 15	-0. 5%	-1. 12%	-4. 25%
5	2008. 6. 7	1%	—	-7. 73%
4	2008. 5. 20	0. 5%	-4. 48%	+2. 93%
3	2008. 4. 25	0. 5%	-0. 71%	-2. 33%
2	2008. 3. 18	0. 5%	-3. 96%	+2. 53%
1	2008. 1. 25	0. 5%	+0. 93%	-7. 19%

注：此表以大型金融机构存款准备金率为例。

2. 央行基准利率。基准利率是人民银行公布的商业银行存款、贷款、贴现等业务的指导性利率，存款利率暂时不能上下浮动，贷款利率可以在基准利率的基础上上下浮动10%。

当中央银行提高基准利率时，就意味着“紧缩银根”，也就意味着更多的投资者愿意把钱放到银行储蓄起来，从银行贷款的人会减少，也就减少了市场上流动的货币量；反之，当中央银行降低基准利率时，就意味着“放松银根”，也就意味着更多的投资者愿意把钱从银行取出来做投资，从银行贷款的人会增加，也就增加了市场上流动的货币量。2008年以来中央银行基准利率调整对股市的影响，如表1—2所示。

表1—2　　2008年以来中央银行基准利率调整对股市的影响

次数	时间	调整内容	调整幅度	上证指数表现	
				当日	次日
9	2011.4.6	一年期存贷款基准利率	0.25%	+1.14%	+0.22%
8	2011.2.9	一年期存贷款基准利率	0.25%	-0.89%	+1.59%
7	2010.12.26	一年期存贷款基准利率	0.25%	—	-1.90%
6	2010.10.20	一年期存贷款基准利率	0.25%	+0.07%	-0.68%
5	2008.12.23	一年期存贷款基准利率	-0.27%	-4.55%	-1.76%
4	2008.11.27	一年期存贷款基准利率	-1.08%	+1.05%	-2.44%
3	2008.10.30	一年期存贷款基准利率	-0.27%	+2.55%	-1.97%
2	2008.10.9	一年期存贷款基准利率	-0.27%	-0.84%	-3.57%
1	2008.9.16	一年期贷款基准利率	-0.27%	-4.47%	-2.90%

3. 其他因素。除了存款准备金率和央行基准利率之外，对股市资金量构成影响的因素还包括中央银行的再贴现率，以及外汇进出情况。

中央银行提高再贴现率意味着收紧银根，市场资金供给量将减少；降低再贴现率意味着放松银根，市场资金供给量将会增加。

外汇进出同样会对股市的资金供给量造成影响。以美元为例，当贸易存在顺差或者热钱持续流入时，即美元持续流入时，央行需要付出人民币来换美元，相当于释放了人民币的流动性；当贸易存在逆差或者热钱流出时，即美元持续流出时，央行需要付出外汇购进人民币，相当于回收了人民币的流动性。

股海箴言

看盘要有大视野。一名优秀的投资者不能只把目光盯在盘面上，还应看得更远、更深。世界是联系的，而大盘走势与整个国家的经济发展、世界的经济形势都存在着密不可分的关系，因而，投资者在看盘时，应尽可能把自己的眼光拓宽，只有这样，才能使自己的看盘水平提升的更快。

第二章

个股分时图看盘实操

个股分时走势图与大盘分时图相似，是把个股交易信息用曲线在坐标轴上加以显示的技术图形。个股分时走势图与大盘分时走势图的区别在于，个股分时走势图中没有红绿柱线，只有一条表示从开盘算起的平均股价线，即均价线。

在个股分时走势图上，投资者能够看到个股股价走势、均价线走势以及个股成交量等信息。其主要构成部分如图 2—1 所示。

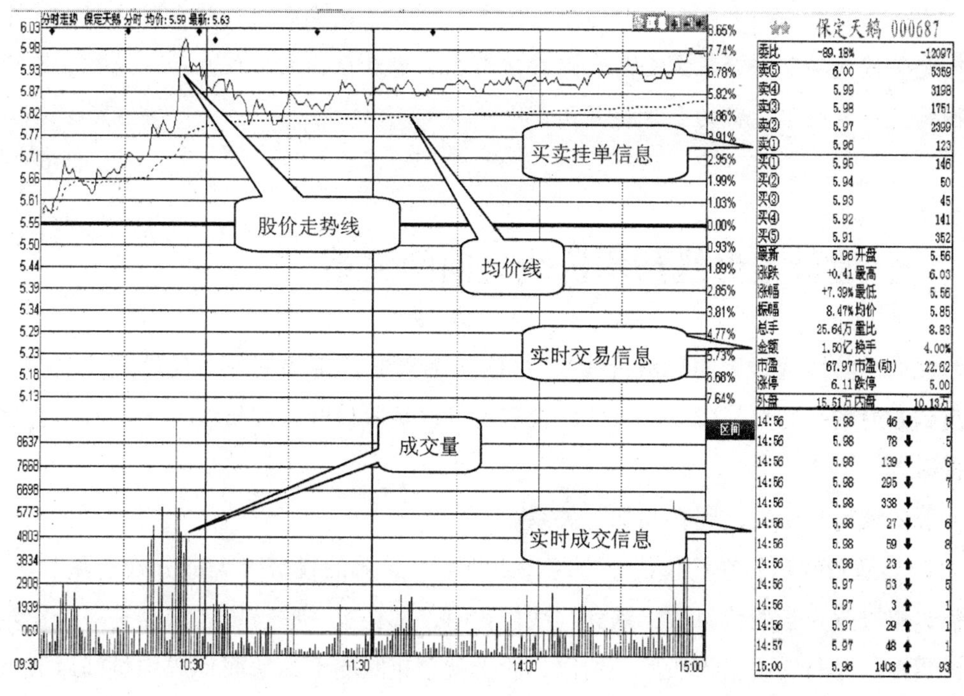

图 2—1　保定天鹅（000687）分时走势（2011 年 9 月 15 日）

图 2—1 所示为保定天鹅在 2011 年 9 月 15 日的分时走势图。图中的实线“股价走势线”代表了保定天鹅股价的实际走势，反映的是当天该股股价的变动情况，在一般的股市行情软件中用“白线”表示；图中的虚线“均价线”代表的是从开盘到当时时刻的平均价格曲线，在行情软件中一般用“黄线”表示；“买卖挂单信息”就是通常所说的“盘口”，一般股市行情软件中都会给出五档买卖信息；“实时交易信息”为当天该股的交易状况，如“开盘价、最高价、最低价、量比等”；“实时成交信息”反映的是从早上开盘到收盘的每一笔成交信息。

第一节　个股分时图实战看点

➲ 实战看盘

看一只股票在一天之内的交易信息，那么，首选就是看该股的分时走势图。个股分时走势图提供了一只股票全天的走势信息、买卖盘口、成交信息等。总之，个股分时图就是一只股票走势的全景展开图。

一、股价走势线与均价线之间的关系

股价走势线（以下简称股价线），反映了当天股价走势情况；均价线体现的是从开盘到当时的平均交易成本。因此，投资者可以从股价线与均价线的走势看两者之间的关系。

股价线与均价线之间存在如下关系。

1. 当股价线运行在均价线上方时，说明当天买入的投资者大部分处于赢利状态，股价走势较强。当股价每次下跌到均线位置时，都会有一些投资者认为是一个比较合适的买点，于是纷纷买入股票，所以，股价就会止跌向上，从而形成均价线对股价的支撑作用。

2. 当股价线运行在均价线下方时，说明当天买入的投资者大部分处于亏损状态，股价走势较弱。当股价上涨到均线附近位置时，就会有一些投资者认为此时是一个较好的卖点，于是纷纷卖出股票，股价就会反转向下，从而形成均价线对股价的阻力作用。下面来看一下长春高新的案例。

从图 2—2 中我们能够看到，长春高新的股价在开盘之后一路上涨，股价线一直位于均价线的上方，此时，均价线对股价线有很强的支撑作用，股价几次下跌到均价线附近都因为均价线的支撑作用而重新上涨；在上午 10：45 以后，股价线有效跌破均价线，从此，均价线对股价线的支撑作用变成阻力作用，股价线几次上涨到均价线的位置，都由于均价线的阻力作用，而重新开始下跌。

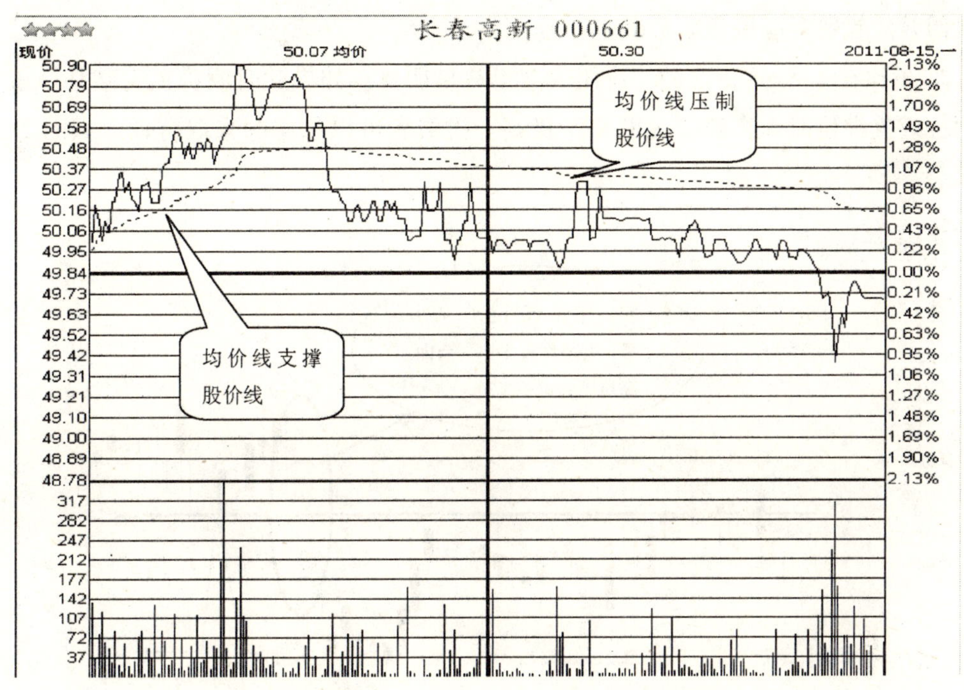

图2—2 长春高新（000661）分时走势图（2011年8月15日）

二、通过量比看相对放量程度

量比是指当日股票开市后每分钟的平均成交量与过去5个交易日每分钟平均成交量之比。量比是一种衡量相对成交量的指标，反映了当前行情的成交量状况，如果量比大于1，说明当日成交量相比于之前5个交易日有所放大；如果量比小于1，说明当日成交量相比于前5个交易日有所萎缩。

量比数值反映了成交量的变化情况，而成交量的增减又能体现出市场对股价走势的认可程度。当股价下跌时，成交量增大，说明市场已经认可了股价的下跌走势，后市还将下跌；当股价上涨时，成交量增大，说明市场已经认可了股价的上涨走势，后市还将上涨。因此，量比数值的不同，往往会对交易有不同的指导性含义。

1. 量比在0.8～1.5倍之间，说明成交量属于正常水平。投资者无论持股还是持币，保持观望即可。

2. 量比在1.5～2.5倍之间，说明成交量温和放量。如果股价也处于温和缓升状态，则升势相对健康，可继续持股；如果股价处于下跌状态中，也可以认定短期股价难以回升。投资者应该考虑卖出。

3. 量比在2.5～5倍之间，说明成交量放量明显。如果此时股价正突破某一重要压力位或支撑位时，突破有效的概率极高。投资者可以相应的采取行动，如图2—3所示。

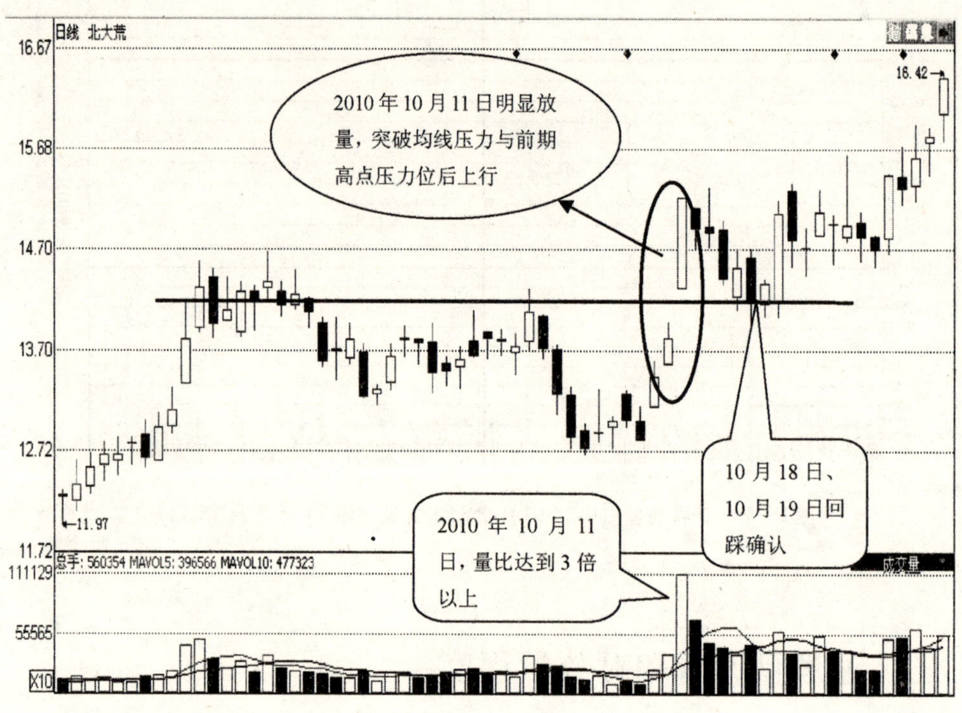

图2—3 北大荒（600598）日K线图

在图2—3中，2010年9月30日、10月8日、10月11日连续三个交易日持续放量上涨，尤其是2010年10月11日，量比达到3倍以上，且股价突破了多条均线与前期高点构筑的阻力位，后来经过数个交易日的盘整以及回踩支撑位，最后确认突破有效后，股价出现连续上涨的趋势。投资者在这里应该注意，压力位并不是一个固定点位，而是以这一个点位为中心的区域，在图2—3中，在10月18日、10月19日回踩确认支撑线时，由于并没有相应的放量，股价也没有持续下跌，虽然中间有跌破支撑线的时候，但收盘价仍在支撑线以上，这就可以确认支撑有效，同时，这也就意味着前期的突破是有效的。

4. 量比达5～10倍之间以上，则可认为是剧烈放量。如果个股属于长期在低位运行的，那么，后续的涨势空间是非常巨大的。

5. 量比达10倍以上的，需要投资者密切注意了。一般情况下，量比数值达10倍以上时，如果股价处于上涨走势中，则该股有见顶的可能；如果股价处于下跌过程中，则是下跌动能充分释放的一个表现。我们来看一下哈药股份的案例，如图 2—4 所示。

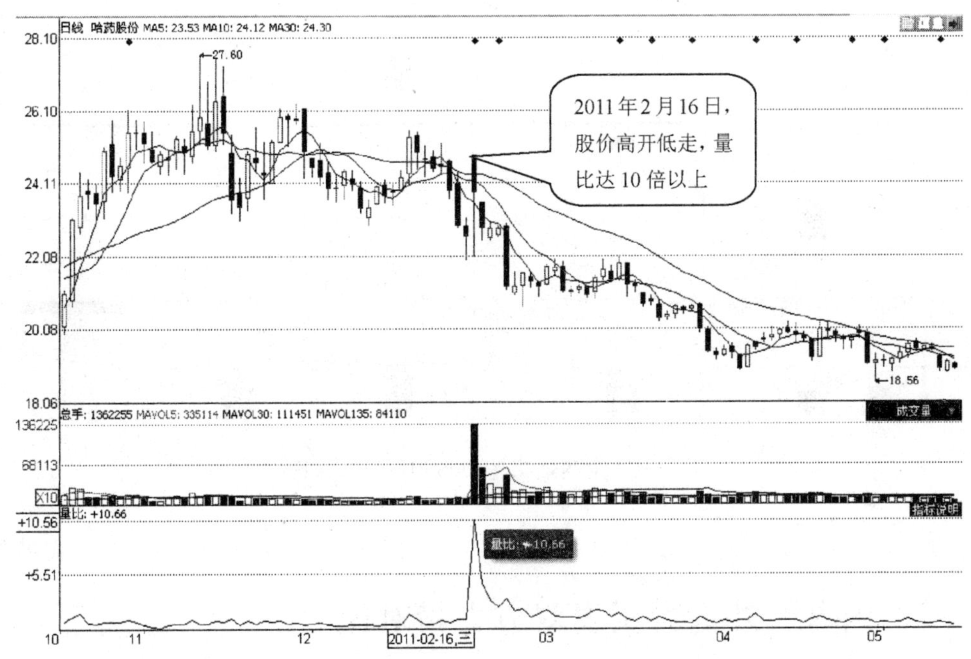

图 2—4　哈药股份（600664）日 K 线走势图

在图 2—4 中，哈药股份的股价从 2010 年 10 月开始一直处于高位震荡之中，到了 2011 年 2 月份，股价逐渐走出震荡区域。2 月 16 日，该股股价高开低走，在 K 线图上留下了一根带长长下影线的阴线，且当天量比放大到 10. 66 倍，预示庄家可能于当天选择出货了，投资者宜远离该股，此后，该股一路下跌。

6. 量比在 0. 5 以下的缩量情况，也需要投资者密切关注。严重的缩量，虽然意味着交易不活跃，但同时也蕴含着一定的市场机会。缩量创新高的股票，往往说明庄家控盘的程度较高；而缩量回调的股票往往也是不可多得的买入品种。经过一轮上涨的股票，如果出现缩量回调的迹象，往往说明调整已经到位，很有可能继续走高。投资者如果能够在这时选择跟进，往往会有不错的收益，如图 2—5 所示。

在图 2—5 中，熊猫烟花经过了 7 月份的一波上涨后，在 8 月初出现回调迹象，但是在 8 月 11 日、8 月 12 日的回调并没有跌破前期的最低点位，而且还出现了明显的缩量迹象，这说明调整很可能已经完成，下一波上升势头极有可能来临。投资者如果此时买入，那么，后面一定会有非常不错的收益。

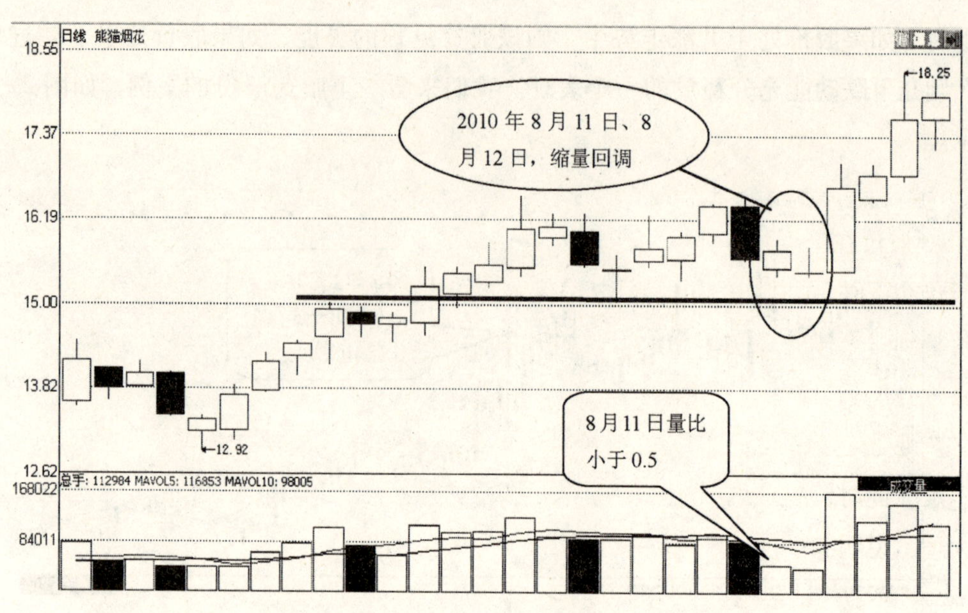

图2—5 熊猫烟花（600599）日K线图

三、内盘、外盘看买卖双方力量对比

外盘是以卖出方的报价成交的股票数量，表示的是主动性买盘的数量；内盘是以买入方的报价成交的股票数量，表示的是主动性卖盘的数量。外盘与内盘相加即为该股的成交量。

外盘、内盘两个数据可以大体上判断买卖力量的强弱，若外盘数量大于内盘数量，则说明买方力量较为强大；反之，若外盘数量小于内盘数量，则说明卖方力量较为强大。投资者通过外盘与内盘的对比分析，很多时候还能够看到庄家的某些操盘痕迹。

我们在分析外盘与内盘数据时，一般从以下几个角度入手。

1. 当股价经过了较长时间的下跌后，处于一个比较低的位置，而这时成交量开始放大，股价也开始回升，此时出现外盘大于内盘的情况，说明有资金主动进场，后市股价上涨的可能性较大。

2. 当股价经过了较长时间的上涨后，处于一个比较高的位置，成交量巨大，并且不能再继续放大时，内盘数量上升超过外盘数量，资金离场迹象较为明显，后市股价下跌的可能性较大。

3. 股价在下跌过程中，常常会发生外盘大于内盘的情况，此种情况并不能表明股价会上涨，这种情况也很有可能是庄家制造的假象。庄家可以先用几笔卖单将股价打压到一个比较低的位置，接着，在卖一、卖二位置再挂上卖单，最后，自己再将卖单吃掉，造成股价上升的假象，以诱使投资者跟风买入。

4. 股价在上涨过程中，常常会发生内盘大于外盘的情况，此种情况也并不能表明股价会下跌。这种情况也有可能是庄家制造出来的假象。庄家可以先用几笔买单将股价拉到一个比较高的位置，接着，在买一、买二的位置上再挂上买单，最后，自己再将这几笔买单吃掉，造成股价下降的假象，以诱使投资者卖出。

5. 股价已经有了一个较大的涨幅后，如某一交易日外盘数量突然大增，但股价却不涨，此时，有可能是庄家制造的假象，投资者应该做好出货的准备。如果外盘数量大增，说明有场外资金入城抢筹，因而一定会引起股价的上涨，而此时股价却并未上涨，说明这些外盘数量并不是真实的，而是庄家刻意制造出来的。

四、换手率看股票活跃程度

换手率，指的是在某一交易日或某一时段内市场中股票转手买卖的频率，是反映股票流通性强弱的主要指标之一。换手率越高的股票，说明该股受到的关注程度也越高，买卖交易也就越活跃。在K线图上，换手率指标与成交量指标相辅相成，一只股票的换手率越高，成交量也一定会很高；反之，当换手率指标较低时，成交量指标也会很低。

换手率的高低只有与股价所在位置结合才能更明确地判断市场的方向。一般包括以下几种情况。

1. 低价位，低换手率。如果股价经过一轮下跌后，出现严重的缩量、换手率极低的情况，则往往意味着股价启动的时机快要来到了。股价下跌过程，往往都是庄家在吸筹的过程。换手率极低，说明持有该股的投资者不愿意以当时的价格卖出该股。当没有投资者愿意卖出时，庄家继续向下打压也吸收不了太多的筹码，因而，也就失去了向下打压的意义了，所以，庄家想要吸收更多的筹码只能采取向上拉升的方式。

出现严重缩量的标准是，换手率不足1%，且要比前几个交易日有明显的缩量情况，如图2—6所示。

从图2—6中可以看出，国中水务的股价从2011年3月底开始一路下跌，成交量

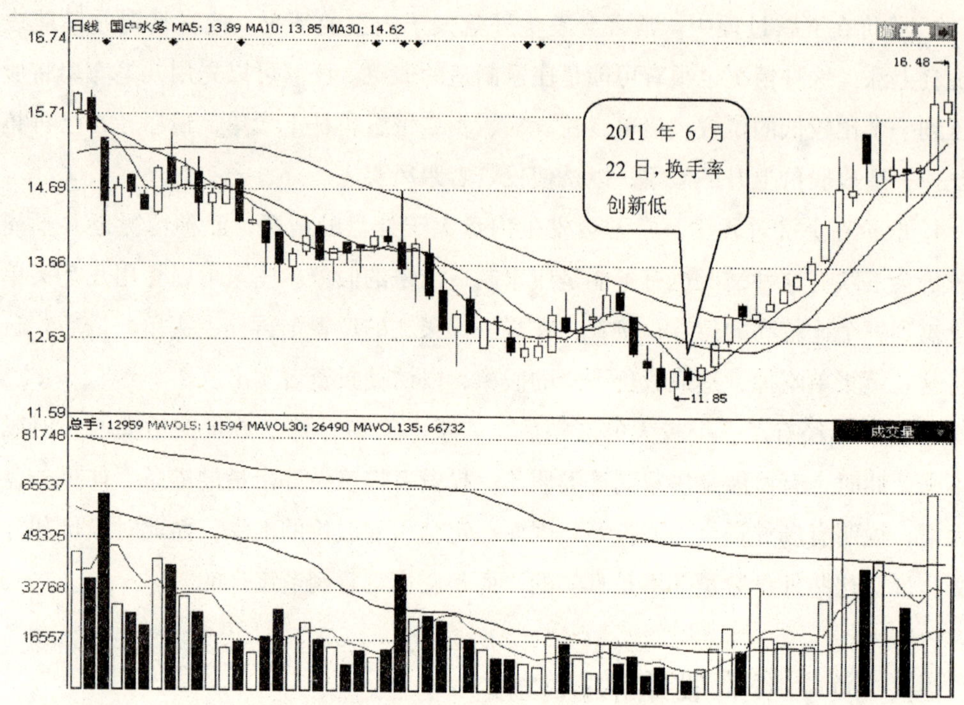

图2—6 国中水务（600187）日K线走势图

也是逐级递减，换手率屡创新低。2011 年 6 月 21 日，该股创下了 11.85 元的新低，此时，该股换手率也达到较低水平，说明股价已经处于相当低的位置了。次日，也就是 6 月 22 日，该股换手率又创下了 0.42% 的最低点，说明该股反弹的时机将要到来。此后，该股发动了一波上涨行情。

2. 高价位，高换手率。当股价经过一轮上涨之后，成交量暴增、换手率出现超过 15% 的情形，投资者应该密切注意，这很有可能是庄家在出货。投资者应该记住，将股价拉升之后出货是庄家惯用的一个出货手法，而判断庄家是否出货，成交量与换手率的高低是一个重要的指标。当成交量与换手率均创新高时，投资者应该果断离场，以免被套牢。如图 2—7 所示。

从图 2—7 中可以看出，东方银星的股价从 2011 年 1 月底开始经历一波上涨行情，股价在上涨过程中不断创出新高，换手率也同步增大，2011 年 4 月 15 日，该股股价突然冲高，而且伴随着股价冲高而来的是换手率突然增大到 16.43%。由于换手率已经超过 15% 的基准线，这很有可能意味着庄家已经开始出货了。

后面的走势也印证了这一判断。由此可见，如果发现一只股票在上涨一段时间后，换手率突然增大，那么，投资者最好选择离场。

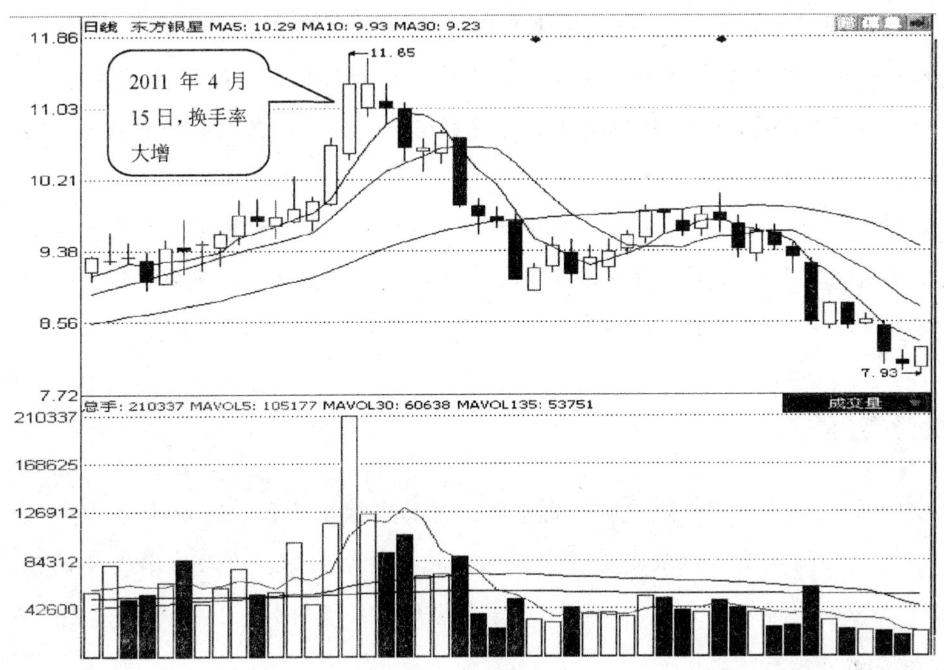

图 2—7 东方银星（600753）日 K 线走势图

3. 高价位，低换手率。当一只股票的股价在连续上涨之后，平均换手率仍然很低，这说明庄家控盘程度较高，且庄家并没有派发筹码，投资者在短期内并不需要急于出局。这种股票的走势一般较为稳定，后续上涨的可能性也比较大，待成交量出现放大时，投资者再选择离场就可以了，如图 2—8 所示。

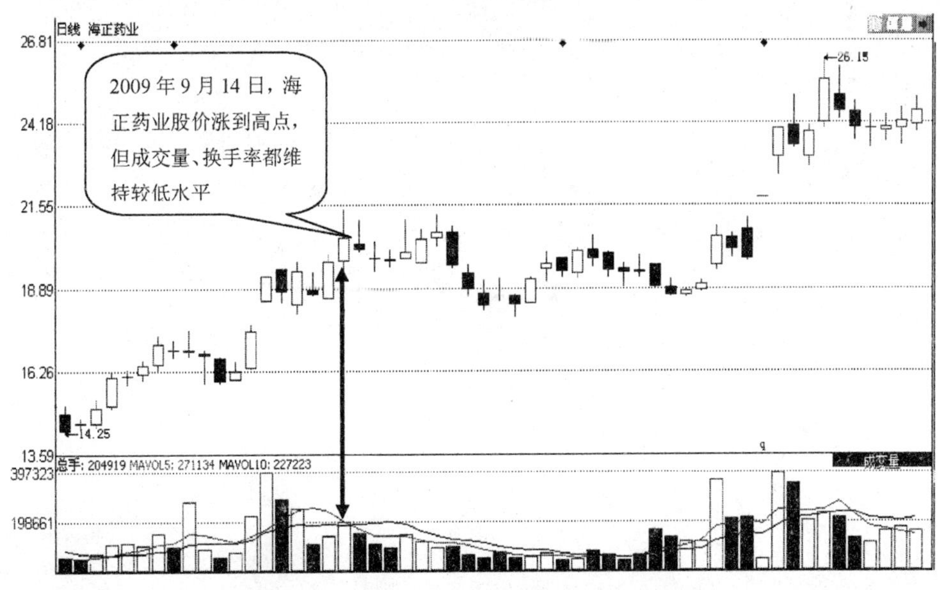

图 2—8 海正药业（600267）日 K 线走势图

从图2—8中可以看出，海正药业在经历了一波上涨之后，股价暂时到达高点，但与此相对应的换手率却还维持在较低的水平，之后虽然股价经历了一番震荡调整，但换手率始终都没有放大，这说明庄家并没有出货，很可能在经历一波调整之后，会再次拉升股价。

经过短暂调整之后，海正药业股价曾一度被拉升到26元左右，这说明先前从换手率中确认庄家没有出货的判断是正确的。投资者如果能够很好地应用这一技巧，就能把握后面一大截的上升趋势。

➲股海箴言

看盘的关键在于看个股走势，看个股走势的中心在于看个股分时图。个股分时图提供了个股全天交易以及走势信息，对于投资者全面掌控个股有着重要的意义。投资者如果能看懂个股分时图就能实时掌握个股的买卖时机、交易数据，更可以预判该股未来的走势情况。

第二节　个股分时图看盘技巧

➲ 实战看盘

对于投资者来说，只能看懂了个股分时图的盘面信息还是不够的，要想在股市获利，必须学会解读盘面信息背后的内容。这时，一定的看盘技巧就是投资者必须具备的了。

个股分时图会说话，而且这种语言只有掌握一定看盘技巧的人才能听懂。因此，对于投资者来说，如果不能掌握看盘技巧就像一个不懂外语的人到了国外一样，只能借助别人的帮助达成自己的目标，有时，别人提供的帮助还未必是自己想要的。一些没有掌握看盘技巧的投资者就是这样，经常靠听一些股评家的话来做自己的投资，结果总是一亏再亏。

一、利用均价线看走势强弱

我们前面已经介绍了股价线与均价线之间的关系，下面着重介绍一下均价线在判断股票走势强弱方面的作用。

1. 通过均价线看股价走势强弱

当股价能够保持在均价线的上方，回落时不跌破均价线，就说明当天股价走势比较强劲，同时也预示该股短期内继续走强的概率很大，投资者宜买入该股；当股价跌破均价线后，无法重新回到均价线上方，或者当天一直在均价线下方运行，就说明该股走势疲弱，同时，也预示该股股价在短期内继续走低的概率很大，投资者不宜买入。利用均价线判断股价走势强弱时，应注意以下两点：

（1）当股价位于均价线上方时，如果股价偶有跌破均价线，且很快又回到均价线上方时，说明本次跌破为非有效跌破，均价线对股价支撑作用不变；当股价位于均价线下方时，如果股价偶有突破均价线，且很快又回到均价线下方时，说明本次突破为非有效突破，均价线对股价阻力作用不变。

（2）通过均价线判断股价走势强弱，只适用于短期股价走势。也就是说，当某一交易日股价走强，且一直位于均价线上方时，只能说明该股短期有走强的可能，并不能影响长期走势。

如图2—9所示，丽江旅游的股价在2011年8月11日当天低开高走，并一路上涨。股价在上涨的同时，一直位于均价线的上方，且股价在回调时，也从未跌破均价线，这说明该股短期呈现强势，未来仍有可能继续上涨。我们来看一下丽江旅游的日K线走势图，如图2—10所示。

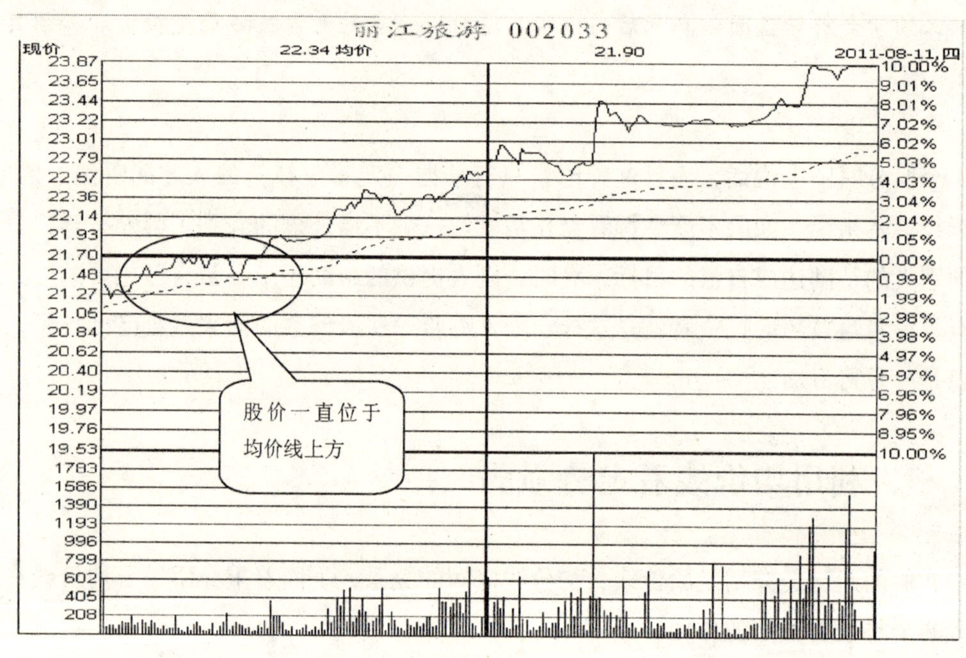

图2—9 丽江旅游（002033）分时走势图（2011年8月11日）

在2—10中，丽江旅游的股价在2011年8月11日收出一根大阳线，且从当天的分时走势图上可以看出，该股短期有望走强。从图2—10中可以看出，该股在拉出大阳线之后，继续了之前的上涨行情，并在创下了26元的新高之后才开始下跌行情。由此可见，通过均价线可以准确判断一只股票的短期走势，却无法判断长期走势。

2. 通过均价线看超级强势股

投资者通过观察均价线的走势，不仅可以发现走势较强的股票，更有可能发现超

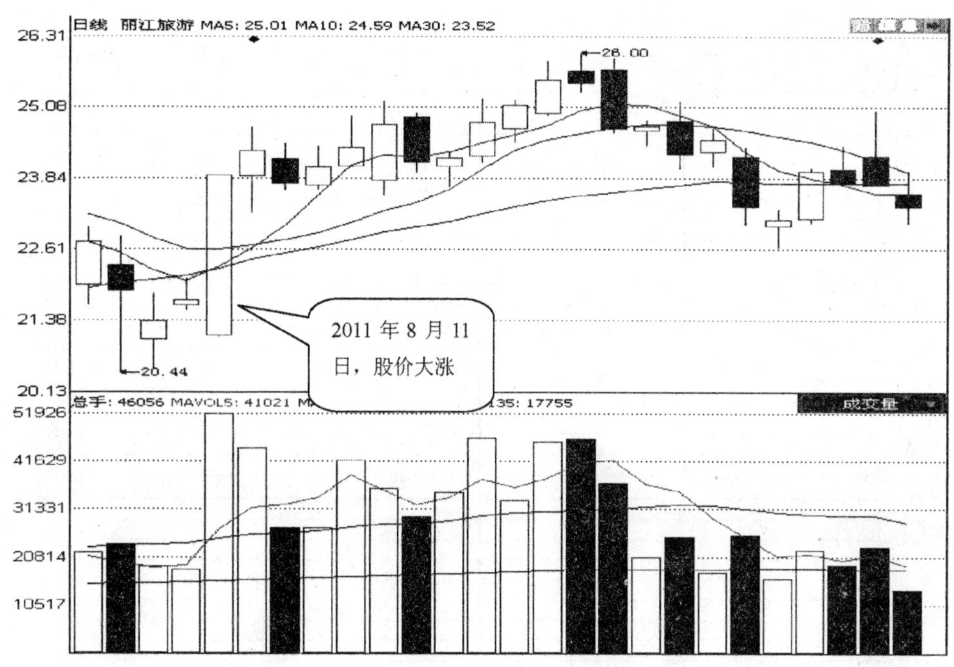

图 2—10 丽江旅游（002033）日 K 线走势图

级强势股。那么，如何发现超级强势股呢？利用股价与均价线之间距离的远近寻找超级强势股，就是一个不错的方法。

均价线表示的是当天买进该股的投资者的平均持仓成本。当股价位于均价线上方时，说明大多数买入股票者都是赢利的，也就意味着会有越来越多的获利盘想要兑现收益，而庄家既然敢把股价拉高，并且远离均价线，说明庄家对该股非常有信心，且庄家不怕散户出逃。于是，上涨就成了这类股票唯一的选择。

如图 2—11 所示，正和股份的股价延续了前一交易日的强势，在 2011 年 8 月 9 日低开之后，一路上涨，并始终位于均价线上方，期间，经过一次回调后，因受到均价线支撑重新开始上涨，之后，股价线与均价线距离越来越大，并最终封上涨停板，由此可见，该股短期走势将延续强势，下面再来看一下该股的日 K 线走势图，如图 2—12 所示。

正和股份的股价在 2011 年 8 月 9 日涨停出现前已经出现了一次放量上涨的过程。8 月 9 日，该股虽然低开但很快就回到开盘价以上，并经过了几波拉升之后封上涨停板。由于股价与均价线之间有较大的距离，说明庄家实力强大，该股未来还将继续上涨。投资者宜买入该股。

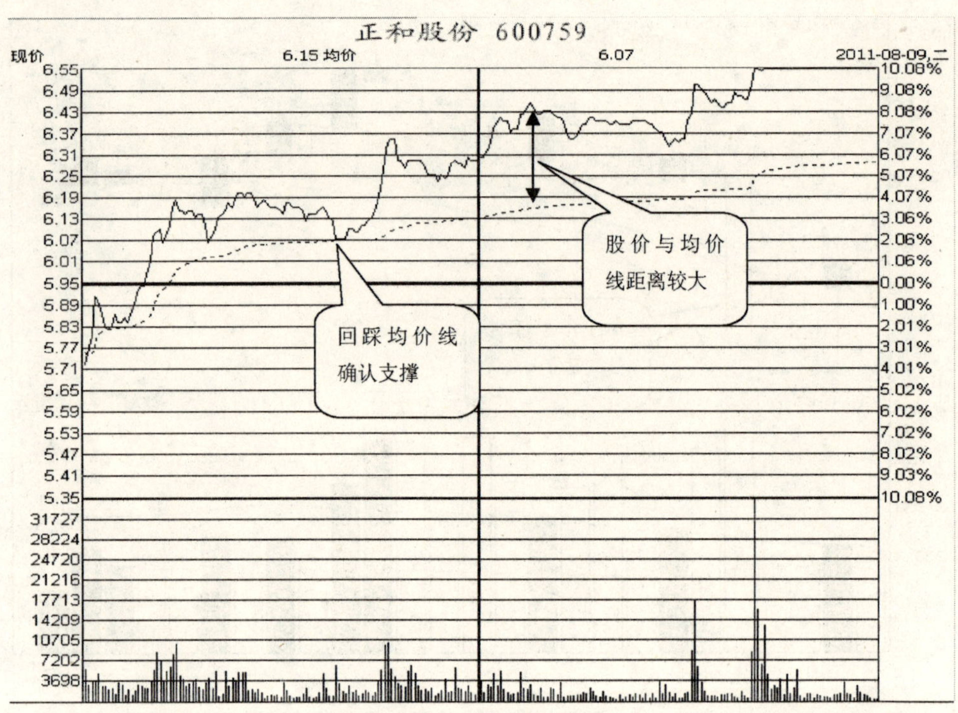

图2—11 正和股份（600759）分时走势图（2011年8月9日）

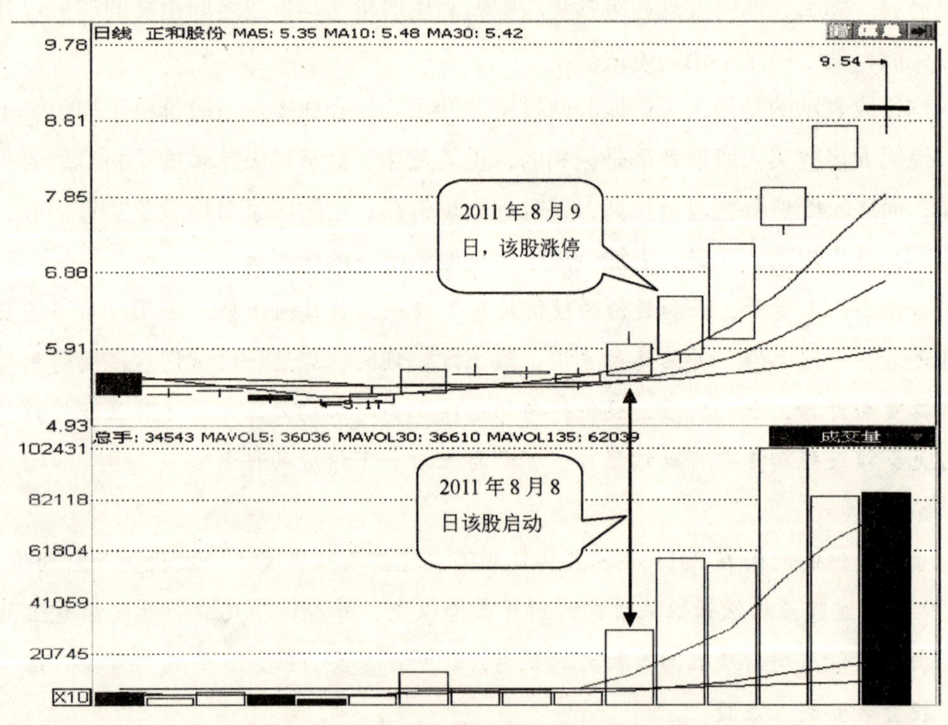

图2—12 正和股份（600759）日K线走势图

3. 通过均价线看股价由弱转强

个股在盘中运行过程中经常会出现由强转弱和由弱转强的情况。投资者的目标就是通过观察均价线找出那些由弱转强的股票，抛弃那些由强转弱的股票。个股强弱转换一般可以通过以下标准判断：

（1）个股开盘后，股价线一直位于均价线的下方，随后股价突破均价线，并成功位于均价线的上方时，表示股价走势转强，短期可以选择买入。

（2）个股开盘后，股价线一直位于均价线的上方，随后股价跌破均价线，并一直位于均价线的下方时，表示股价走势转弱，短期不宜介入。

如图 2—13 所示，上海机场的股价在 2011 年 6 月 24 日早盘一阵上冲之后，呈震荡走低状态，股价一直位于均价线的下方，虽曾出现过上涨，但终因均价线的压制而下跌，说明此时股价一直走弱。11 点以后，股价再次上冲并成功突破了均价线的压制，说明股价走势已经由弱势变为强势了，此时，投资者可以考虑买入该股票。

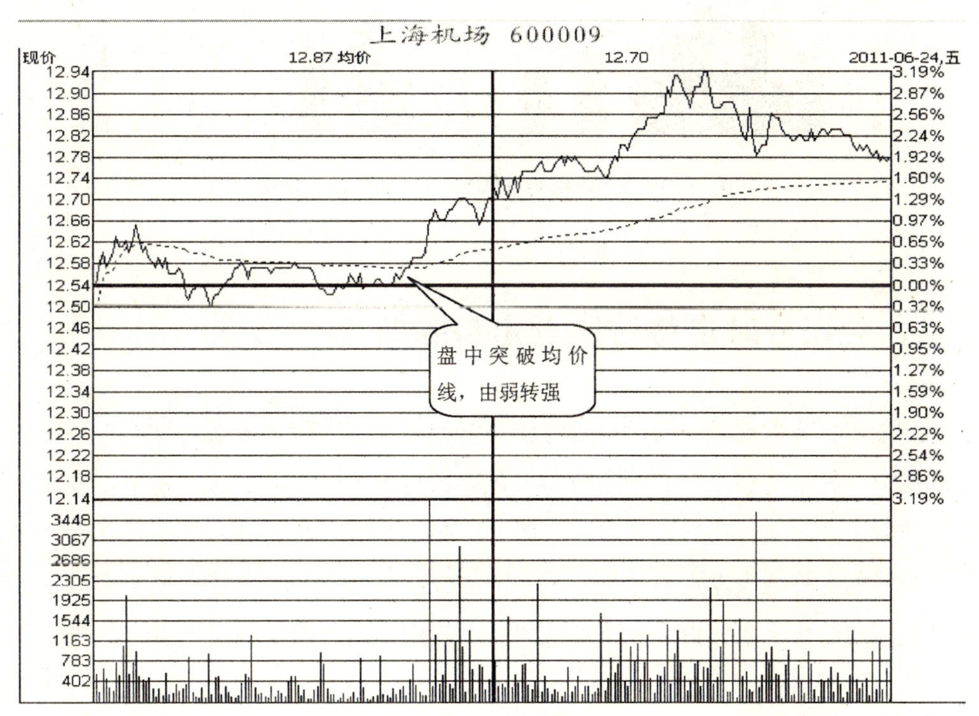

图 2—13 上海机场（600009）分时走势图（2011 年 6 月 24 日）

如图 2—14 所示，上海机场的股价从 2011 年 4 月份开始一路震荡下跌，到了

2011 年 6 月 20 日更是创下了 12.08 元的低点，随后，该股出现了一波反弹行情。2011 年 6 月 24 日，股价由弱转强，说明该股后续走势看好。我们从日 K 线走势图上也可以看出，该股随后走出了一波震荡走高的行情。

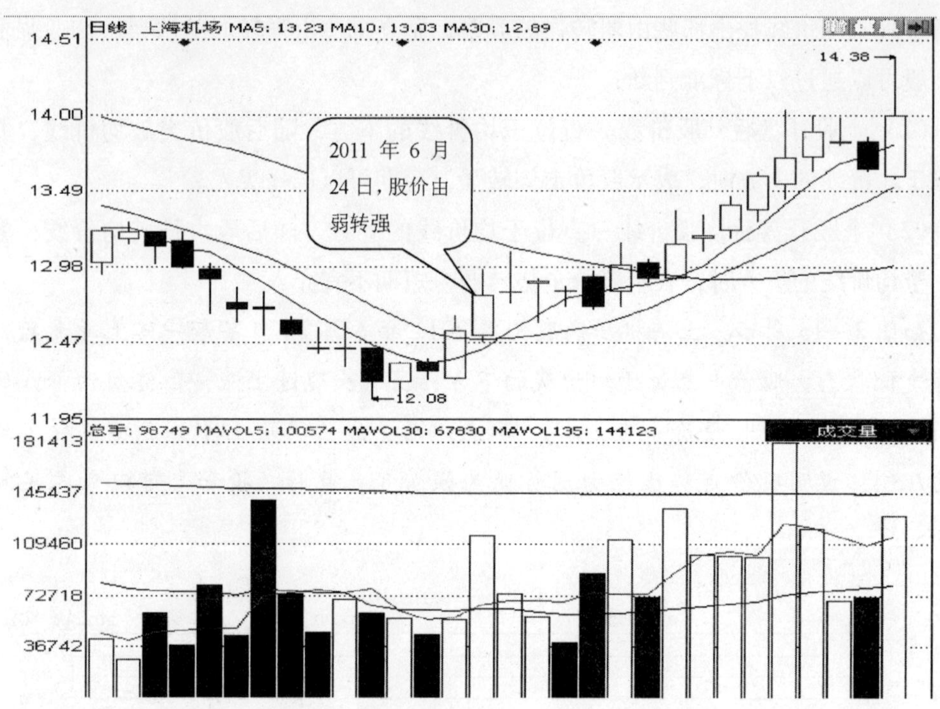

图2—14 上海机场（600009）日 K 线走势图

二、利用分时走势对比看走势强弱

有比较才会有发现。一只股票走势的强弱如果单从个股走势来看可能有一种无所适从的感觉。如果能够将个股的走势与大盘指数走势进行一下对比，就不难发现个股走势的强弱了。其实，从长期来看，个股的走势都会与大盘走势基本一致；而从短期来看，个股的走势与大盘走势才会出现一定的分歧。利用分时走势对比看个股走势强弱就是从短线的角度来分析个股走势强弱的。我们利用分时走势对比看个股走势强弱时要注意以下两点：

1. 当一只股票的分时走势强于大盘指数时，说明该股走势强于市场上的大多数股票，这类股票就属于短期的强势股。

2. 当一只股票的分时走势弱于大盘指数时，说明该股走势弱于市场上的大多数股票，这类股票就属于短期的弱势股。

作为投资者而言，进行走势对比分析的目的，就是找到短期强势股，抛弃短期弱势股。

如图2—15所示为中航电子的股价走势与上证指数走势的对比图。从图中我们可以看出，中航电子早盘低开之后，迅速上冲，并一路震荡上涨，而上证指数的走势却保持在低位运行，这说明中航电子的股价走势明显强于上证指数。也就是说，投资者如果选择短线投资品种，那么，中航电子是一个不错的选择。

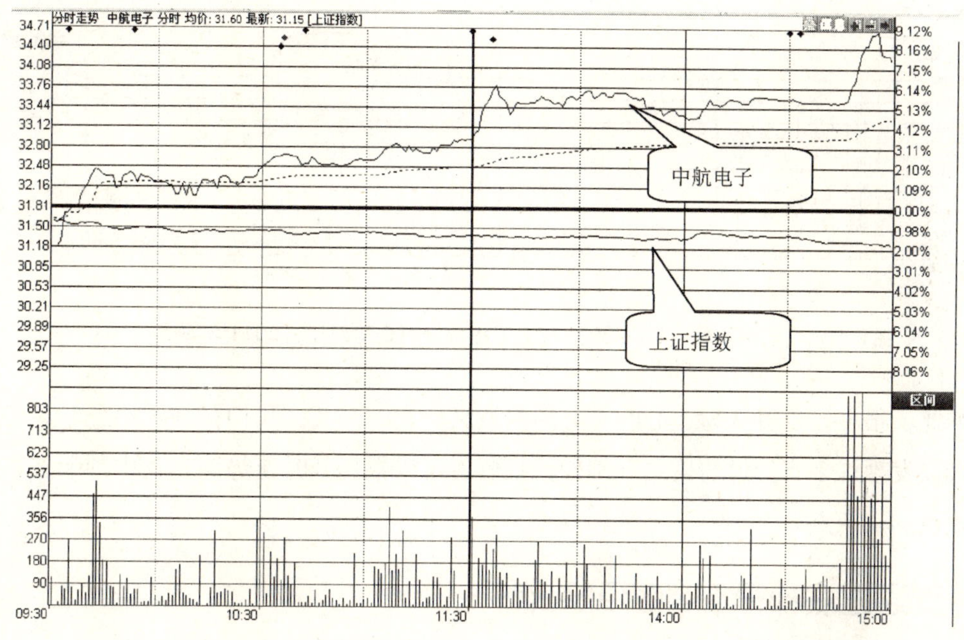

图2—15　中航电子（600372）与上证指数分时走势对比（2011年9月19日）

图2—16所示为东宝生物的股价走势与上证指数走势的对比图。从图中我们可以看出，东宝生物早盘低开之后，迅速走低，并一路震荡下跌，而上证指数的走势却保持横盘震荡，这说明东宝生物的股价走势明显弱于上证指数。也就是说，投资者如果选择短线投资品种，应该远离东宝生物。

三、通过分时图形态判断买入点

分时走势图在某种意义上只是日K线走势图的一个缩影，但是，分时图的变化相比于日K线走势图更加激烈，也就是说，分时走势线的上涨下跌总是十分敏捷的。正

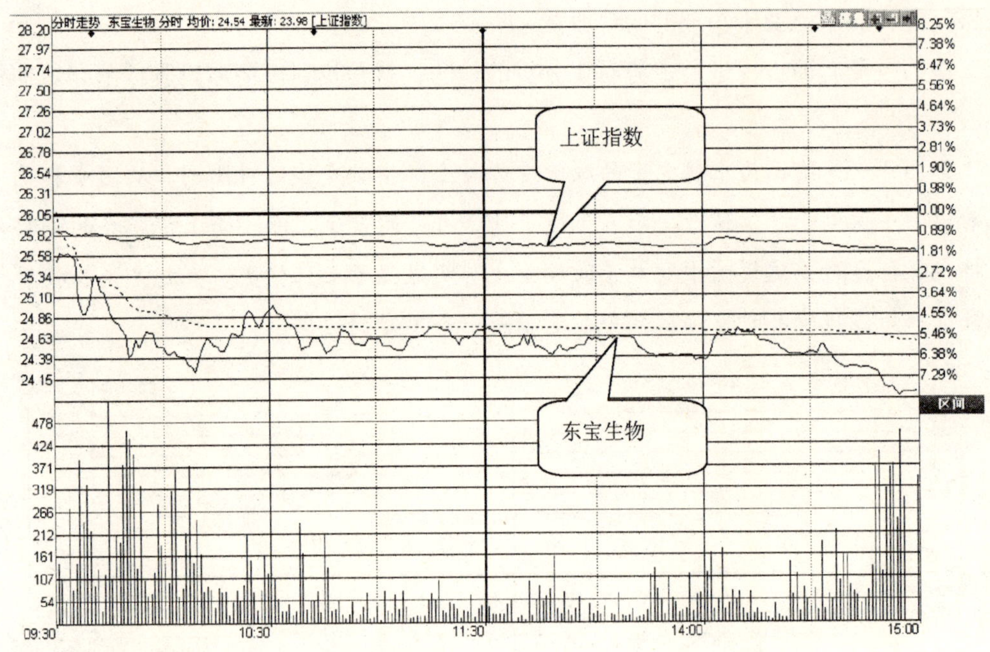

图 2—16　东宝生物（300239）与上证指数分时走势对比（2011 年 9 月 19 日）

因如此，很多投资者认为，分时走势图的意义不大。其实，我们仔细观察分时走势线也可以发现许多有价值的信息。例如，投资者可以根据分时走势图在盘中的形态来判断短线的买入点。

1. 通过底部形态判断买入点

很多投资者都知道，股价的日 K 线走势图、周 K 线走势图或者月 K 线走势图上经常会出现一些特殊的底部形态，如 W 底形态、三重底形态或头肩底形态等，其实，分时走势图上有时也会出现这些底部形态。其操作要点如下。

（1）与 K 线图相似，股价如果突破了分时走势线构成的底部形态的颈线位时，同样意味着买入时机的到来，短线投资者可以买入。

（2）股价突破颈线位时，如果能有成交量放大相配合，将大大增强突破的有效性。

如图 2—17 所示，古越龙山的股价在 2011 年 6 月 23 日早盘开盘之后，震荡走低，并走出了一个 W 底形态，预示股价将要企稳反弹，随后股价成功突破了 W 底的颈线位，预示股价将发动一波上涨行情。此后，该股股价一路震荡走高（我们再来看一下古越龙山的日 K 线走势图，如图 2—18 所示）。

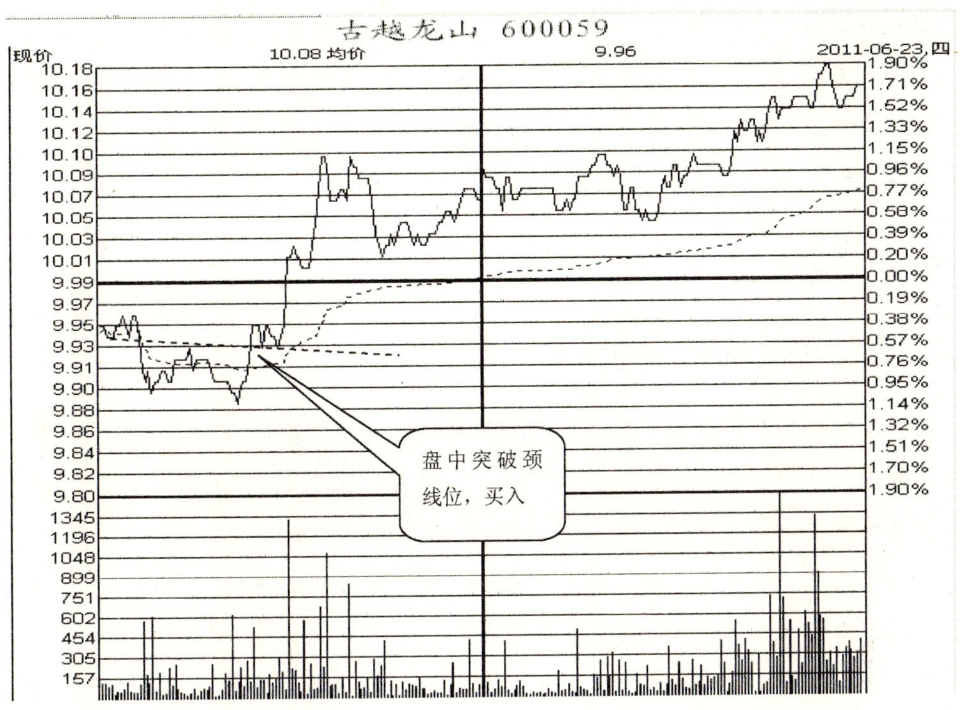

图 2—17　古越龙山（600059）分时走势图（2011 年 6 月 23 日）

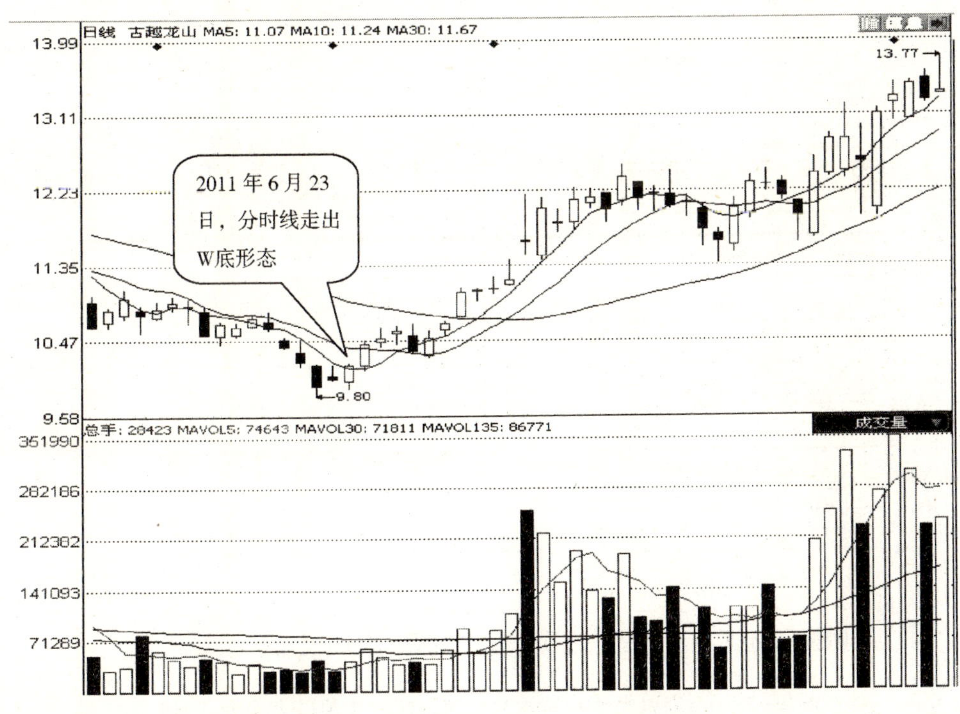

图 2—18　古越龙山（600059）日 K 线走势图

古越龙山的股价从2010年11月份开始，一路震荡走低，且最低点一波低于一波。2011年6月20日，该股股价创下了9.80元的最低价，此后，股价出现了震荡反弹。2011年6月23日，该股继续了前一交易日的上涨行情，同时，分时走势线在当天开盘初期走出了W底形态，预示该股后市将企稳反弹。我们从该股的日K线走势图中可以看出，6月23日之后，该股经过了一波调整，迅速突破了均线的压制，随后，发动了一波上涨行情。

2. 分时线突破平台判断买入点

股价在盘中经常会出现横盘整理的震荡走势，此时，就形成了一个整理平台，当股价突破这一整理平台时，往往就会构成买入时机，如图2—19所示。

金鹰股份的股价在2011年7月5日早盘高开之后一直呈横盘震荡状态，股价始终没有大的波动。下午开盘后，股价被直线拉升，并迅速突破整理平台，短线投资者可以于此时迅速跟进买入股票。此后，该股的股价被庄家一气拉升至涨停位置，由此可见，该股后市仍可能呈现强势。我们再来看一下该股的日K线走势图，如图2—20所示。

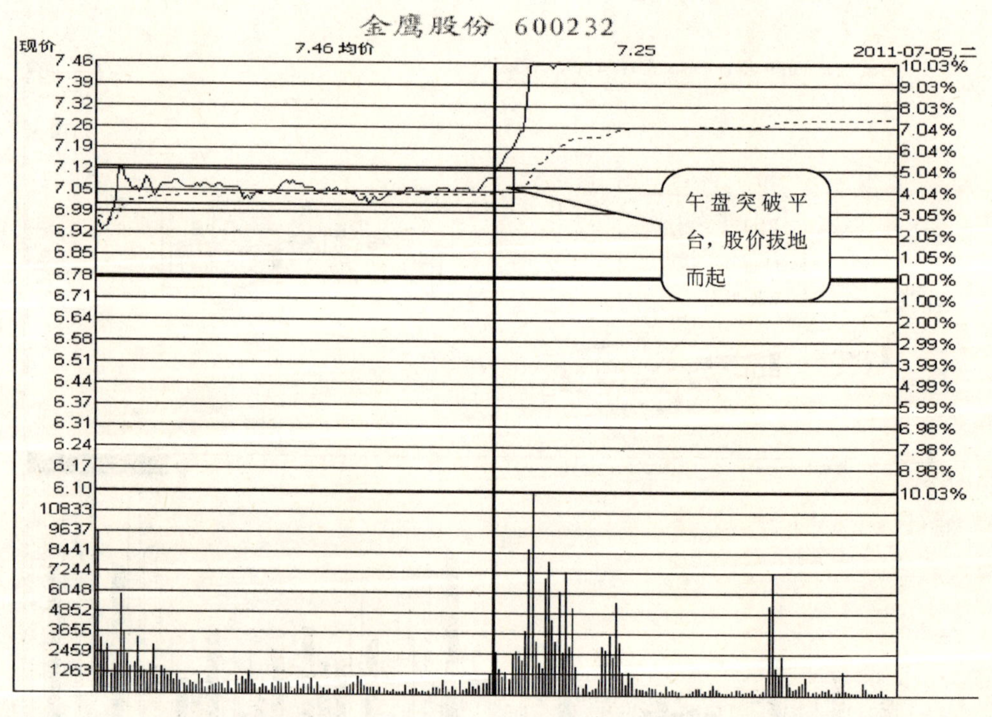

图2—19 金鹰股份（600232）分时走势图（2011年7月5日）

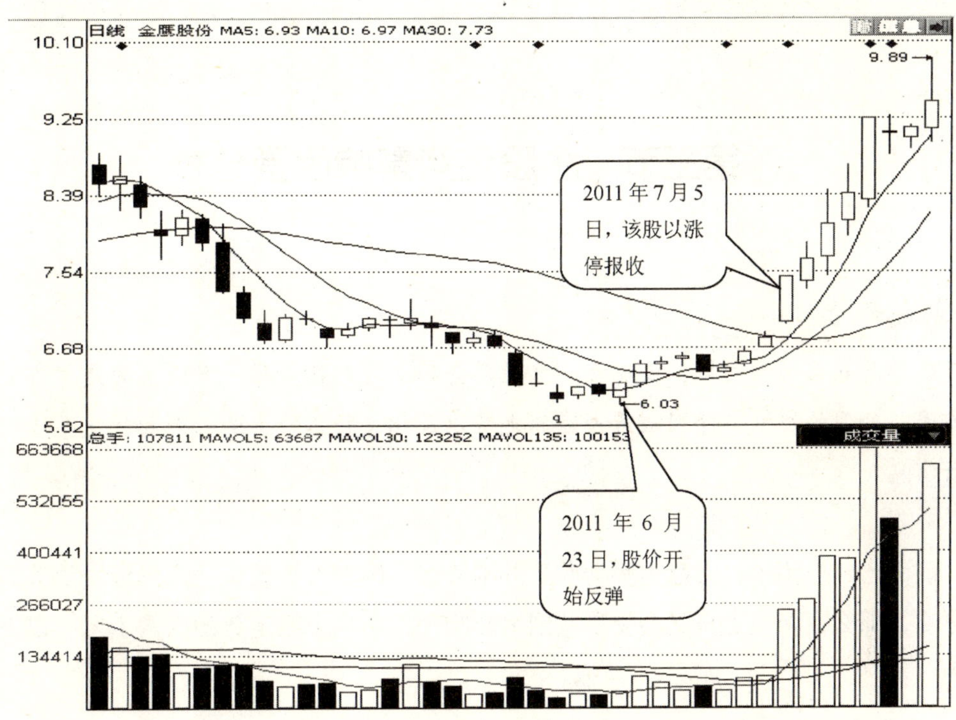

图2—20 金鹰股份（600232）日K线走势图

2011年5月17日，金鹰股份的股价开始经历了一段时间的下跌走势，股价屡创新低。2011年6月23日，股价开始触底反弹，随后开始震荡上涨。7月5日，该股开盘之后呈横盘震荡形态，随后，股价突破平台并直接封上了涨停板，预示股价将开始新的一轮上涨，投资者宜迅速跟进买入股票。此后，该股的走势证明了之前判断的正确性。

股海箴言

对于同一个问题，看问题的人心态不一样，角度不一样，得出的结论也不一样，所以，我们对于分时图使用技巧的分析也只是一己之见，并不十分全面。

同时，对个股分时图走势的研究仁者见仁智者见智。本书介绍的只是一般的通行的用法，投资者可以根据自己投资的需要酌情参考。

第三节　个股走势影响因素分析

➲ 实战看盘

世界是联系的，同样，没有哪一只股票会孤立地存在。每一只股票的走势都会受到内因与外因的影响。外因就是大盘的走势以及相关股票的走势；内因就是个股利空利好消息。

前面已经介绍了，大盘走势会受到外围股市、国家宏观政策、市场资金量等因素的影响，那么，个股走势又会受哪些因素影响呢？影响个股走势的因素主要有以下几方面。

一、大盘指数的走势

前面已经说过了，大盘是风，个股是船。风朝哪个方向吹，船就会往哪个方向跑。当大盘上涨时，个股多数会出现上涨行情；反之，当大盘下跌时，个股多数也会出现下跌行情。出现这种情况与大盘指数的构成有关，大盘指数是由市场上比较有影响力的权重股构成，当大盘下跌时，意味着市场上大多数权重股都出现了下跌，由于股票与股票之间具有一定的关联性，因而，与权重股相关联的股票也会同步下跌，于是市场上下跌股票占了主流，这就严重影响了投资者的做多气氛。很多投资者便会害怕股价下跌，持有股票的投资者便会选择卖出股票，而想买入股票的投资者又不敢买入，这就进一步促使股价走低，这样，市场上大多数股票都会呈现出下跌行情。

当然，在大盘下跌过程中，也会有一些股票出现上涨行情，这些股票往往都是一些庄家集中控盘的股票。

如图 2—21 所示，上证指数在 2011 年 9 月 19 日开盘之后出现震荡下跌的走势，预示当天大盘将会走低，这对个股走势会造成非常不利的影响。有些股票开盘之后就会随大盘一路走低，有些股票虽试图向上拉升，但终因无法抗拒大盘下跌带来的影响而重新开始下跌，当日达华智能的走势就是这种情形，如图 2—22 所示。

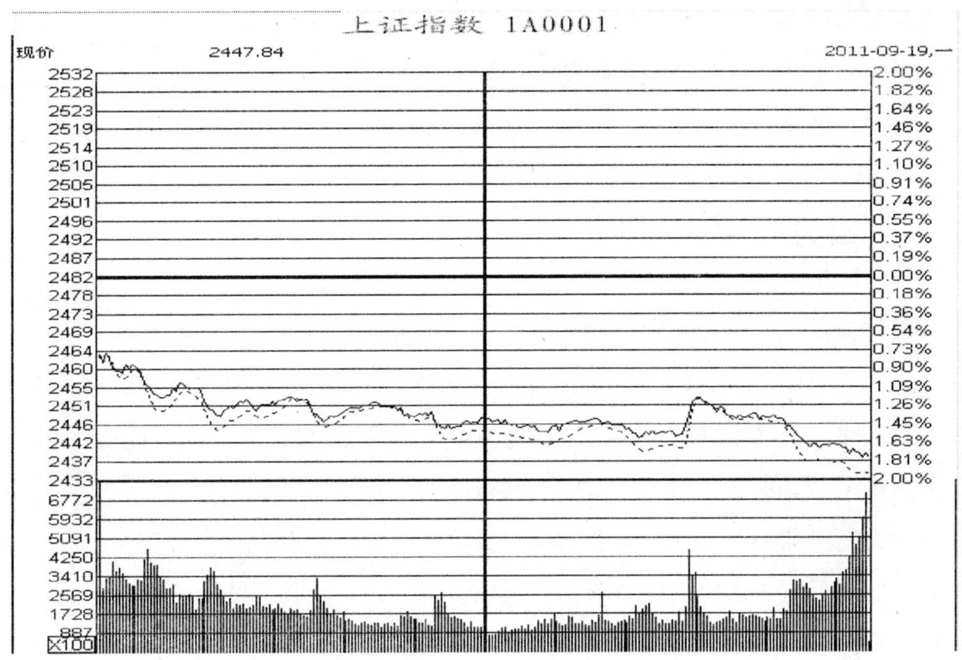

图 2—21 上证指数（1A0001）分时走势图（2011 年 9 月 19 日）

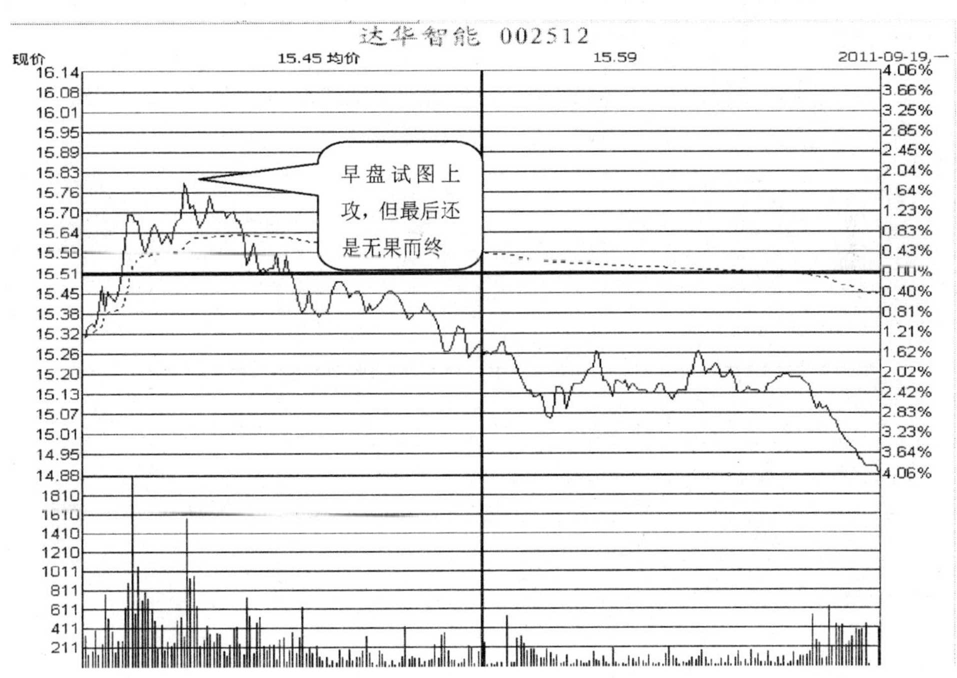

图 2—22 达华智能（002512）分时走势图（2011 年 9 月 19 日）

达华智能的股价在开盘后一路上攻，预示当天该股有走强的可能。由于上证指数开盘之后一路走低，这就给达华智能的上涨蒙上了一层阴影。投资者在看到大盘持续下跌时，可以考虑趁达华智能上攻之机卖出股票，以获取该股上涨时带来的利润。

二、相关股票的走势

一般情况下，同一板块内的股票走势往往具有联动效应，即当版块内一只股票走高时，其他股票往往也会随之走高，即使上涨幅度没有第一只股票上涨的高，也会有一个比较理想的上涨幅度。这种现象在龙头股上表现得更加明显，如果一个板块内的龙头股出现上涨，那么，其他股票就会闻风而动。

为什么龙头股的上涨或下跌会对同一板块内的股票产生影响？首先，当利好或利空消息出现时，同一板块内的股票都会受到影响，先上涨或下跌的股票属于板块内的领涨或领跌品种，这样，其他股票跟随上涨或下跌也是顺理成章的事；其次，龙头股票上涨之后，会引来市场资金的关注，而这时龙头股票上涨比较多了，很多资金为了降低风险就会选择与龙头股票在同一板块内的股票买入，从而带动相关股票的上涨，下跌时也是同理。

下面看一下新安股份与华鲁恒升的走势情况，如图2—23、图2—24所示。

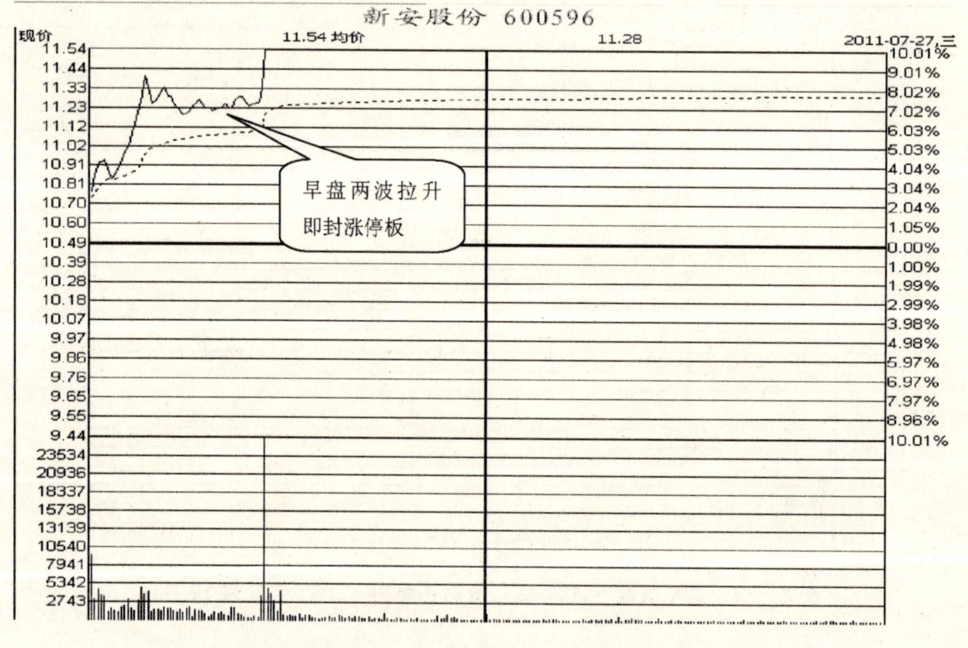

图2—23 新安股份（600596）分时走势图（2011年7月27日）

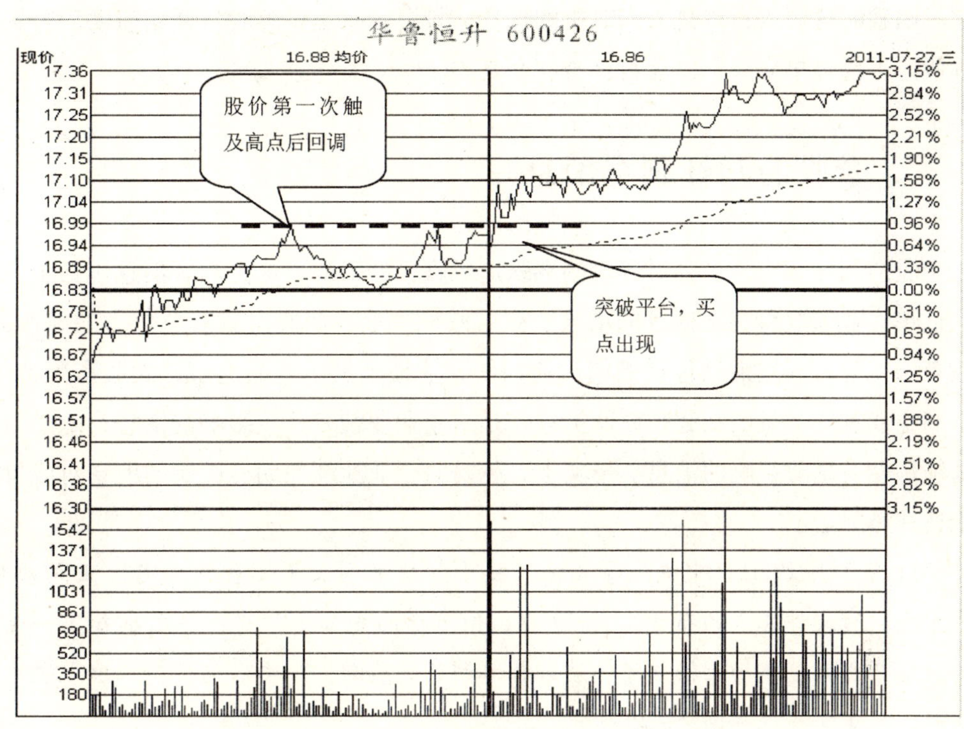

图2—24 华鲁恒升（600426）分时走势图（2011 年 7 月 27 日）

新安股份的股价在 2011 年 7 月 27 日早盘开盘后被一路拉升，盘中经历了一波较大的回调之后即封住了涨停板，由此可见，庄家对该股的后势十分看好，但由于该股早早地封上了涨停板，让想买入该股的投资者犯难，因为即使在涨停板上买入该股也未必能够成交。这时投资者就可以考虑买入与新安股份同属化肥板块的华鲁恒升的股票。下面再来看一下华鲁恒升的股价走势，如图 2—24 所示。

2011 年 7 月 27 日，华鲁恒升的股价以低于前一交易日收盘价的价格开盘，随后，股价一路上涨，在新安股份冲击涨停板的影响下，华鲁恒升的股价在第一次触及高点后出现回调。此时，投资者应该注意，如果该股再发动上涨，且能够突破这一前期高点时，就是该股的买入时机。午盘开盘之后，该股股价一路上涨，并成功站在前一高点的上方，说明该股走势趋强，且同一板块的新安股份已经涨停，此时，投资者可以大胆买入该股。

投资者在通过相关股票的走势寻找目标买入股时，一定要注意两个问题：一是不是所有的同板块股票都会产生连锁反应，也就是说，不能看到一只股票涨停，就立即去买入同板块的股票，一定要仔细分析涨停股票涨停的原因，如果同板块内股票也具有这一因素时再买入；二是买入时机的选择，投资者一定要等股价开始启动后再买入目标股，不能过早介入，以免自己被深套其中。

三、个股的利好利空消息

个股的利好利空消息会对股价的涨跌造成直接的影响。这类利好消息包括企业获得大订单、业绩取得突飞猛进的增长、获得政府补贴、研发出具有竞争力的新产品、大股东增持等；利空消息包括遭遇法律纠纷、业绩下滑、产品退市、大股东减持等。这些利空或利好消息归纳起来就两类：一是对企业业绩有直接影响的消息；二是对企业业绩预期有重要影响的消息。事实上，越是对企业业绩预期有影响的消息对股价的影响往往越显著。

2011 年 1 月 29 日，中央一号文件《关于加快水利改革发展的决定》正式颁布。尽管中央一号文件正式颁布于 1 月 29 日，但市场的先知先觉者，早已感知了一号文件的内容，由此，市场上掀起了一波炒作水利股的热潮。三峡水利就是本次上涨中的龙头股，其走势情况如图 2—25 所示。

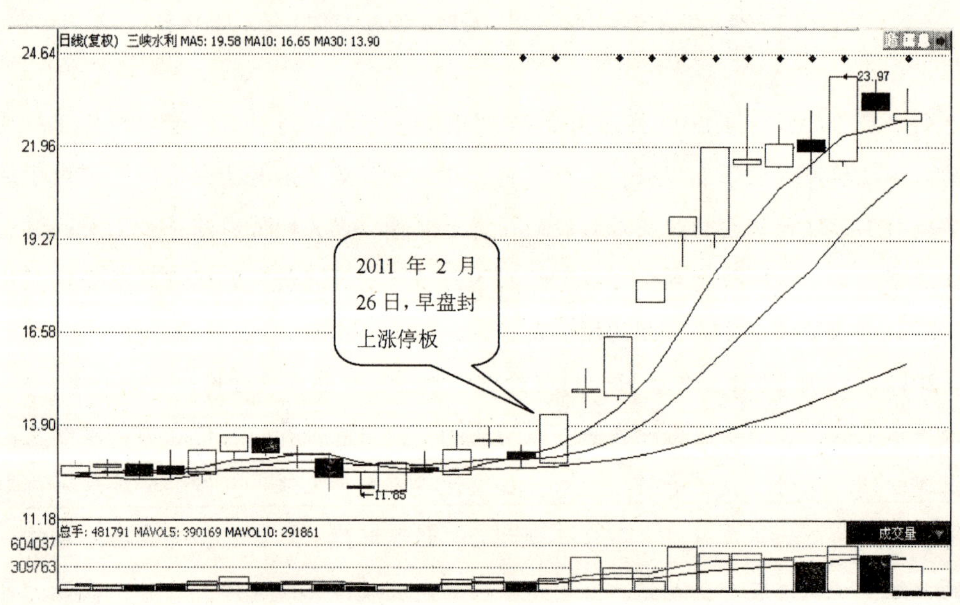

图 2—25　三峡水利（600116）日 K 线走势图

三峡水利的股价在 2011 年 2 月 26 日早盘开盘之后，一路震荡走高，不久便封上涨停板，尽显强者风范。投资者如果想短线追涨，这类股票当是首选，其后，该股股价一路狂飙，从13元左右的价格启动，最终上涨到23.97元。由此可见，利好消息对股价的影响。

再回头看一下这则利好消息，可以说，这是一条利好所有水利股票的消息，因而，上涨的股票也不可能只有三峡水利一只，如果投资者觉得三峡水利涨幅过大，还可以选择一些涨幅较小的股票，这些股票不是龙头股，一般上涨启动较晚，上涨幅度也不会有三峡水利上涨的幅度大，葛洲坝的走势就是这种情况，如图2—26所示。

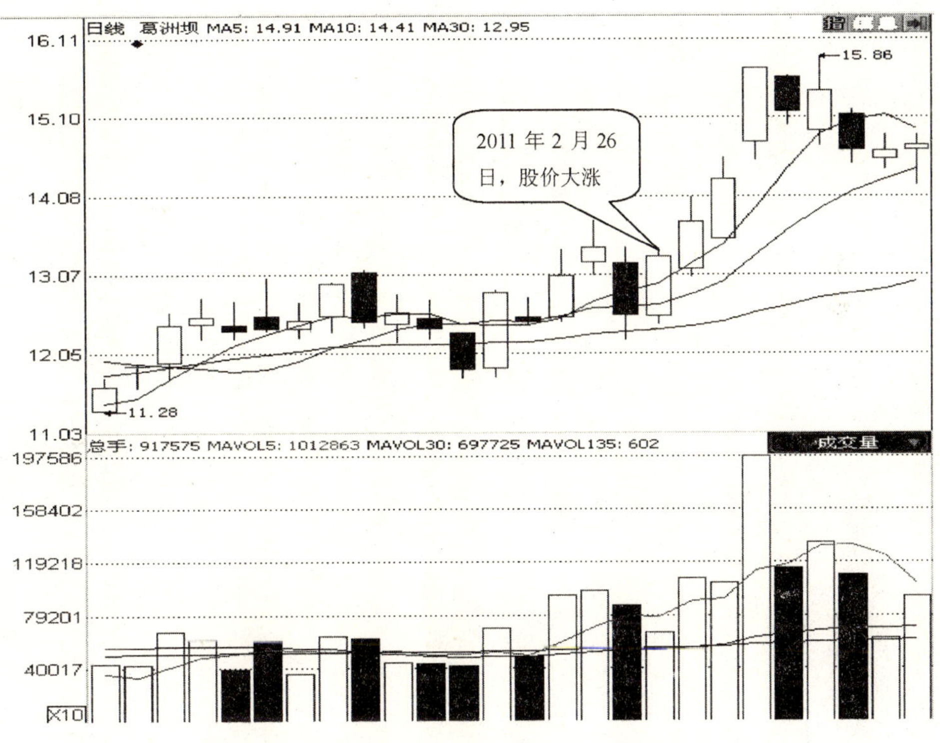

图2—26 葛洲坝（600068）日K线走势图

葛洲坝的股价经过了一轮震荡上涨之后，2011年2月26日被大幅拉升，随即，股价连续出现大涨，此时，投资者如果没有买进三峡水利，也可以尝试买入葛洲坝，尽管该股涨势弱于三峡水利，但也要强于市场上大多数股票。

投资者应该养成每天盘前或盘后阅读股市新闻的习惯。这些股市新闻中往往含有对个股的利好或利空的消息。当然，股市中没有绝对的关系，一些看似利空的消息，也许会转化为股价上涨的动力；一些看似利好的消息也许会转化为股价下跌的原因，这就需要投资者仔细研判，细细揣摩了。

股海箴言

每一只股票都与外界存在着各种各样的联系，但同时又具有独立性。俗话说，再好的草地也会有瘦马。同样，再好的环境，也会有下跌的股票。大盘的上涨，并不意味着所有的个股都一定会上涨，因而，对于投资者来说，尽管选择正确的时机很重要，但选对股票也同样重要。

第三章

盘中看盘实操

看盘就要注意盘中的每一个细节。一般情况下，盘面反映出来的各种信息的背后往往都有其深层次的原因，如早盘开盘价的形成、尾盘收盘价的形成都是多空双方激烈争夺后的产物，而盘中的每次上涨、每次下跌，甚至每次大的交易的出现都会有庄家操作的身影。尽管通过看盘也未必能够全盘掌握庄家的意图，但却可以看出庄家做盘的一些端倪。这样，投资者就可以采取有针对性的行动。

第一节 早盘实战看点

实战看盘

俗话说："一年之计在于春，一天之计在于晨。"投资者在看盘时也应该将早盘置于重要的位置，因为股价早盘的走势在一定程度上会对当天的走势构成一定的影响。

早盘，尤其是开盘后半个小时内，如果一只股票在这一时段出现下跌的走势，那么该股当天下跌的可能性就非常的大；如果一只股票在这一时段出现上涨的走势，那么该股当天上涨的可能性就非常大。

早盘的看盘重点主要包括开盘价的形成以及早盘开盘放量上冲的原因两项内容。

一、盘前热点速读

国际局势的任何风吹草动、国内宏观政策的些许变化都可能对每天的股市产生巨大的影响，因而，每天开盘前投资者，尤其是短线投资者都需要关注以下几点内容。

1. 看欧美股市、汇率黄金、石油等国际资本市场走势

以前人们常说，全国一盘棋，现在可以说，世界一盘棋了。随着经济全球一体化的不断推进，各个国家的股市联动性不断增强。如果前一天晚上美国股市出现大幅下跌，那么，第二天我国股市的开盘价至少会出现低开，如果影响更为严重一点，也许整天股价都会在低位运行。

2011 年 8 月 5 日，标准普尔调低了美国主权信用评级，引发了投资者对于美国经济的担忧，因此，美国股市连续几个交易日出现大幅下跌情况。2011 年 8 月 8 日，美股延续了之前的下跌走势，2011 年 8 月 9 日，我国股市受其影响，上证指数大幅度低开，如图 3—1 所示。

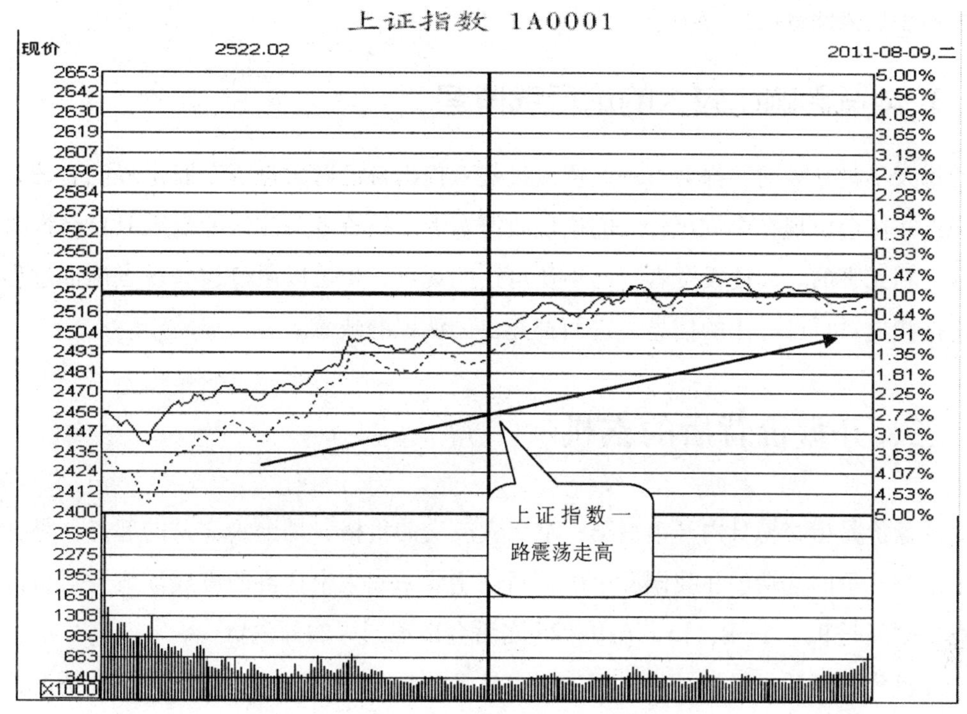

图 3—1　上证指数（1A0001）日分时走势图（2011 年 8 月 9 日）

上证指数在 2011 年 8 月 9 日以大幅跳空低开的形式开盘，体现了我国股市与美国股市的联动性。随后，上证指数一路震荡走高，说明我国市场有其自身的独立性，美国股市的变化只影响到了开盘价。

当然，上面介绍的是美国股市变化对我国股市的影响，其实，很多时候世界资本市场上的黄金、石油、外汇等的价格波动都会对国内市场相应板块的股票构成影响。例如，如果国际市场的黄金价格走高，那么，国内证券市场与黄金采掘、提炼相关的股票就会走高；如果国际市场的石油价格走高，那么，国内证券市场与石油开采、冶炼相关的股票就会走高。

2. 关注重要的财经新闻

一些重要的财经新闻会对相应的股票构成直接的利好或利空影响，并进而影响这些股票的走势。这些重要的财经新闻包括政策变动、行业新闻、货币信贷政策等。投资者看到这些新闻时，首先要分析这些新闻对股市的影响是全局性的还是个别的，是长期的还是短期的。如果是全局性的，会对自己所持的股票或所要买入的股票构成什么样的影响；如果是个别的，这些新闻会针对哪些股票，这些股票的关联个股是否会发生相应的连锁反应。

3. 浏览影响比较大的论坛或博客

每天早盘开盘前，都会有一些资深投资者提出自己对大盘或个股走势的看法，这些观点往往会出现在影响比较大的论坛或博客上。投资者关注这些观点对自己操盘来说是有利无害的。即使投资者自己不认可这些观点，也可以通过这些观点论证过程中的论据找出对自己有用的信息，进而补充自己认识的缺憾。

二、开盘价背后的玄机

开盘价是指交易日内开市后第一笔买卖成交的价格，是全天交易的起点，是一天之中多空斗争的开端。在我国股市中，目前主要采取集中竞价的方式形成开盘价。集中竞价时间是9：15—9：25，在9：25之后会出现当天的开盘价。

开盘价的高低一般都是相对于前一交易日的收盘价而言的，主要有三种情况：一是低开，开盘价低于前一交易日收盘价；二是高开，开盘价高于前一交易日收盘价；三是平开，开盘价与前一交易日收盘价相同。

正常开盘所形成的开盘价，如果没有伴随着较大的成交量，一般对当天股价的走势影响不大，这里不做过多研究。下面我们主要对伴随着巨大成交量的开盘价进行分析。

1. 平开大量开盘

平开大量开盘一般都是人为造成的。每天开盘阶段除非有特别利好或利空的消息，否则，一般投资者都会持观望态度，因此，每天的开盘时段成交量都不会很高，而一旦在开盘时段出现大量开盘，且没有任何利好利空消息，则可以认定这种情况是人为造成的，这就存在以下两种可能性。

第一种可能性是平开大量开盘只是两个庄家之间互相换手，并没有其他意图。如果是这种情况，说明两个庄家之间事先已经达成某项共识，因此，才会采取一致性行动。这种情况出现后，一般股价后市走势都比较平稳，不会出现太大的波动。

第二种可能性是庄家自己与自己的换手。庄家不会平白无故地自己与自己换手，因为这也需要一定的交易费用。平开大量开盘只是庄家在吸引投资者的眼球，也就是说，庄家希望通过大量成交，来吸引投资者的注意，进而配合自己下一步的行动。这种情况发生后，股价很可能会出现波动，至于向上攀升还是向下运动则需要进一步的观察。

2. 大幅高开或涨停开盘

如果庄家不是故意将筹码输送给特定的利益人，那么，股价高开就一定是庄家在吸引投资者的眼球，希望投资者能够跟进买入。同时，这也说明，庄家此时已经过了建仓期。作为投资者是否选择跟进主要还需要确认庄家所处的阶段，如果庄家刚刚完成建仓，那么，后面上升的概率比较大；如果股票是从高位回落后，重新上涨的，那么，下跌的概率会很大，投资者需要谨慎考虑。

3. 大幅低开或跌停开盘

如果外围没有异常消息对股价造成影响，那么，股价大幅低开也同样是庄家在吸引投资者的眼球，希望买单跟进。因为没有人愿意一开盘将把自己的股票以较低的价格卖出去。如果开盘后股价很快就能回到前一交易日的收盘价附近，那么，该股后续上涨的概率还是非常大的；如果开盘后该股股价一路下跌，那么，股价很可能会出现破位的走势，说明庄家已经不计成本地出货了，这时投资者应该迅速出货离场。

三、看大盘走势强弱

市场整体强弱状况，是投资者最需要关注的内容。如果大盘强势，那么，投资者操作个股就会如鱼得水；相反，如果大盘弱势，投资者操作个股就会事倍功半。

1. 看涨幅榜第一页

在炒股软件中，涨幅榜的第一页一般会提供涨幅前 28 名到 30 名股票的信息。投资者在开盘后的半个小时内观察涨幅榜的变化可以预判当天大盘走势的强弱。

（1）如果沪深两市有 5 家以上的股票涨停，那么，市场处于强势，投资者可以大胆选股进行短线操作。

（2）如果涨幅榜第一页的股票涨幅均在 4% 以上，市场同样处于强势，投资者仍然可以短线参与。

（3）如果涨幅榜上没有涨停股票，或者涨幅榜第一页股票的涨幅超过 3% 的很少，就说明市场处于弱势，投资者对于短线交易应该十分慎重。

（4）如果整个市场中没有超过3%涨幅的股票，说明市场处于比较严重的弱势，短线投资者应该保持观望。我们看一下2011年9月20日沪深两市的涨幅榜，如图3—2所示。

	代码	名称	星级	涨幅%↓	现价	总手	现手	昨收	开盘	最高	最低	叫买	叫卖	涨速%	量比	市盈(动)	市净率
1	002618	N丹邦	[illegible]	+30.31	16.94	21.14万	8 ↓	13.00	16.77	17.66	16.52	16.94	16.95	-0.06	—	55.21	8.82
2	000975	科学城	★★	+10.04	8.33	29.72万	31 ↓	7.57	7.82	8.33	7.82	8.33	--	+0.00	9.20	265.18	5.65
3	002458	益生股份	★★★★★	+6.96	29.50	27193	14 ↑	27.58	27.45	29.94	27.30	29.50	29.53	+0.79	5.83	33.03	4.53
4	002496	辉丰股份	★★★★	+6.80	22.77	25663	7 ↓	21.32	21.20	23.33	21.10	22.76	22.77	-0.22	1.75	50.33	2.30
5	600576	万好万家	★★	+6.34	13.24	12.52万	122 ↑	12.45	12.48	13.50	12.48	13.22	13.24	-0.30	3.33	亏损	5.61
6	002224	三力士	★★★★	+5.78	11.17	26105	76 ↓	10.56	10.66	11.30	10.66	11.15	11.17	+0.36	2.88	42.45	3.93
7	002233	塔牌集团	★★★	+5.41	13.05	20.78万	338 ↓	12.39	12.51	13.10	12.48	13.04	13.05	+1.79	1.98	20.10	3.77
8	600506	ST香梨	★	+5.05	9.57	18486	15 ↓	9.11	9.12	9.57	9.11	9.57	--	+0.00	2.23	亏损	5.09
9	002200	*ST大地	★★	+5.02	17.57	54216	20 ↓	16.73	16.80	17.57	16.73	17.57	--	+0.00	2.74	亏损	4.81
10	600299	ST新材	★	+5.02	12.56	69329	20 ↓	11.96	11.90	12.56	11.89	12.56	--	+0.00	3.08	24.89	2.19
11	000981	ST兰光	★	+5.01	11.31	82651	43 ↓	10.77	10.55	11.31	10.55	11.30	11.31	+0.00	3.44	15.95	3.61
12	000030	*ST盛润A	★	+4.99	20.81	25720	2 ↓	19.82	20.78	20.81	20.56	20.81	--	+0.00	1.21	2.06	16269.06
13	600722	ST金化	★★	+4.95	7.21	39576	19 ↓	6.87	6.86	7.21	6.85	7.21	--	+0.00	9.07	亏损	负资产
14	600596	新安股份	★★★★	+4.88	10.96	57213	15 ↓	10.46	10.38	10.98	10.38	10.96	10.97	+1.39	1.30	66.37	1.86
15	000510	金路集团	★★	+4.86	8.21	31.38万	30 ↑	7.82	7.85	8.54	7.76	8.20	8.21	+0.00	5.40	亏损	4.39
16	000430	ST张家界	★★	+4.80	10.25	87765	59 ↑	9.78	9.71	10.27	9.70	10.25	10.26	+0.00	6.58	80.73	15.43
17	300139	福星晓程	★★★★★	+4.67	53.80	5574	11 ↓	51.40	56.48	56.48	52.55	53.21	53.89	-0.35	2.02	39.54	2.78
18	600768	宁波富邦	★★	+3.93	12.42	41598	78 ↓	11.96	11.94	12.60	11.90	12.42	12.43	+0.32	2.29	625.73	11.39
19	002512	达华智能	★★★★	+3.90	15.48	21236	2 ↑	14.88	14.65	15.52	14.65	15.44	15.48	+0.19	1.14	58.75	3.68
20	000571	新大洲A	★★★★	+3.88	6.70	98166	67 ↑	6.45	6.45	6.75	6.42	6.69	6.70	-0.45	2.47	33.75	4.09
21	600876	洛阳玻璃	★	+3.85	9.43	35617	1 ↓	9.08	9.20	9.66	9.20	9.43	9.44	+0.53	5.42	32.11	24.95
22	300143	星河生物	★★★★	+3.66	21.78	11504	5 ↓	21.01	21.06	22.30	21.05	21.78	21.79	+0.23	3.18	56.95	4.25
23	002234	民和股份	★★	+3.64	31.59	11454	1 ↓	30.48	30.48	31.94	30.30	31.42	31.59	+0.64	1.89	19.89	4.91
24	002173	山下湖	★★	+3.57	11.88	41160	8 ↑	11.47	11.40	12.12	11.40	11.87	11.88	+0.25	2.08	64.32	5.77
25	600493	凤竹纺织	★★	+3.52	8.82	88142	60 ↓	8.53	8.58	8.96	8.48	8.82	8.83	+0.23	1.65	1208.30	3.84
26	002606	大连电瓷	★★	+3.37	21.13	14509	2 ↓	20.48	20.06	21.33	20.06	21.13	21.18	-0.24	1.01	49.64	7.93
27	002407	多氟多	★★	+3.31	48.42	13011	5 ↑	46.87	46.80	48.49	46.50	48.43	48.44	+0.85	2.83	56.55	4.76
28	300264	佳创视讯	★★	+3.15	17.34	48742	11 ↑	16.80	17.17	17.60	17.02	17.33	17.34	+0.41	0.97	62.49	10.23

图3—2　沪深涨幅榜

从图中可以看出，除了新股之外，只有科学城一只股票涨停，同时，涨幅榜最后一名的上涨幅度仅为3.15%，说明当天股市处于弱势调整阶段，短线投资者不宜介入。

2. 看成交量变化

价涨量增，价跌量减是一种比较正常的量价形态。通过这种关系判断大盘分时走势情况同样是有效的，即当大盘上涨时，成交量放大；当大盘下跌时，成交量萎缩，就是一种比较健康的量价关系，也说明大盘有上涨的可能；反之，当大盘下跌时，成交量放大；当大盘上涨时，成交量萎缩，则是一种不健康的量价关系，这就说明大盘有走弱的可能。

如图3—3所示是上证指数在2011年6月21日的走势情况。从图中我们可以看出，当指数下跌时，成交量也同步出现收缩情况；当指数上涨时，成交量也同步出现放大情况，这说明指数走势与成交量配合良好，大盘指数短期内有上涨的可能。

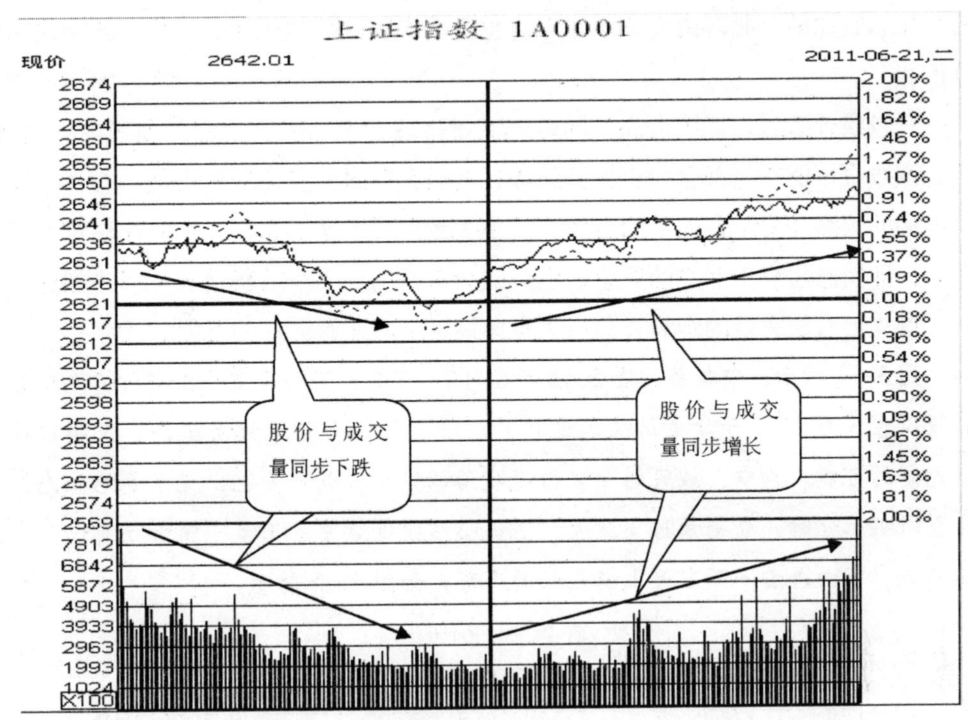

图 3—3　上证指数（1A0001）日分时走势图（2011 年 6 月 21 日）

3. 看涨跌家数

涨跌家数的多少对比，可以反映大盘涨跌的真实情况。

（1）大盘涨，同时上涨家数大于下跌家数，说明大盘上涨自然，涨势真实，投资者可以考虑短线参与。

（2）大盘涨，而下跌家数却大于上涨家数，说明主力通过拉升指标股控制指数，虚涨的成分较大，投资者进行短线投资需要慎重。

（3）大盘跌，同时下跌家数大于上涨家数，说明大盘下跌自然，跌势真实，投资者应避免短线操作。

（4）大盘跌，相反上涨家数却大于下跌家数，说明主力通过打压指标股的方式压制指数，跌势虚假，投资者可以针对目标个股进行逐步低吸。

四、早盘找寻强势股

强者恒强。很多强势股，从早盘一开盘就会立刻显现出强势的特征，尤其是一些刚刚从底部启动的个股，由于庄家要迅速脱离成本区，因此开盘后往往会选择快速拉升股价。

一只股票开盘后，持续走高，同时成交量持续放大，股价上涨的曲线非常流畅，那么，该股很可能在当天会一直保持强势，甚至会有封上涨停板的可能。当然，对于个股走势的预测还要结合大盘的走势，如果大盘出现下跌，那么，个股往往难逃下跌的命运，即使已经启动上涨的股票，也可能会重新出现下跌的行情。正因为如此，看盘时，首先要看清大盘的走势，只有大盘向好，个股才有向好的可能。

如图3—4所示，中集集团在2011年6月24日走出了一波震荡上涨行情。中集集团的股价在6月24日开盘之后被迅速拉升，成交量同步呈现放大状态，说明该股当天有走好的可能。盘中，该股的走势出现震荡调整时，成交量也出现了萎缩状态；当股价重新被拉升时，成交量再次放大，这说明该股价量关系正常，股价还有进一步上涨的可能。下面再看一下当天上证指数的走势，如图3—5所示。

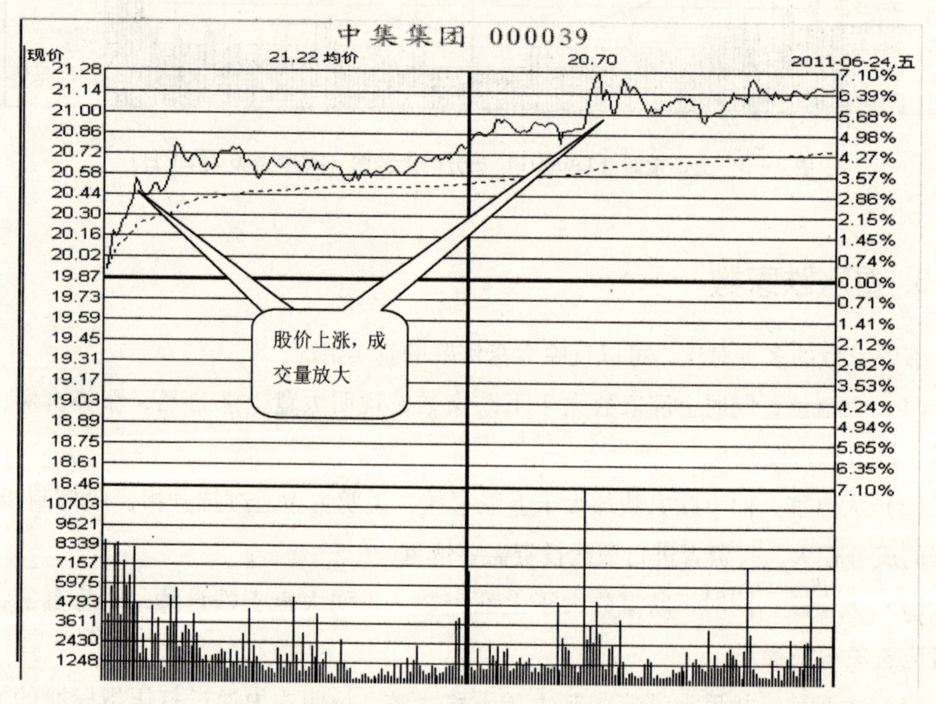

图3—4　中集集团（000039）分时走势图（2011年6月24日）

上证指数在2011年6月24日也出现了震荡上涨的行情。指数在创新高时，成交量也同步放大；指数回调整理时，成交量也出现萎缩情况，说明指数的价量配合健康，未来还有上涨的可能。这就说明中集集团外部环境良好，该股上涨的可能性很大，下面再看一下中集集团的日K线走势图，如图3—6所示。

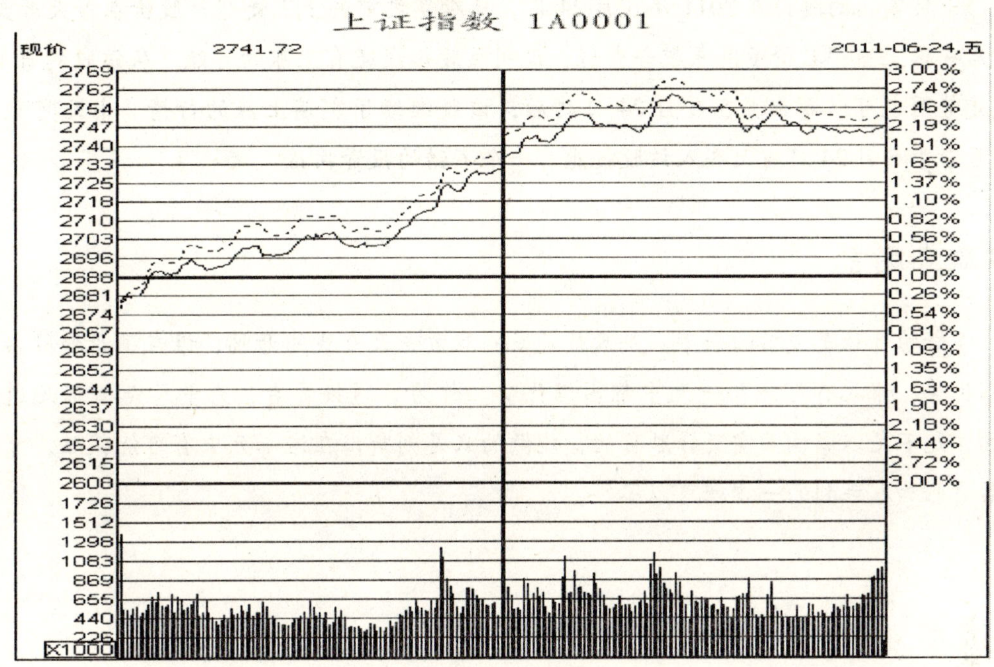

图 3—5　上证指数（1A0001）分时走势图（2011 年 6 月 24 日）

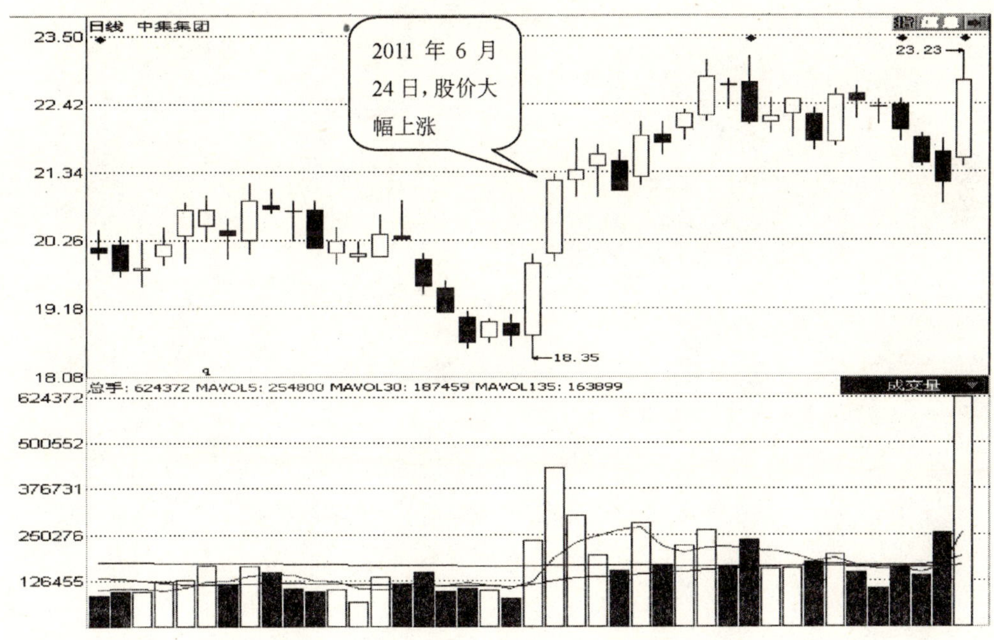

图 3—6　中集集团（000039）日 K 线走势图

中集集团的股价在2011年6月24日，延续了之前的上涨走势，股价在当天开盘之后一路上涨，且价量关系配合良好，说明该股短线还有上涨的可能。从该股的日K线走势图也可以看出，在6月24日之后，该股继续了震荡上涨的行情。由此可见，投资者于6月24日当天买入该股就能有一个不错的投资收益。

股海箴言

好的开始是成功的一半。早盘就是多空双方一天交战的开端，谁在早盘阶段占据优势，谁就有可能在一天中都占据优势。作为普通投资者，力量总是微不足道的，是不足以影响多空交锋胜负的，能做的只是判断谁在这一天中有可能获胜，然后自己加入胜利的一方就可以了。

第二节　盘中实战看点

➲ 实战看盘

盘中，就是多空双方交战的战场。如果多方占据优势，股价就会上涨；反之，如果空方占据优势，股价就会下跌。投资者盘中看盘的目的就是在多方获得优势时买入股票，在空方占据优势时卖出股票。

对于投资者来说，看盘只有三件事：选股、买入和卖出。因此，盘中看盘也离不开这三项内容。

一、用均价线判断买卖点

对于投资者来说，均价线不仅可以用来判断股价走势的强弱，更可以用来找寻股票的买卖点。

1. 用均价线判断买点

买入股票，是投资者赢利的前提条件，那么，盘中时段什么时机买入股票最好可以通过均价线来做出判断：

（1）当股价线自下而上有效突破均价线且成交量出现放大形态时，投资者可以选择买入股票；

（2）股价线位于均价线的上方，当股价线出现回调，且回调到均价线上方时，因受到均价线支撑而重新开始上涨，此时，若成交量也同步出现放大，则也可看做是一个较好的买点。投资者可以在均价线附近买入股票。

如图3—7所示，2011年7月15日，汇源通信以低于前一交易日收盘价的点位开盘后，一路上涨，股价线始终位于均价线的上方。盘中运行期间，股价线曾两次回落到均价线附近，但都因均价线的强大支撑而重新开始上涨，且股价线每次开始上涨时，成交量都会呈现出温和放量的态势，预示股价还将继续上涨，投资者宜跟进买入

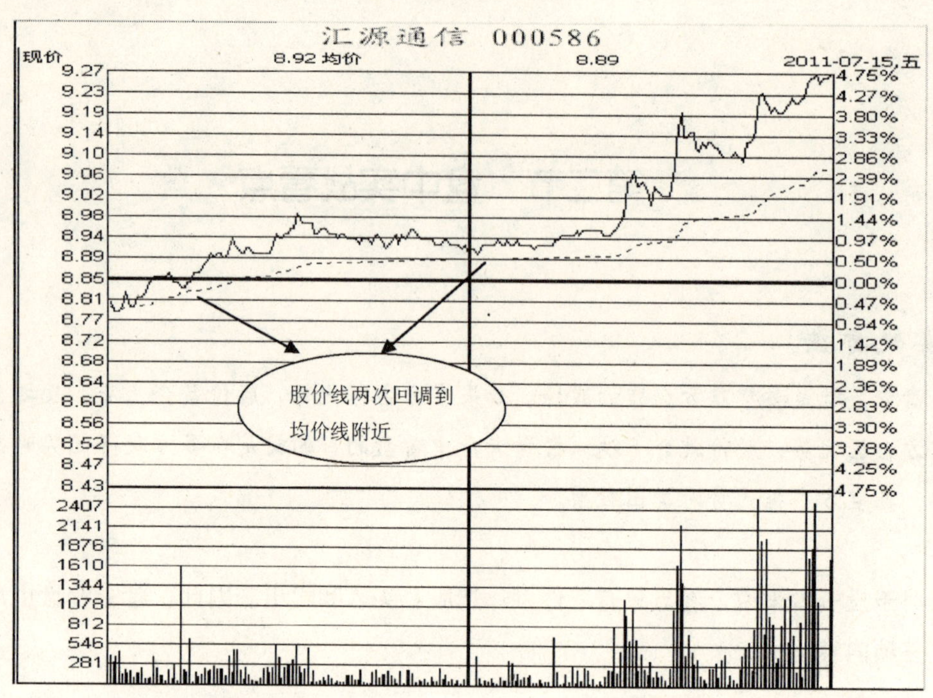

图 3—7 汇源通信（000586）分时走势图（2011 年 7 月 15 日）

股票。股价线回落到均价线附近时，就是一个比较好的买点。

下面再来看一下汇源通信的日 K 线走势图，如图 3—8 所示。

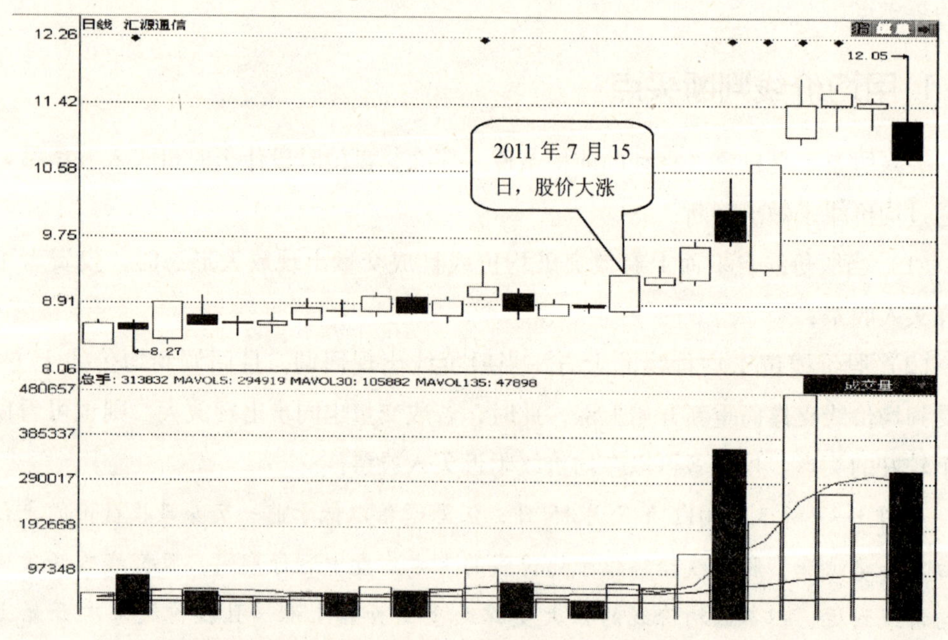

图 3—8 汇源通信（000586）日 K 线走势图

汇源通信的股价在2011年7月初的一段时间内出现震荡盘整行情。2011年7月15日，股价出现大涨，且从图3—7中我们可以看出，股价线始终没有跌破均价线，说明该股未来走势趋于强势。从图3—8中我们也可以看出，7月15日之后，股价出现了一波快速上涨行情。投资者如果能在7月15日买入该股，那么，就会获得相当可观的投资收益。

2. 用均价线判断卖点

卖出股票，是投资者赢利兑现的必然选择，那么，盘中时段什么时机卖出股票最好可以通过均价线来做出判断：

当股价线自上而下有效跌破均价线，且成交量出现放大形态时，投资者可以选择买入股票。

如图3—9所示，浙江医药的股价在2011年7月25日开盘后，只经过了一段小涨即出现回落，股价线在盘中跌破了均价线，预示该股股价将由强势转为弱势，投资者应迅速卖出一部分该股，而后继续观察：如果该股股价出现反弹，且成功突破均价线，则可继续持股；如果该股反弹到均价线处遇阻，并重新开始下跌，投资者则可卖出剩余

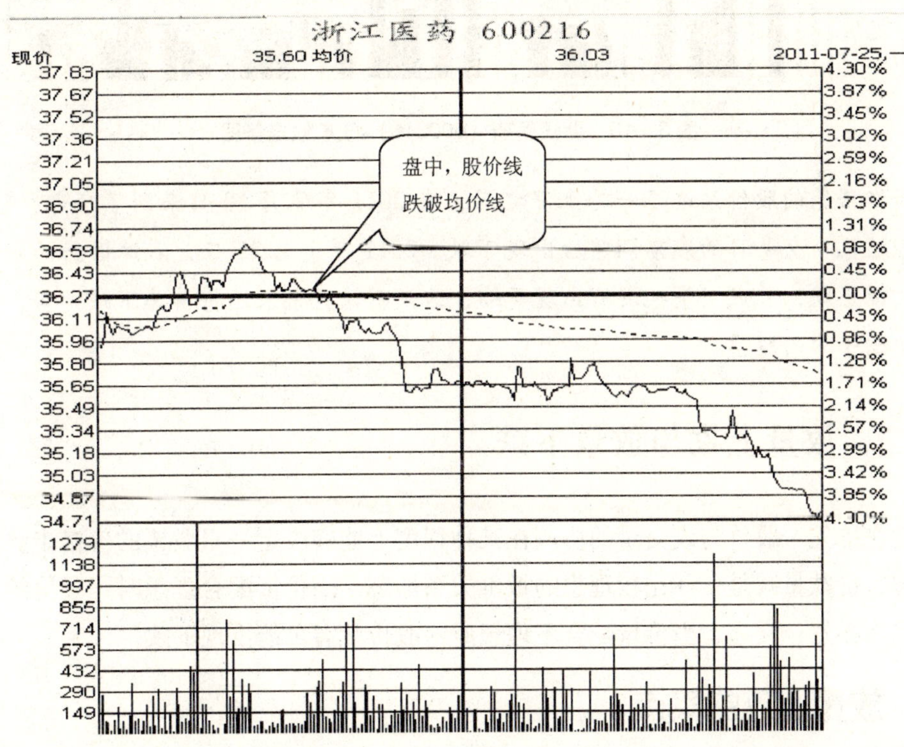

图3—9 浙江医药（600216）分时走势图（2011年7月25日）

股票。我们从图 3—9 中可以看出，该股股价跌破均价线之后，并没有出现一次像样的反弹，而是一路下跌，投资者可以于股价线距均价线位置较近时，卖出全部该股。

下面再来看一下浙江医药的日 K 线走势图，如图 3—10 所示。

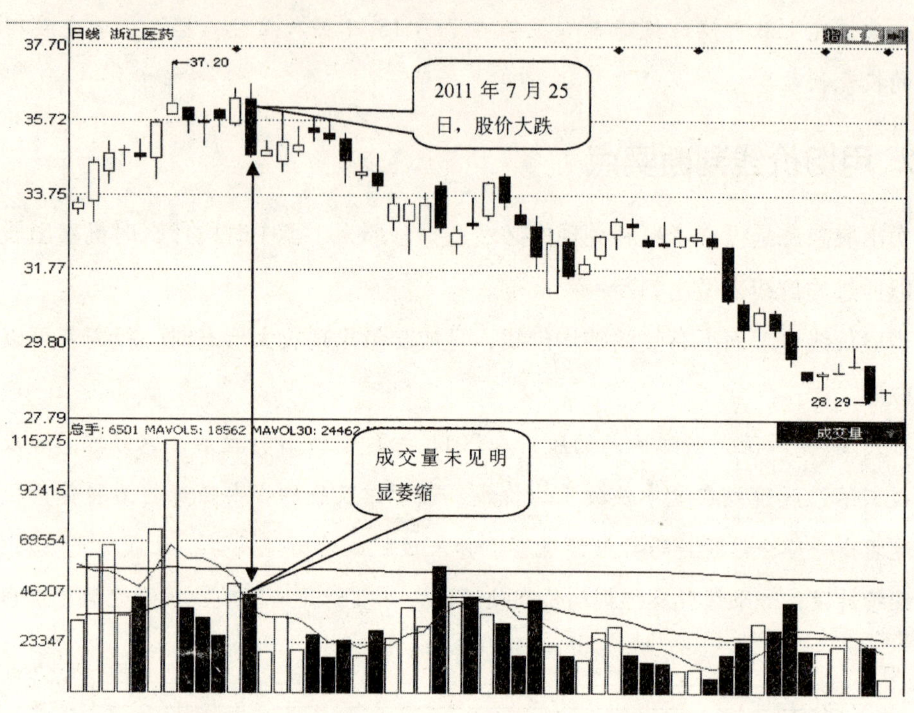

图 3—10　浙江医药（600216）日 K 线走势图

浙江医药的股价经过了一轮上涨之后，在 2011 年 7 月 18 日来到了顶部，随后，股价经过几个交易日的震荡调整后出现下跌。2011 年 7 月 25 日，浙江医药的股价出现了大幅下跌，且成交量也没有出现萎缩，这说明该股未来还将持续下跌走势，投资者宜卖出手中的股票。

二、放量上攻与放量下跌

量在价先，股价与成交量的协调在某种程度上能够决定一只股票的价格走势。价涨量增、价跌量减是一种比较理想的量价关系形态。当价量配合理想时，股价的上涨才能成为必然；反之，当价量配合不理想时，股价就有可能出现下跌。

1. 放量上攻的买点

当一只股票的股价盘中连续上涨，且股价在上涨过程中出现放量形态，股价在回调时，成交量出现萎缩形态，这就说明该股具备了继续上涨所需的量价关系。当股票出现放量上攻时，其上涨启动点就是该股的买点。

如图3—11所示，思源电气的股价在2011年6月23日开盘之后，呈现横盘整理形态。随后，该股股价被突然拉起，成交量呈现异常放大；接着，股价出现回调，成交量也出现了萎缩；在下午时段，股价再次被拉起，成交量又一次出现放大；最后，股价再次出现回调，而成交量也出现萎缩。通过对该股量价关系的研判可以看出，该股量价关系配合十分合理，该股有进一步上涨的可能，而该股股价的每一次上攻启动时，就是最好的买点。下面来看一下思源电气的日K线走势图，如图3—12所示。

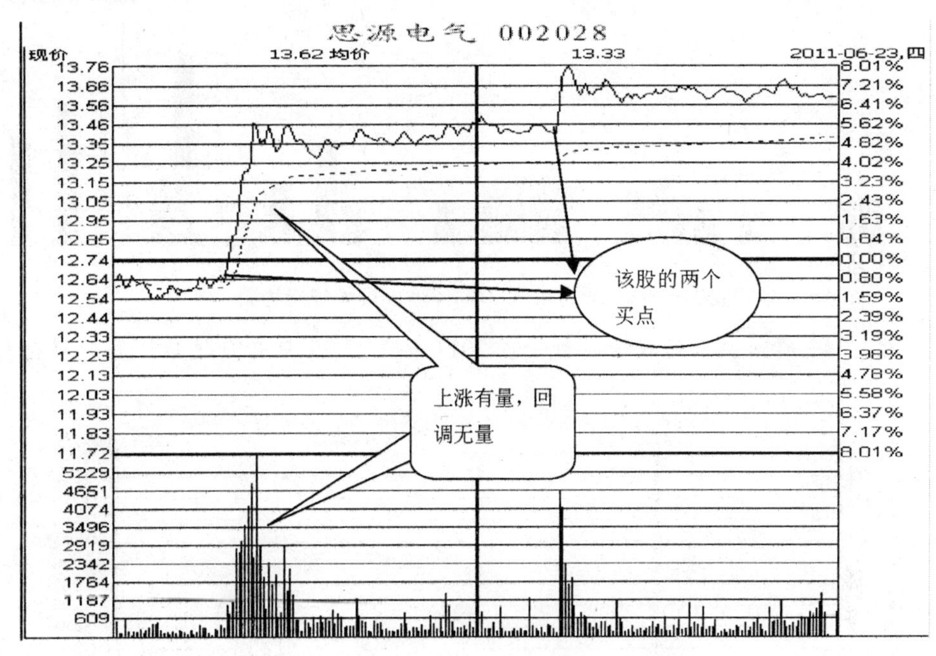

图3—11 思源电气（002028）分时走势图（2011年6月23日）

思源电气的股价经过了一段时间下跌之后，出现筑底形态。2011年6月23日，该股开盘之后，经历了两次放量上攻，股价被大幅拉升，且股价在上攻的同时，成交量出现了异常的放大，这说明该股具有很大的上涨潜力，投资者宜迅速跟进买入该股票。

2. 放量下跌的卖点

当一只股票的股价盘中连续下跌，且股价在下跌过程中出现放量形态，股价在上涨时，成交量出现萎缩形态，这就说明该股量价关系不协调，未来有进一步下跌的可能。当股票出现放量下跌时，其下跌启动点就是该股的卖点。

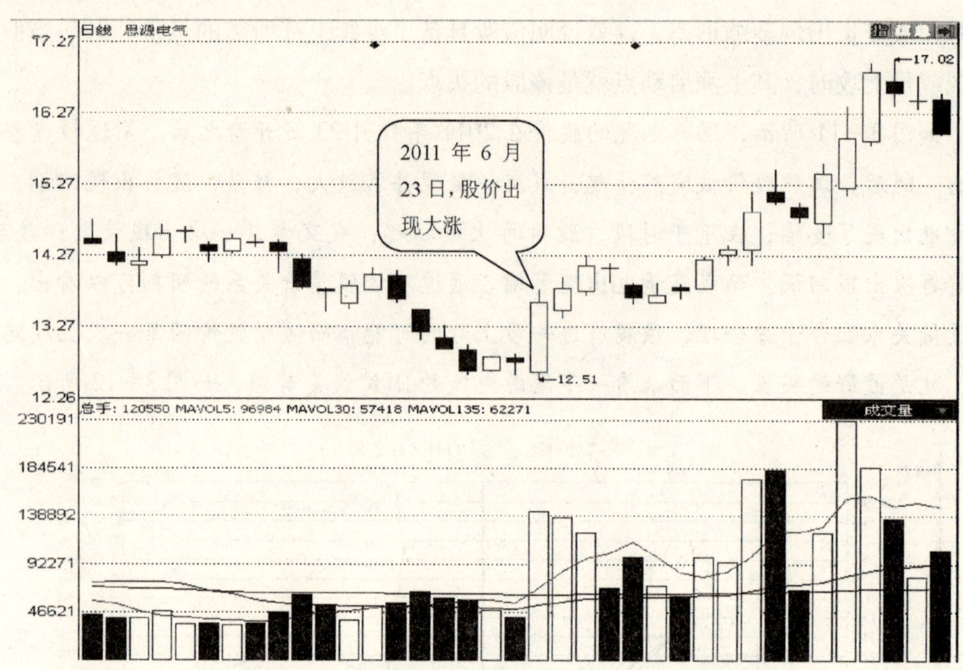

图 3—12 思源电气（002028）日 K 线走势图

如图 3—13 所示，云维股份的股价在 2011 年 7 月 25 日开盘之后，呈现横盘整理

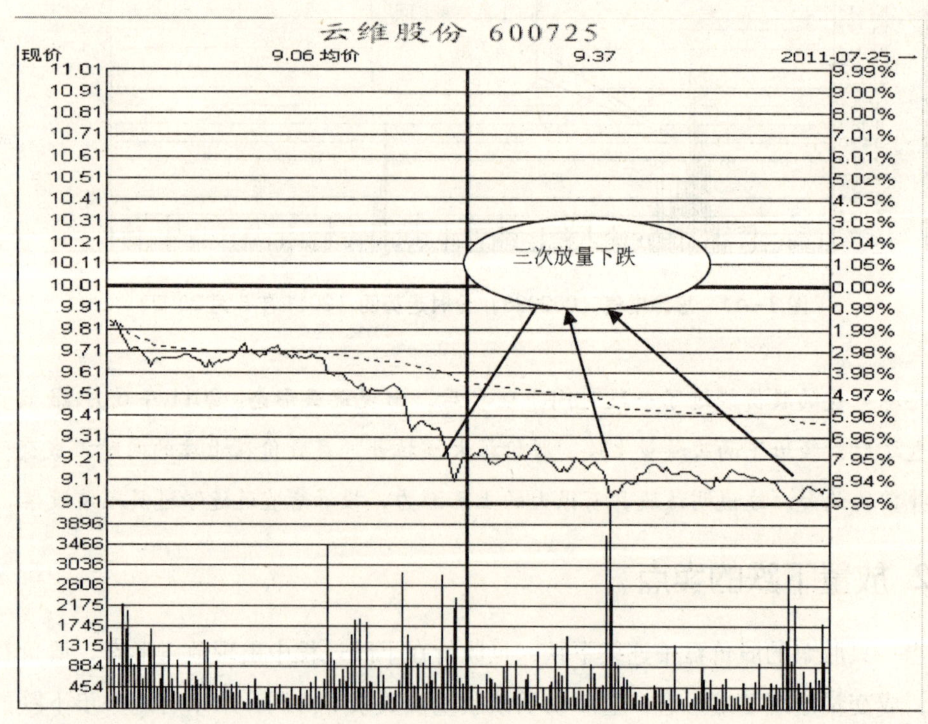

图 3—13 云维股份（600725）分时走势图（2011 年 7 月 25 日）

形态，股价线一直位于均价线的下方，说明当天股价走势呈弱势。随后，该股股价被突然打压，成交量呈现异常放大；接着，股价出现反弹，成交量也出现了萎缩；在下午时段，股价再次被打压，成交量又一次出现放大；最后，股价再次出现反弹，而成交量也出现萎缩。通过对该股量价关系的研判可以看出，该股量价关系配合十分不协调，该股有进一步下跌的可能，而该股股价开始远离均价线，启动下跌时，就是最好的卖点。下面来看一下云维股份的日K线走势图，如图3—14所示。

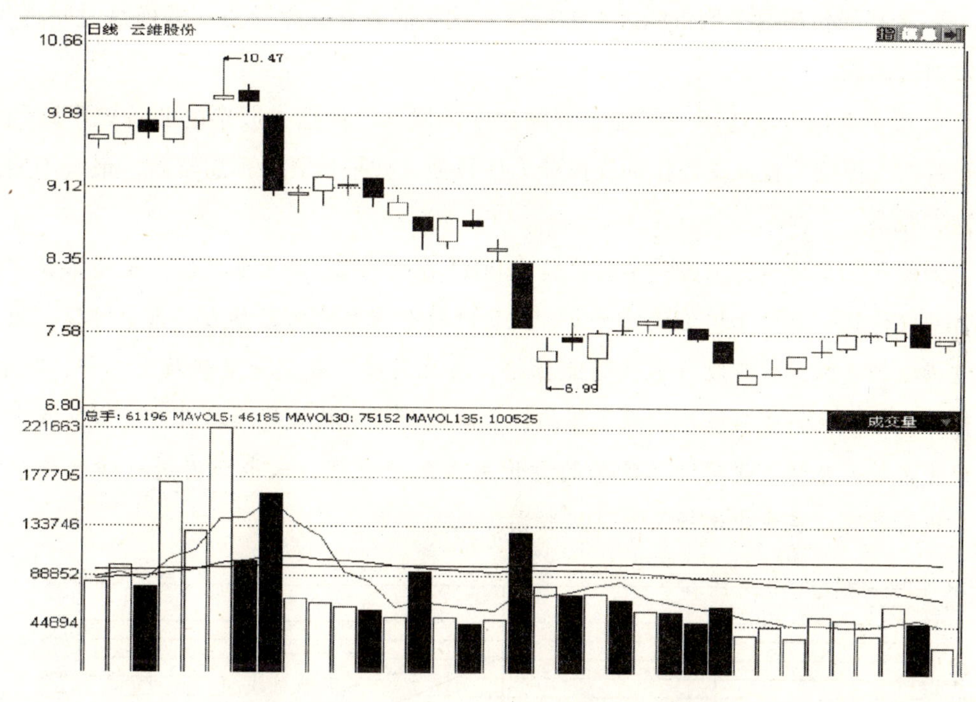

图3—14 云维股份（600725）日K线走势图

云维股份的股价经过了一段时间上涨之后，出现筑顶形态。2011年7月25日，该股开盘之后，经历了两次放量下跌，股价被大幅打压，且股价在受到打压的同时，成交量出现了异常放大，这说明该股还有继续下跌的可能，投资者宜迅速卖出该股。

三、午盘选择强势股

保守的投资者可能认为早盘未定的因素还很多，选择买入股票的风险还很大。其实，这些投资者可以尝试午盘选股。午盘选股有以下几个好处：一是经过两个小时的股价运行与能量变化，股价的分时线形态与量能已经定型，这就为投资者提供了充足的时间进行研判；二是市场上的一些利好或利空的因素已经消化殆尽，这就减少了股市运行的不确定性。

午盘选择强势股可以从以下几点入手：

1. 选择量价关系协调的股票。当一只股票上涨时，成交量呈放大状态，这样的股票才具备后续上涨的能力。

2. 选择股价横盘于均价线之上的股票。这类股票有一个特点，即横盘时间越久，爆发力就越强。

3. 投资者也可以选择一些处于下跌途中的股票，但这类股票的股价要下跌到某一重要的支撑位，且该支撑位的支撑能力比较强。如果投资者不想冒险，最好不要选择这类股票。

如图3—15所示，中国神华的股价在2011年9月21日开盘之后，呈横盘整理状态，且股价线一直位于均价线的上方，说明该股有很大的上涨潜力。盘中时段，随着大盘指数的走强，该股股价也被迅速拉起，与此同时，成交量呈现放大态势，随后，股价出现回调时，成交量也出现了萎缩，且当股价再次被大规模拉升时，成交量也呈现出异常放大态势，说明这只股票的量价关系配合合理，未来还有进一步上涨的可能。投资者可以在盘中选择买入这只股票。

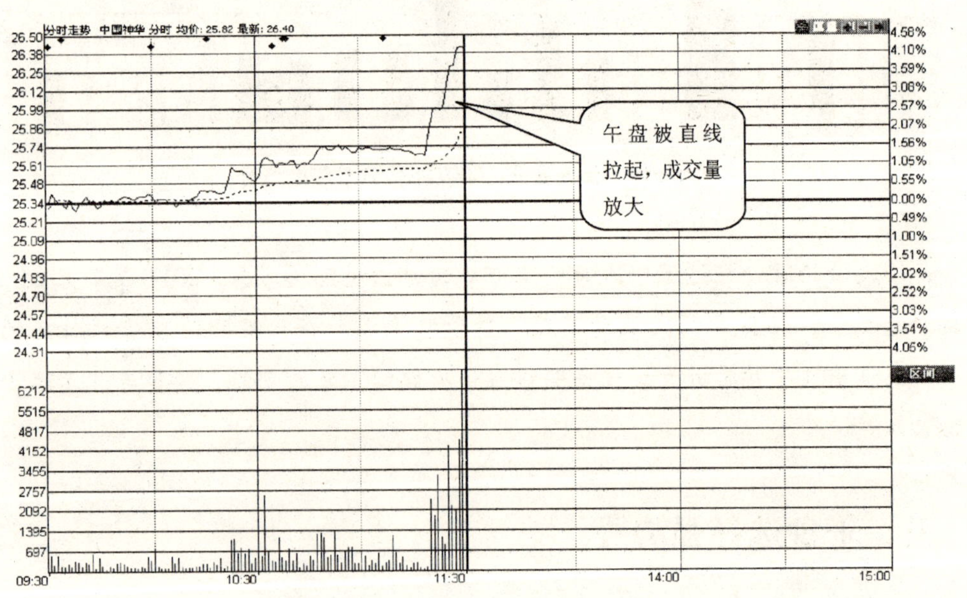

图3—15 中国神华（601088）分时走势图（2011年9月21日）

如图3—16所示，秀强股份的股价在2011年9月21日高开之后，呈横盘整理状态，且股价线虽一度跌破均价线，但很快又回到均价线的上方。盘中时段该股一直呈现横盘震荡形态，且股价每次上涨时，成交量均有所放大，这说明该股价量关系配合良好。投资者应保持对该股的观察，下午开盘后，如果该股出现放量上涨情况，可以迅速跟进买入股票。

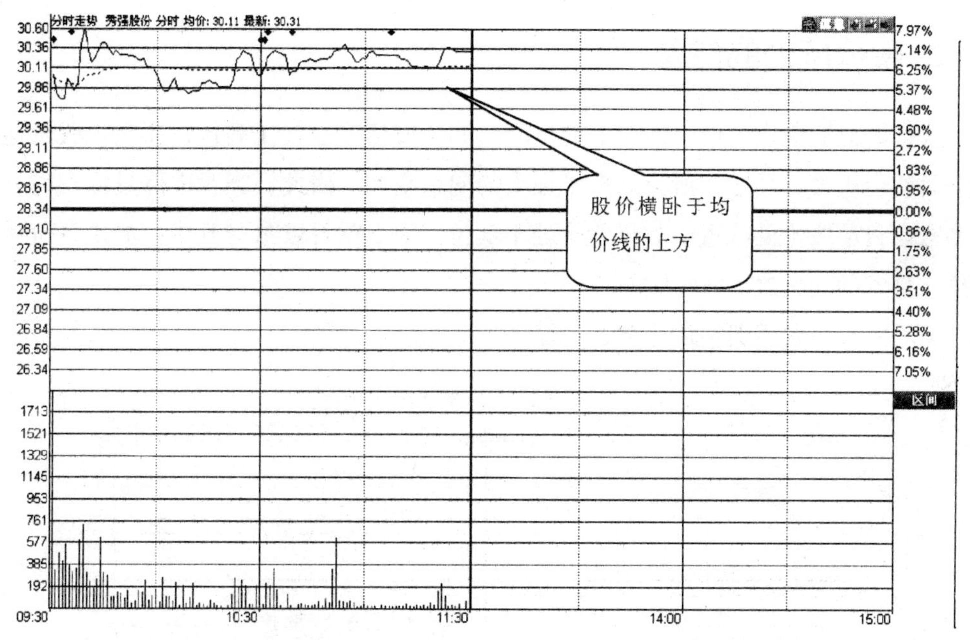

图3—16 秀强股份（300160）分时走势图（2011年9月21日）

四、盘中巨量的成因

我们先来看这样一个例子：某只股票的股价走势一直很平稳，每天成交量也就是在500万股左右，而某一天却突然放大到5 000万股，或者总的成交量并没有发生变化，盘中却出现了巨大的单子。此时，如果市场没有发生异常情况，投资者就需要好好关注一下了。

这种迹象无疑说明了这样一个事实：庄家在操盘，且还会有下一步的动作。这时，对于投资者来说，这很可能是一个非常好的投资机会，尤其是短线投资。

其实，对于盘中出现的巨量，投资者选择是否参与其中，还要从以下两方面观察分析，然后再决定。

1. 市场环境

无论个股如何优秀，如果大盘环境不好，那也同样不会有更好的表现。因此，市场环境对于投资者是否参与交易具有决定性作用。如果市场环境很好，大盘向上，那么，投资者就拥有了一个较好的参与环境；反之，则最好不要参与其中。

2. 股价所处的位置

股价的位置决定了向上或向下的空间。如果股价已经处于高位，那么，股价向下的空间就会很大；反之，股价则有了很大的向上空间。因此，当盘中巨量出现时，一定要考虑目前股价的位置，如果股价处于低位，那么就可以参与其中；如果股价处于高位，最好避而远之。

下面看一下包钢股份的走势，如图3—17所示。

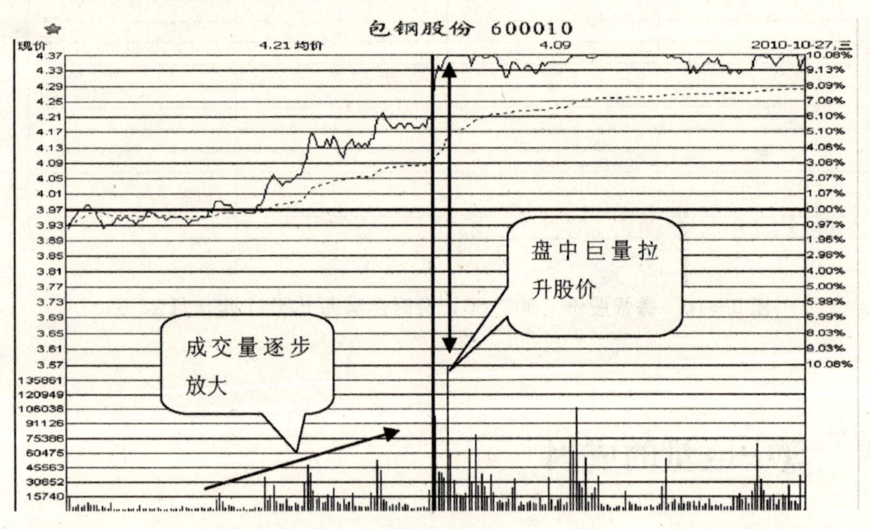

图3—17 包钢股份（600010）分时走势图（2010年10月27日）

从图中我们可以看出，包钢股份的走势与成交量在前一个小时都是波澜不惊的，并没有出现异常，但是一小时之后，成交量逐步放大，盘中出现巨量，股价随之也被迅速拉升。

下面再看一下当时包钢股份的日K线走势图，如图3—18所示。

从图中我们看到，包钢股份处于股价启动的初期，虽然经历了一次上涨，但涨幅仍然不大，后续上涨空间仍然比较大，而且前一阶段的上涨已经有了一个短暂的盘整，有继续上涨的可能。所以，投资者可以选择此时买入该股，以博取日后上涨的利润。

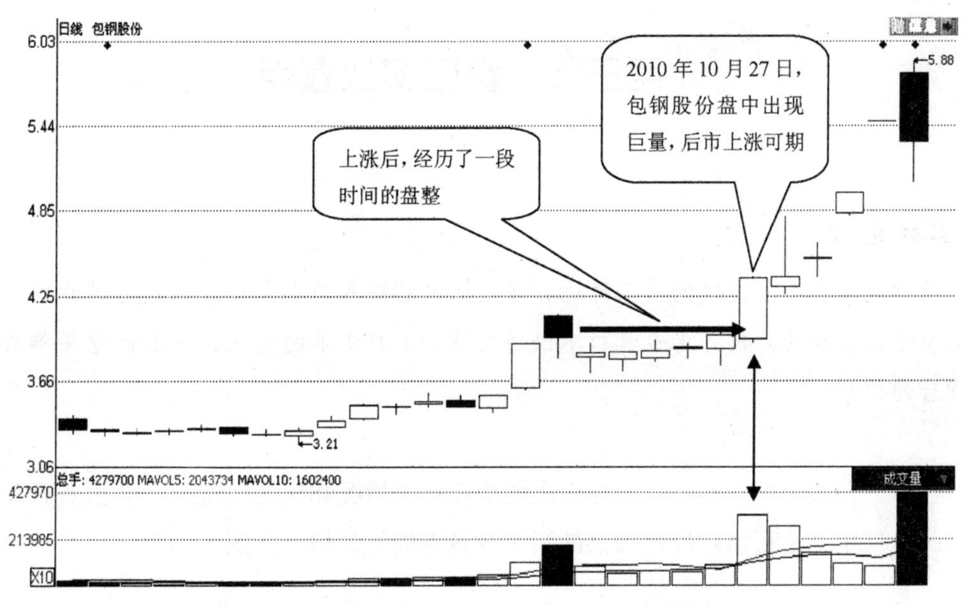

图3—18 包钢股份（600010）日K线图

股海箴言

很多投资者只习惯于看早盘和晚盘，而对于盘中看盘却没有多大的兴趣。其实，这是一个非常不好的习惯，尤其是短线投资者更不能只看早盘与晚盘。

作为一名职业投资者，盘中看盘不仅可以实时掌握股价的动态，更可以磨炼一个投资者的心态与感觉。这些东西不是哪本书能教给投资者的，投资者只能靠自己在日复一日的看盘中摸索、感觉。

第三节 盘口实战看点

➲ 实战看盘

盘口是多空双方交战的前沿阵地。多空双方的买入与卖出信息都是通过盘口的变化传递给投资者的。投资者看盘口不仅要关注买单与卖单的变化，更要注意买单与卖单背后的信息。

盘口，在股市中指的是买入与卖出的委托挂单情况和交易情况。一般投资者能够看到的盘口主要是行情软件中提供的买卖盘各五档的数据，如图 3—19 所示。

鼎立股份 600614		
委比	-53.26%	-458
卖⑤	10.07	206
卖④	10.05	75
卖③	10.02	18
卖②	10.00	308
卖①	9.99	52
买①	9.95	10
买②	9.90	2
买③	9.88	118
买④	9.87	59
买⑤	9.85	12

图 3—19 买卖盘口挂单情况

一、买卖盘口看庄家意图

股市上就是庄家与投资者的博弈，一方获胜必定以另一方的亏损为前提。对于庄家来说，每一次的挂单都有一定的含义，或者为了迷惑投资者，或者是为了打压股价等。投资者通过对各种挂单情况的研判，就能发现庄家挂单背后的真正意图。

下面我们简单介绍几种挂单情况，仅供投资者参考。

1. 上方挂大卖单

上方挂大卖单，投资者往往会认为是卖盘压力较重，股价上涨将受到阻力，但是，在具体的交易实战中，挂大卖单的情况不同，其含义也不尽相同。

（1）如果股价处于低位，盘中虽然有大卖单，但买盘依旧非常活跃，说明庄家正在吃货，投资者这时可以考虑追随庄家建仓。当股价处于低位时，已经没有多少投资者愿意将自己手中的筹码卖出了，这时的大卖单很可能是庄家自己设下的，用来迷惑投资者，故意让投资者感到股价还将继续下跌，逼其卖出手中的筹码，接着，庄家再利用活跃的买盘将投资者的卖盘全部吃掉，从而完成建仓任务；反之，如果这时的大卖单是真实的，即大卖单不是庄家设下的，那么，就不会有活跃的买盘出现了，因为，在上方有大卖单的情况下，是不会有很多投资者选择积极买入的。

（2）当一只股票开始拉升时，上方立刻出现大卖单，有时甚至是先出现大卖单而后出现上涨。当这种情况出现时，如果大卖单不能被迅速吃掉，说明庄家吸筹不足，或者不想发动上攻；如果大卖单被慢慢吃掉，而且上攻速度不是很快，说明庄家已经相对控盘，既想上攻，又不想出掉太多的筹码。

（3）如果股价逐步下跌，而大卖单也接连出现，说明庄家在刻意打压股价，此时投资者需保持关注，一旦股价调整到位，再适时跟进。股价逐步下跌一般有两种可能：一是庄家出货；二是庄家在刻意打压股价。而在股价下跌过程中，庄家想出货也一定会使用小单向下砸，逐步完成出货，而采用大单向下砸的方式是无法完成出货的，因为在股价逐步下跌过程中，是不会有很多投资者愿意积极买入的，因而，大卖单是不可能成交的。由此可以推断，这些大卖单是庄家用来刻意打压股价的。

2. 下方挂大买单

下方挂大买单，在正常情况下，说明下方承接有力，股价将止跌上涨，但是，在具体的交易实战中，下方挂大买单的情况不同，所代表的含义也不尽相同。

（1）股价在横盘震荡或者下跌时，出现大买单，这说明庄家很可能在被动护盘，投资者最好不要盲目跟进。很多投资者都有这样的心态：当股价上涨时会积极买入，当股价下跌时则会选择积极卖出。当股价在横盘震荡或下跌时，是不会有多少投资者愿意买入的，而这时下方接连出现大买单，且这些大买单又不积极向上买入，这只能说明庄家是为了阻止股价的进一步下跌而采取的护盘行动。

（2）股价在连续上涨过程中，出现大买单，同时买盘又比较多，说明庄家在吸引买盘入场。如果此时处于股价刚刚启动阶段，那么，庄家很有可能在借力拉升，投资者可以积极买入；但如果此时股票已经出现较大涨幅，庄家则有可能在拉升出货，投资者当谨慎行事。事实上，拉高出货也是庄家惯用的出货手法，投资者应该特别注意。

3. 下跌时没有买单

庄家多在股价下跌过程中吸筹。而当股价在下跌过程中，没有出现大的承接盘时，说明买入的都是一些散户，庄家并没有买入股票。出现这种情况，有两种可能：一是市场普遍认可了该股的下跌，这说明该股的跌势还将继续，投资者应远离这类股票；二是庄家很有可能已经具备了控盘的能力。庄家利用股价下跌过程适当地减仓，很有可能是为进一步拉升做准备。投资者应该密切关注股价的走势。一旦股价结束下跌，要立即跟进买入。

无论是基于何种原因出现的下跌过程中没有买单，投资者在下跌过程中，都不要轻易参与进去，一定要等股价企稳之后，再考虑建仓。

4. 大阳线次日挂单多少

一只没有被庄家控盘的股票，在大阳线过后的交易日，会有很多投资者选择卖出股票以兑现盈利，同时，还会有另一批投资者认为股价还会继续上涨而追高买入，因而买卖盘口都会有较多的挂单，成交也会非常活跃，股价变化比较大，这也说明了多空分歧较大。

而被庄家控盘的股票，在大阳线过后的交易日成交会比较清淡，因为该股的大部分筹码早已被庄家锁定，只要庄家不想出货，买卖盘口挂单都会比较小，成交量也无法放大，这也正说明当时庄家无意派发筹码，后市仍然看涨。

二、盘中的大买单和大卖单

投资者在看盘过程中经常会遇到下面这种情况。当“买三”或“买四”档出现大买单时，突然出现的大卖单将其打掉。正当投资者认为股价可能会向下跌时，在“买三”的位置再次出现大买单，而随之而来的大卖单将其再次打掉，如此反复。

出现上述情况，只能说明盘口出现了异动，这时，就需要投资者密切关注盘口动向，并仔细分析这些现象背后的玄机。在这里，投资者如果发现诸如下面所列的几个细节时，需要特别关注一下。

第一，在卖出盘口挂出的单子都很小；

第二，大买单是先出现在买盘上的；

第三，大卖单只是一到两笔就把买单打掉了；

第四，此类现象反复出现。

不断出现又不断被消化掉的大买单的背后，往往都会有一双无形的手。无论大买单的数量是多少，总会被几张大卖单给打掉，这说明盘口所显示的信息都是庄家刻意而为的。庄家如此操作，一定有自身要达到的目的，投资者应该有所防备。对于投资者来说，通过上述4个细节，至少可以判断出以下几点。

第一，买卖盘口挂单很小，说明市场交易非常冷清，所以，市场上的大买单应该是庄家自己设下的。

第二，庄家将买单设在“买三”的目的是希望投资者能够将单子挂在“买一”或“买二”的位置。庄家在“买三”位置设置大买单，能够达到两个效果：一是告诉投资者该股有大的承接盘，可以放心买入；二是告诉投资者“买三”位置有大买盘，所以，你要想买入且将买单放在“买三”位置是不可能成交的，必须放到“买一”或“买二”的位置才能成交。

第三，大买单的频繁出现，说明大卖单就是庄家自己的，因为，如果是别人的大卖单，庄家不会一个接一个地设置大买单。

综合以上分析可以做出如下判断：庄家是希望投资者能够将买单挂在“买一”“买二”的位置，以承接自己的大卖单。当“买一”“买二”挂单数量达到一定程度时，投资者的大卖单就会出现，将买单的单子全部打掉，这时，庄家就完成了一次减仓操作，如此多次反复，庄家就会达到一定的减仓目的。

三、时有时无的买单与卖单

投资者经常会遇到类似这种情况：一只股票在价格回落过程中，在“买一”“买二”“买三”“买四”“买五”五个档口都有相当数量的挂单，但是，前三个档口位置的买盘挂单总是飘忽不定的，开始时挂单300手，一会儿就变成了50手，一会儿又变成了250手，接着又变成了300手。这时的300手有可能已经不是一个整数了，也许是301手、302手。但这都不妨碍我们对这一现象的研究。

投资者仔细观察这一现象就会发现：这些单子虽然变来变去，但是总数却没有太大的变化，与最开始时的单子总数相差不多。其实，在一个很短的时间内，在同一价位上频繁地撤单又挂单，这只能是某一个人的做法而不可能是市场的自发行为，而这个人很可能就是该股的庄家。

庄家这样做的原因，无外乎以下两种。

1. 让投资者的挂单先成交，以维护股价

投资者应该了解：市场上，在同一价位的挂单不可能只是一张单子，而是由多张挂单共同构成的。我们股市的成交规则是在同一价位上，排在前面的挂单先成交，庄家利用的就是这一规则。

庄家先在某一个价位挂好买单，以吸引更多的投资者跟随其挂单，然后再将自己的挂单撤出，这样，投资者的挂单自然就会出现在比较靠前的位置，这时，当市场上出现卖单时，投资者的买单就被市场上的抛单打掉了。庄家的单子由于在后面，所以并没有成交，这样，庄家在没有损失买单的前提下，保住了市场的股价。

2. 吸引市场买单，震慑卖单

如果庄家一味地选择撤单而不追加买单，那么，当市场上的卖单将投资者的买单吃掉之后，股价自然会下降。为了防止这种情况出现，庄家往往会选择再将自己的买单挂到投资者的买单之后，使这一档口的买单看起来非常多，这样做有两个目的：一是吸引更多的买单加入；二是震慑卖单，不让过多的卖单流出。如果卖方看到市场的买盘较多时，就会选择观望的态度，而不会主动地卖出，而这就是庄家要达到的效果。

总之，庄家就是通过不断撤单、挂单的手法，一方面吸引市场的买单以帮助其维护股价；另一方面又想让卖方看到市场的买盘很大，股价并不能轻易地下降。

四、阻截式大单的奥秘

盘中经常会出现这样一种情况：上档卖盘中全部都是大卖单，而下档买盘中的买单又都比较小，只有“买一”位置有一个大单，而且，上档的大卖单迟迟不下来，“买一”位置的大买单就长时间的放在那里。这个在“买一”位置的大买单就可以称之为“阻截式大单”。

先来看一下南京银行的案例，如图 3—20 所示。

南京银行 601009		
委比	-48.02%	-3063
卖⑤	10.60	2502
卖④	10.59	766
卖③	10.58	671
卖②	10.57	466
卖①	10.56	316
买①	10.55	1051
买②	10.54	141
买③	10.53	83
买④	10.52	234
买⑤	10.51	149

图 3—20　南京银行（601009）买卖盘口（2011 年 1 月 7 日）

从图 3—20 中我们可以看到，在“卖一”到“卖五”这五档上积累了大量的卖盘，而“买二”到“买五”的买盘都比较小，都没有超过 300 手，在“买一”位置却横着一个 1 000 多手的大买单。而且这个大买单放在这里很久，也没有大卖单将其打下来。

下面对产生这种现象的原因进行一下初步的分析。

1. 想卖的大单其实并不多

我们从南京银行买卖盘口中可以看到，其实大卖单的数量远远超过了买单的数量，如果大卖单向下走，那么，买单是不可能阻截得住的。但是，“买一”位置的大单却长久地保住了，这说明两个问题：第一，上面的卖单与下面的买单都是庄家自己设下的，如果上面的卖单是普通投资者的，那么，很可能早砸向“买一”位置的挂单了，而不会长时间挂在卖盘的位置；第二，庄家并不想让股价向下运行，庄家用一个大买单横在“买一”的位置，就是为了防止股价的下行，这个大单这时就起到了护盘的作用。

2. 庄家目标直至“卖一”

庄家在“买一”位置设下大买单，实质上就是告诉投资者，如果想买就要直接去“卖一”上去买，因为，“买一”上需要先成交大单之后，才能轮到投资者的小单。这样，投资者为了买入股票就只能选择主动出击的方式，打掉“卖一”的卖单。庄家如此布局的目的就是为了将“卖一”位置上的卖单出掉。至于“卖一”位置上有多少是庄家的单子，这是很难判断的，但如果“卖一”位置的单子不断被消化，不断被增加，那么，就可以断定“卖一”位置的单子是庄家设下的了。

庄家通过设置阻截式大单，将投资者的焦点集中到“卖一”位置，一般会出于以下两种目的：

第一，为了拉升股价。庄家在拉升股价过程中需要吸收一定的筹码，因此，需要在拉升前先降低一下持仓量，这样，在拉升过程中，才会有足够的资金吸筹。

第二，为了出货。当市场行情不理想，庄家无法利用拉高股价的方式出货时，通过这种方式出掉“卖一”位置的抛单，可以最大限度地获得操盘利润。因为，用一个大买单拦在“买一”的位置，可以有效地防止股价下滑给自己出货造成的损失。

庄家到底是出于何种目的？这时，投资者要考虑当时股价所处的位置，如果股价处于低位，且已经盘整多日，那么，庄家向上拉升该股的可能性比较大；反之，如果该股已经有了一定幅度的涨幅，那么，庄家出货的可能性就比较大。

股海箴言

盘口语言是投资者进入股市必修的课程之一。盘口语言也有许多种形式，如买单、卖单、大单、小单乃至具体数字的挂单可能都隐藏着一定深层次的含义，有时庄家与庄家之间也会通过盘口的挂单数字进行交流。投资者学习盘口语言就是要掌握这些挂单数字背后的秘密，从而使自己在股市中“游刃有余”。

第四节　尾盘实战看点

➲ 实战看盘

尾盘，是多空双方交战的最后时段，也是一天交战胜负的决定时刻。其实，投资者通过看尾盘不仅能看出当日股价波动的范围，也能对下一交易日股价的涨跌做出预判。

由于早盘和盘中的走势具有较多的不确定性因素，到了尾盘，许多不确定性因素已经消失，多空双方力量的对比基本可以确定，不少短线投资者喜欢在尾盘进行交易是尾盘成交量大于其他时段的重要原因。

一、尾盘被拉升

尾市拉升，即拉尾盘，是指某只股票的股价在尾盘突然出现上涨的情况，一般情况下，收盘价往往都是当天的最高价，或者近似最高价。

尾市拉升的出现主要有两种可能性：一是股价上涨的前奏；二是庄家出货的信号。具体分析如下。

1. 股价上涨的前奏

股价在某一价位或点位已经获得了支撑，无论庄家还是普通投资者都不愿意卖出了，这时经过反复确认后，尾盘股价突然拉起，接下来股价将开始向上运行。尤其是当一只股票经过了一系列的盘整成交量已经极度萎缩，这时如果某一天尾盘突然被拉起，则该股未来上涨的可能性会更大，如图 3—21 所示。

2010 年 9 月 30 日，铜陵有色经过一番盘整，成交量逐渐缩小，说明无论庄家还是投资者都不想在当时的价位卖出股票了，但在尾盘突破携量上升，股价步步高升，说明庄家已经做好了将股价继续上拉的准备。

如果能结合铜陵有色日 K 线走势就更能确认这次短线买点了，如图 3—22 所示。

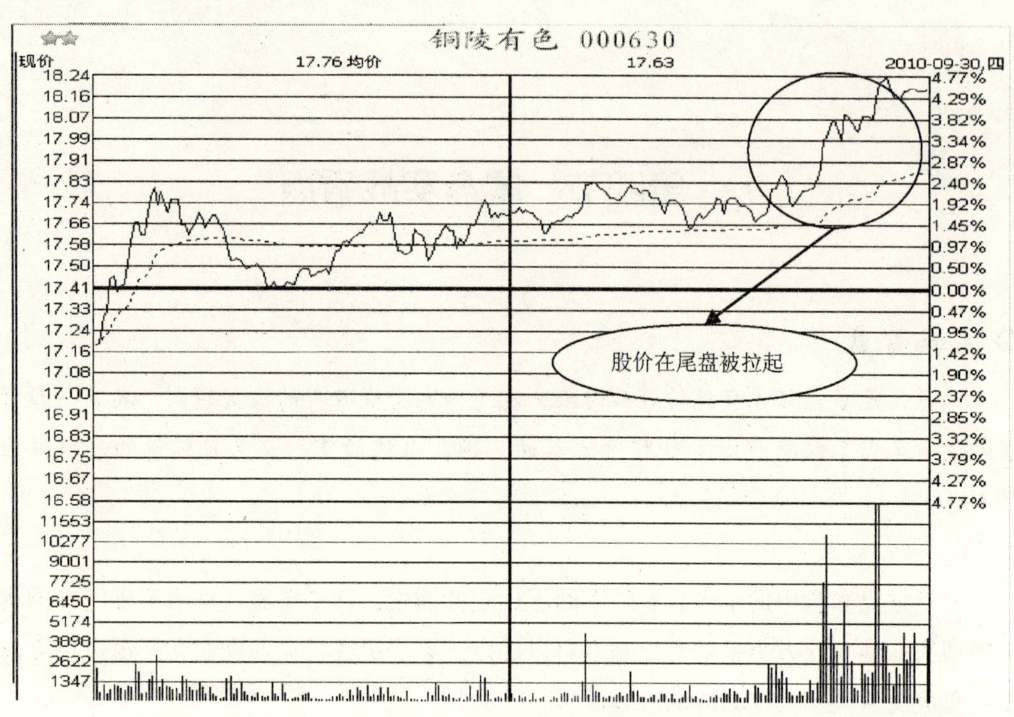

图 3—21　铜陵有色（000630）分时走势图（2010 年 9 月 30 日）

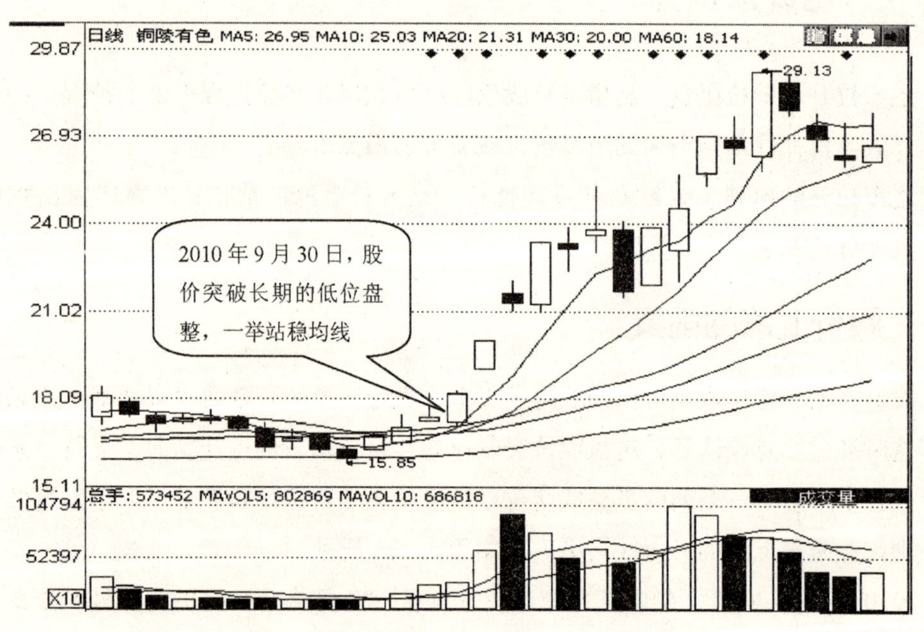

图 3—22　铜陵有色（000630）日 K 线图

从图 3—22 中可以看到，2010 年 9 月 30 日股价突破长期盘整的价位，一举站稳均线，随之而来的成交量也相应地放大，短期买点出现。投资者这时结合庄家尾市拉升的动作，可以确认庄家拉升股价的行动已经开始，投资者这时如果能够及时跟进买入股票，那么，后面的获利将是非常丰厚的。

2. 庄家出货的信号

股价在一个价位或点位附近反复拉升，这时成交不但不减少，反而更加活跃，这是庄家出货的信号，尤其是当股价处于一个比较高的价位之后，成交量也开始放大，这时出现拉尾盘的情况，更能说明庄家在利用拉尾盘将股价拉升到一个相对较高的价位，以给下一交易日的出货预留一定的空间，如图3—23、图3—24所示。

中山公用在2010年11月8日以及之前的一段时间里，价位一直维持在22元到24元之间，且每天的换手率都在5%以上，这说明其交易非常活跃，在2010年11月8日尾市拉升之前成交量也没有缩小的迹象。如果再看一下中山公用的日K线走势图就会发现，在11月8日之前，中山公用已经经历了一波上涨，这说明，庄家很有可能会利用拉升尾盘，以达到方便出货的目的。投资者此时应提高警惕，以免带来不必要的损失。

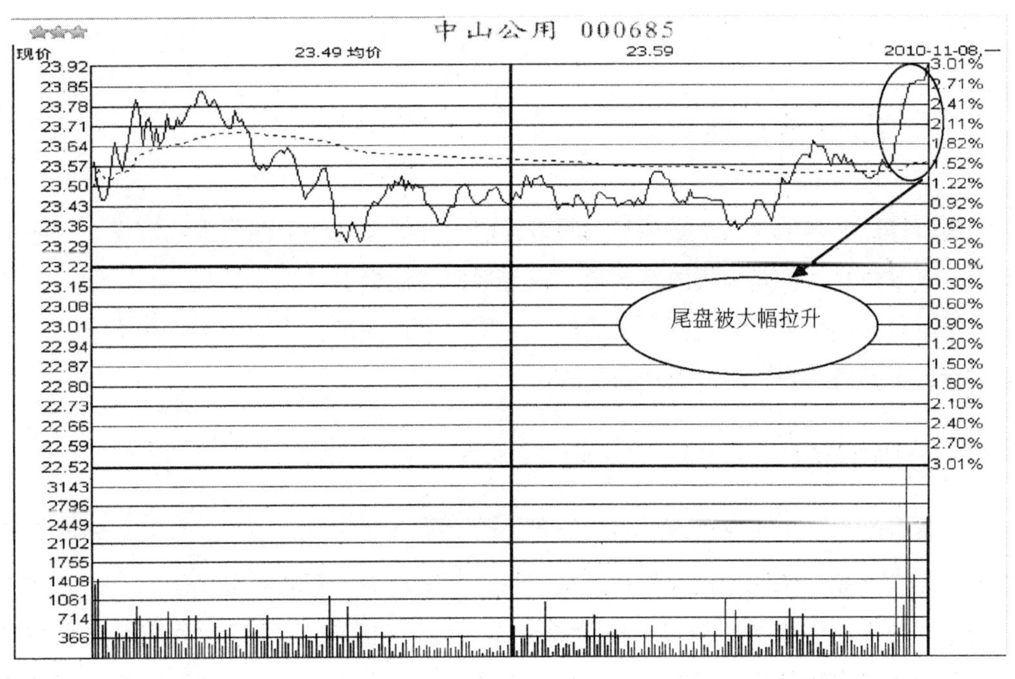

图3—23　中山公用（000685）分时走势图（2010年11月8日）

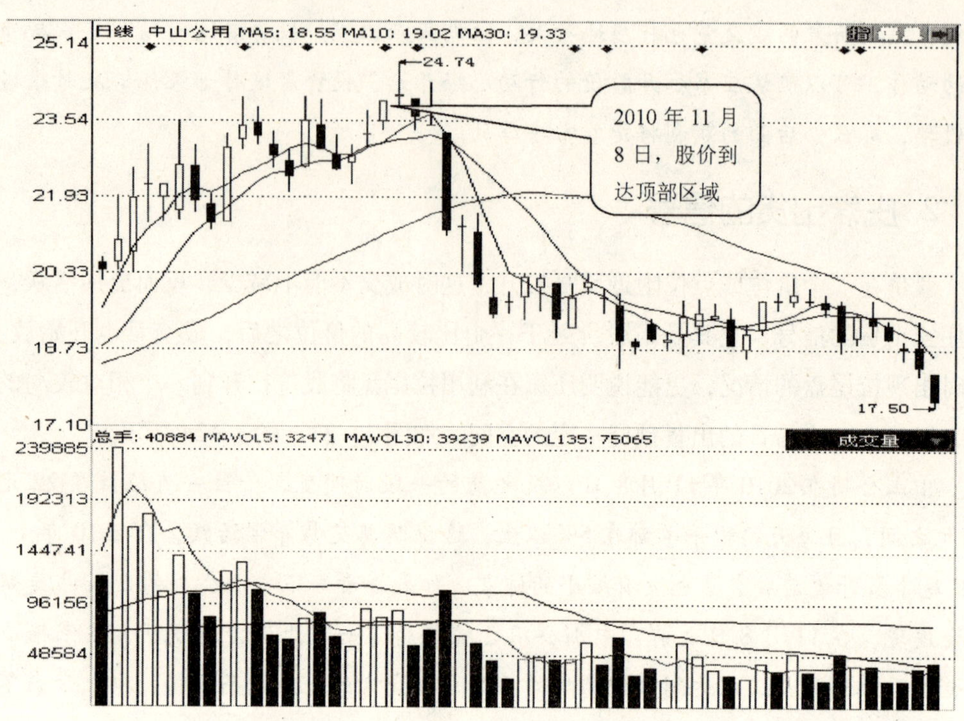

图 3—24 中山公用（000685）日 K 线走势图

二、尾盘被打压

尾市打压，即砸尾盘，是指某只股票的股价在尾盘突然出现下跌的情况，一般情况下，收盘价往往都是当天的最低价，或者近似最低价。

尾市打压的出现主要有两种可能性：一是庄家在洗盘，未来有上升的可能；二是庄家在集中出货，投资者应该避而远之。

1. 庄家洗盘

庄家有时为了迅速洗掉不牢固的筹码，以方便自己后面的拉升，会采取砸尾盘的方式，完成洗盘。洗尾盘最大的特点是：股价下跌较快，而且大单频出，但是总体上成交量并没有放大多少。但是，作为投资者，对于庄家洗盘的行为最好不要参与其中，因为洗盘到股价拉升还有一个过程，其中也一定有更加合适的入场时间，投资者只要保持关注就可以了。先来看下面的例子，如图 3—25 所示。

从图 3—25 中可以看出，在 2011 年 6 月 17 日交易的最后时段，浙江震元一路下

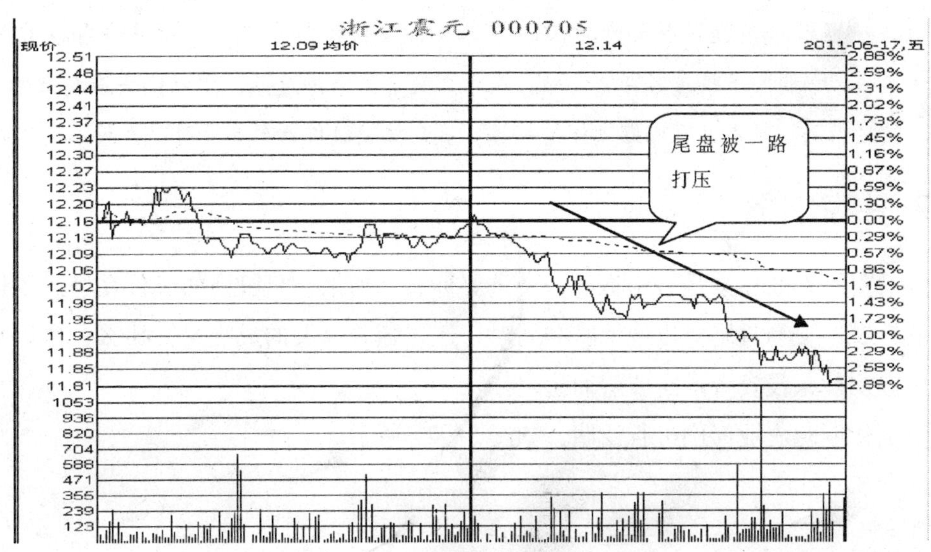

图 3—25　浙江震元（000705）分时走势图（2011 年 6 月 17 日）

跌，最后全天跌幅近 3%，但是当天的换手率仅为 2.42% 左右，相对于一般普通交易日来说，当天的换手率是比较低的，因此，我们可以认为，当天属于庄家洗盘的可能性较大。投资者可以保持对浙江震元的关注，不必急于入场，然后再看一下浙江震元的日 K 线图，如图 3—26 所示。

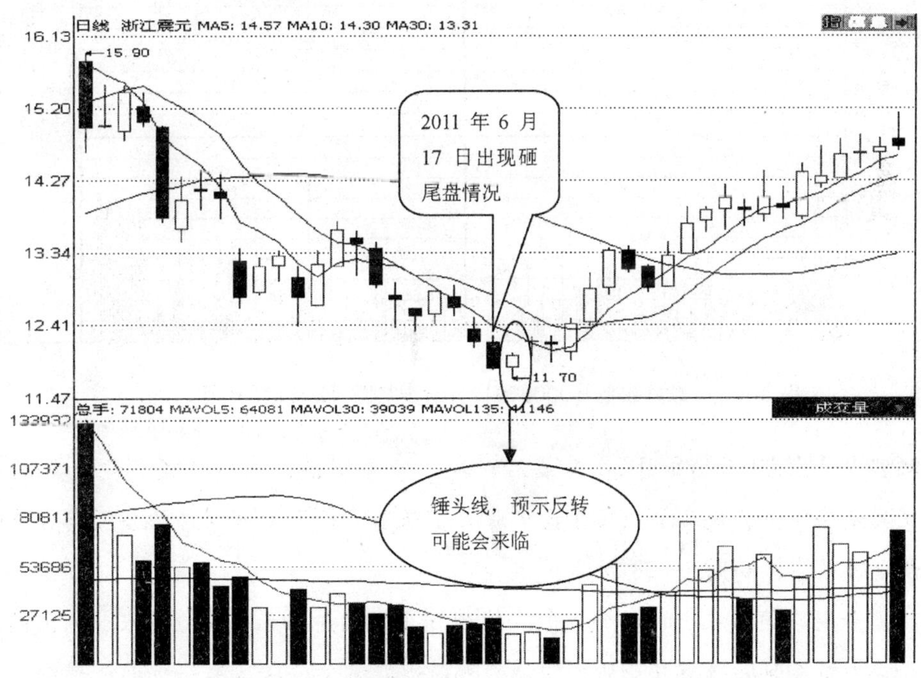

图 3—26　浙江震元（000705）日 K 线图

通过观察可以发现，在尾盘打压的第二天，股价继续低开，并收出一根类似锤头线，这说明，该股的下跌走势即将终结，由于成交量进一步走低，所以锤头线发出的反转信号可信度较高，投资者可以继续保持关注，直到该股股价开始回升时，再买入也不迟。

2. 庄家出货

成交量是判断庄家是否出货的一个重要标志。如果一只股票的股价在经过了连续的上涨，某一交易日尾盘出现下跌的同时，还伴随着巨大的成交量，那么，可以判定是庄家在出货，投资者一定要避而远之。

下面以顺鑫农业为例进行说明，如图 3—27 所示。

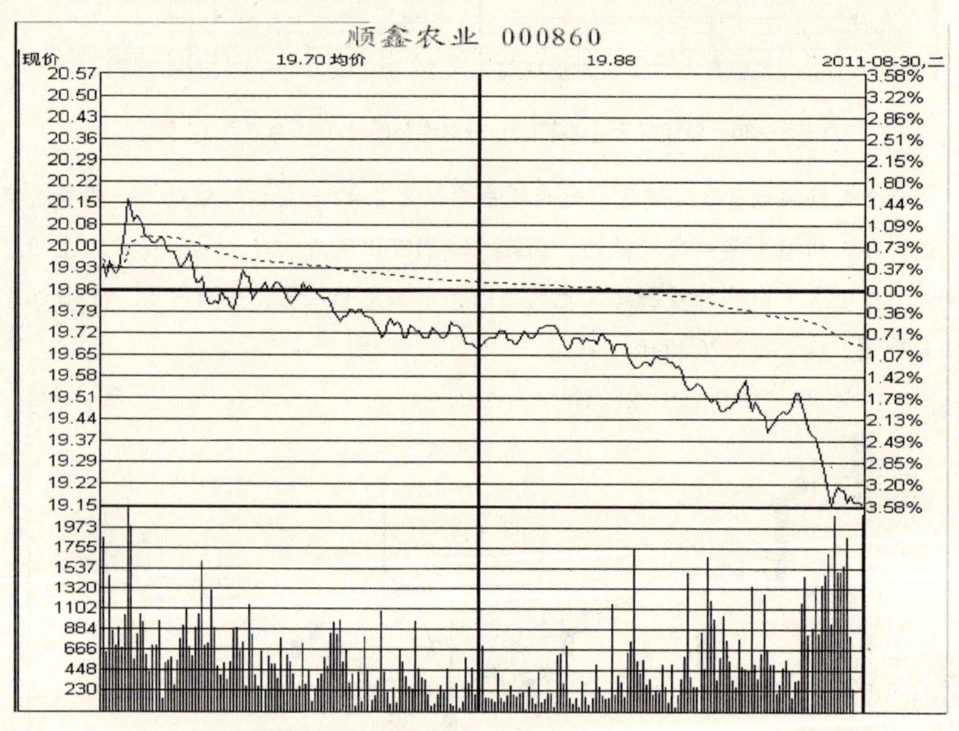

图 3—27 顺鑫农业（000860）分时走势图（2011 年 8 月 30 日）

顺鑫农业在 2011 年 8 月 30 日最后时段，一路下跌，同时，成交量也是居高不下，尤其是在尾盘，成交量相比于盘中放大了很多。投资者可以再结合顺鑫农业的日 K 线图进行观察，如图 3—28 所示。

投资者观察顺鑫农业的 K 线图就会发现，当天的价位已经是顺鑫农业创出的近期高价了，也就是说，顺鑫农业股价回调的可能性非常大。这从另一方面也说明了，砸尾盘就是庄家在集中出货了。投资者最好远离这样的股票。

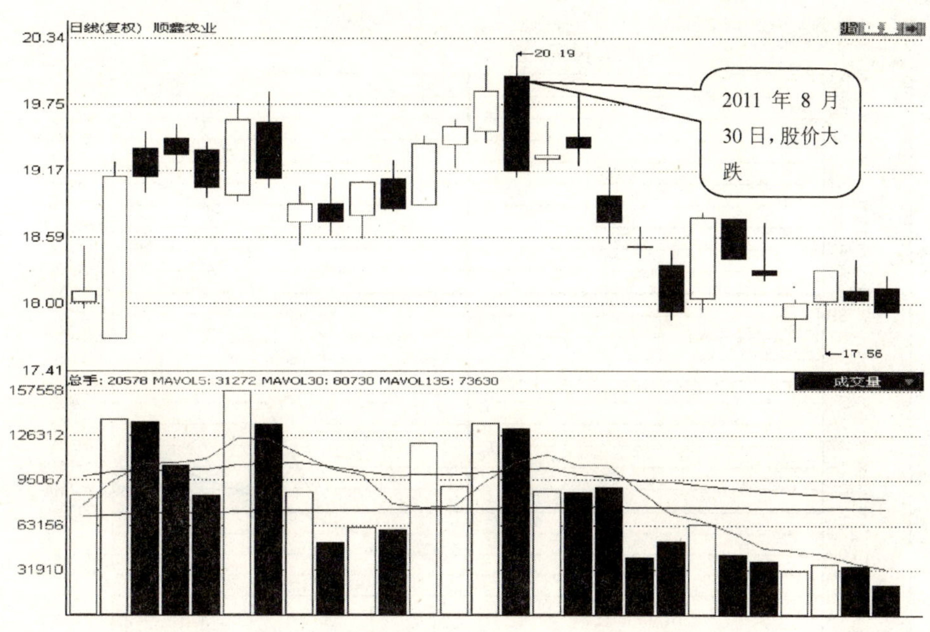

图 3—28 顺鑫农业（000860）日 K 线走势图

三、尾盘量价关系研判

量价关系的各种形态，往往对股市的后期走势有重要的影响。正因如此，投资者可以通过对尾盘阶段股价与成交量关系的研判，来分析下一交易日股价的趋势。一般情况下，我们可以从三个角度来分析尾盘的量价关系。

1. 上涨趋势尾盘量价关系的研判

在上涨趋势中，尾盘出现价涨量增的情形，下一交易日有可能出现跳空上涨开盘。尾盘价涨量增说明市场上大多数投资者对该股未来走势十分看好，持有该股的投资者不愿意卖出，而想买入该股的投资者不得不抬拉股价，这就使得股价在上涨过程中不断地放量。

如图 3—29 所示，湖北能源的股价在 2011 年 6 月 23 日开盘之后，一路震荡走高，股价每次被拉升时，成交量同步出现放大。到了尾盘阶段，股价不断被拉升，成交量也同步出现放大态势，说明该股量价配合十分协调，下一交易日股价有高开高走的可能。下面再看一下湖北能源的日 K 线走势图，如图 3—30 所示。

湖北能源的股价从 2011 年 5 月中旬开始经历了一波下跌走势。股价下跌到 7.28

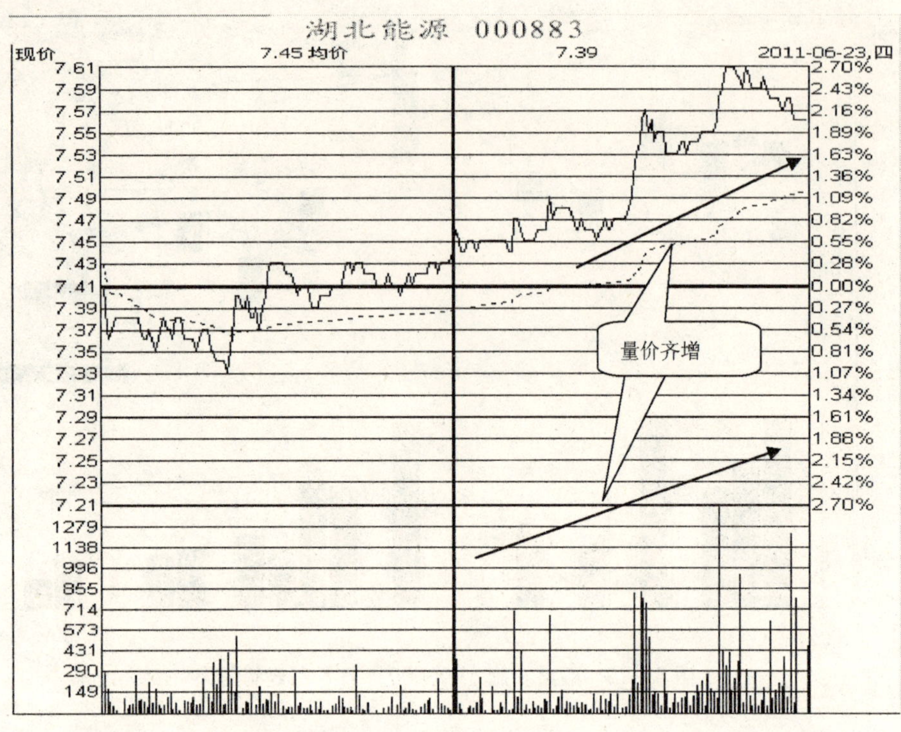

图 3—29 湖北能源（000883）分时走势图（2011 年 6 月 23 日）

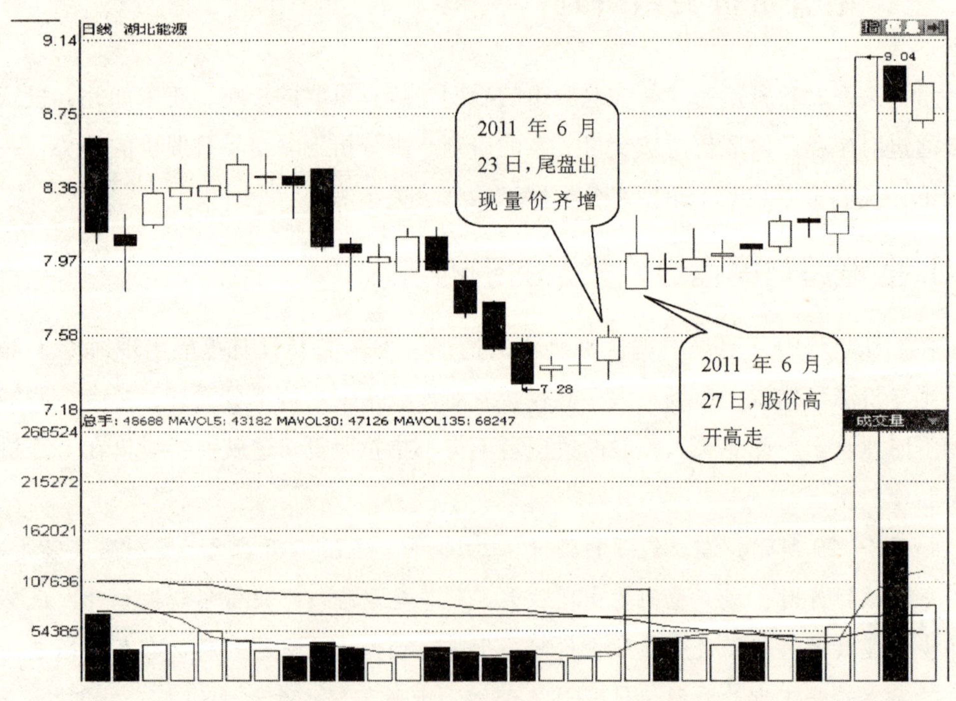

图 3—30 湖北能源（000883）日 K 线走势图

元的低点后开始反转向上，2011 年 6 月 23 日，湖北能源在尾盘阶段出现量价齐增的情况，说明该股未来走势向好，下一交易日该股有高开高走的可能。2011 年 6 月 27 日（6 月 24 日股东大会休市一天、6 月 25 日、26 日周末休市），该股股价高开高走印证了此前的判断。

2. 盘整趋势中尾盘量价关系的研判

在盘整趋势中，尾盘出现价跌量增的情形，下一交易日有可能出现低开。尾盘价跌量增说明市场上大多数投资者对该股未来走势不看好，于是，纷纷选择在尾盘卖出股票。当卖出者增多，买入者减少时，持有股票者为了出清手中的股票不得不选择以降低股价的方式售出手中的股票。

如果是在高位盘整趋势中，庄家也有可能选择在尾盘出货。这样，很多当天没有卖出股票的投资者就会选择在下一交易日开盘之后再卖出，使下一交易日该股的开盘价降低，这就是下一交易日低开的成因。

如图 3—31 所示，电广传媒的股价在 2011 年 8 月 30 日当天出现了剧烈的震荡，在尾盘阶段股价出现了剧烈的下跌，而成交量也出现了同步的放大，这说明市场上的大多数投资者都不认可该股其后的走势，该股下一交易日有低开的可能。再来看一下电广传媒的日 K 线走势图，如图 3—32 所示。

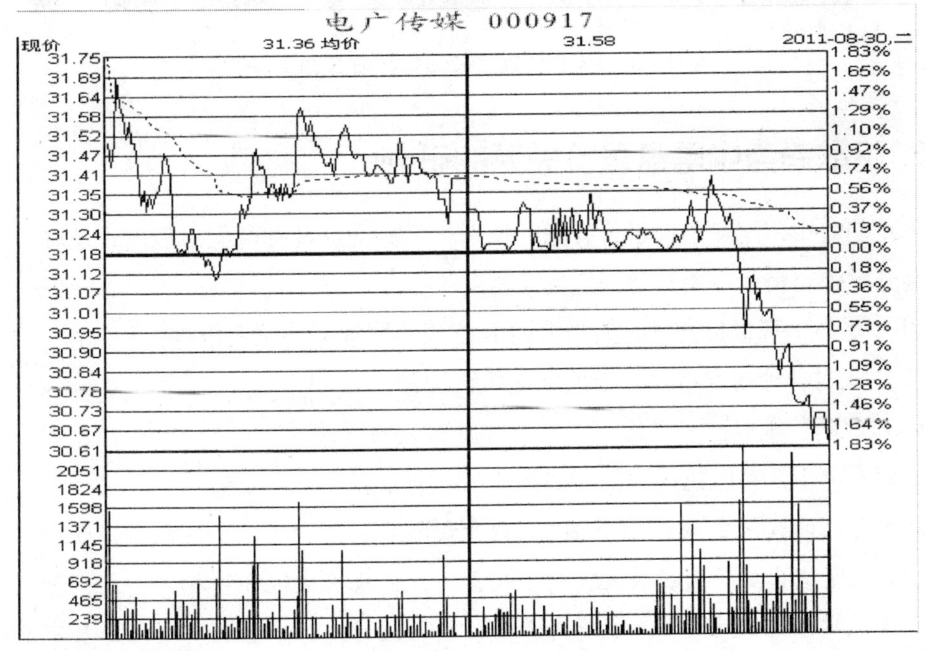

图 3—31　电广传媒（000917）分时走势图（2011 年 8 月 30 日）

电广传媒的股价从2011年7月中旬开始经历了一波高位震荡走势。股价一直在30元左右徘徊，2011年8月30日，电广传媒在尾盘阶段出现价跌量增的情况，说明该股未来走势不明朗，下一交易日该股有低开的可能。2011年8月31日该股股价低开低走印证了此前的判断。

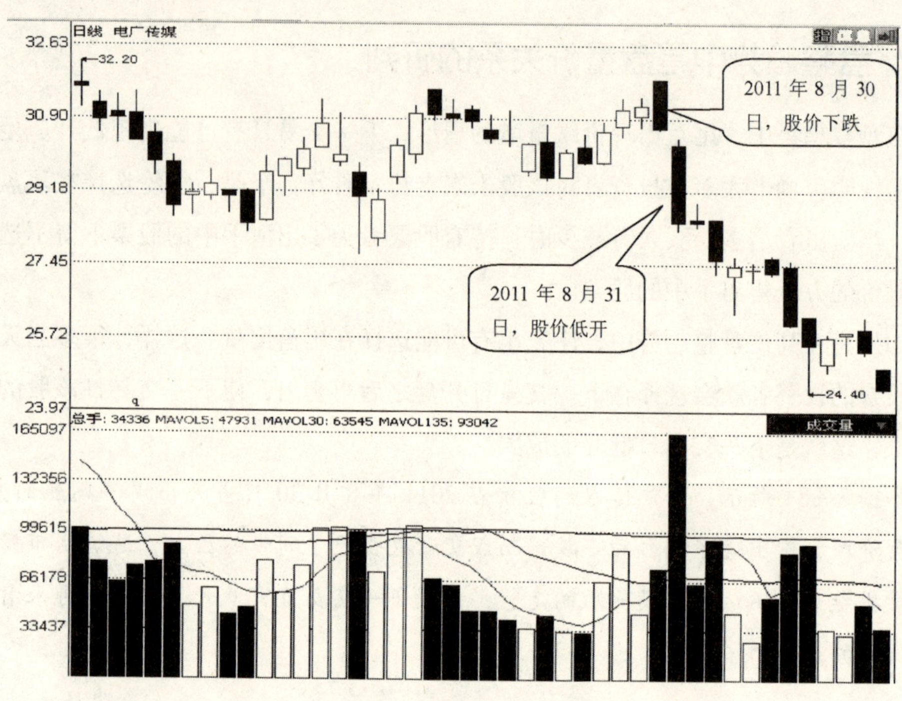

图3—32 电广传媒（000917）日K线走势图

3. 下跌趋势中尾盘量价关系的研判

下跌趋势中，尾盘出现量价齐增的情形，下一交易日有可能出现高开反弹。不过出现高开反弹行情还需要具备一定的条件：

（1）尾盘出现量价齐增时，当天的K线以小阴线或小阳线报收；

（2）此时各种技术指标处于低位或超卖位置；

（3）此前，该股已经经历了一系列幅度较大的下跌。

下面看一下江特电机的案例，如图3—33所示。

江特电机的股价在2011年5月31日开盘之后一路下跌。午盘之后，股价突然被拉起，成交量也出现了同步放大。到了尾盘时段，股价被进一步拉升，成交量也同步放大，这说明市场上的大多数投资者看好该股后续的走势，该股下一交易日有反转向上的可能，下面再看一下江特电机的日K线走势图，如图3—34所示。

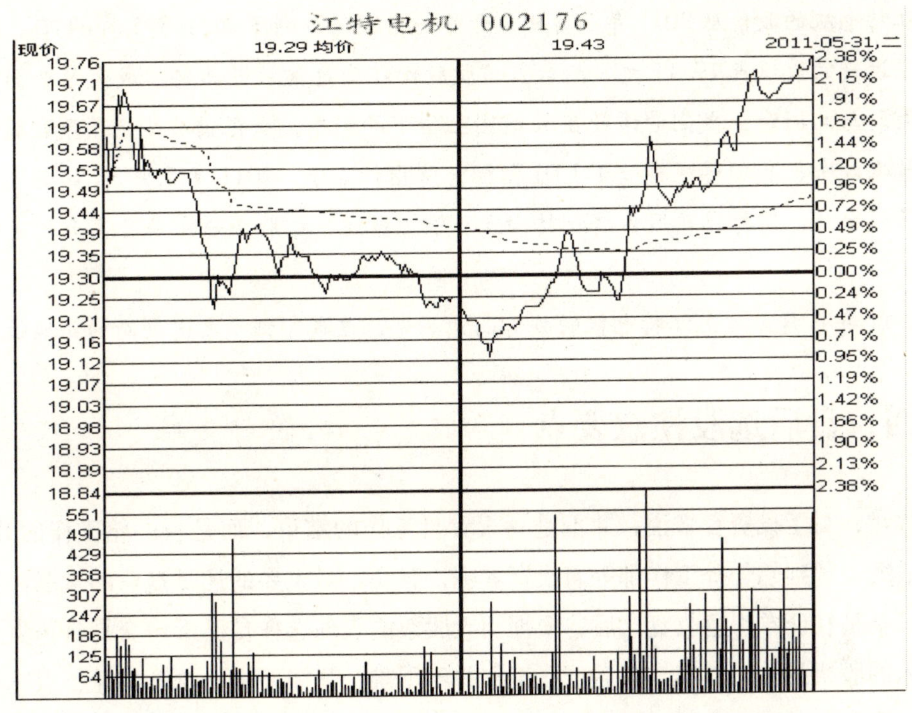

图 3—33　江特电机（002176）分时走势图（2011 年 5 月 31 日）

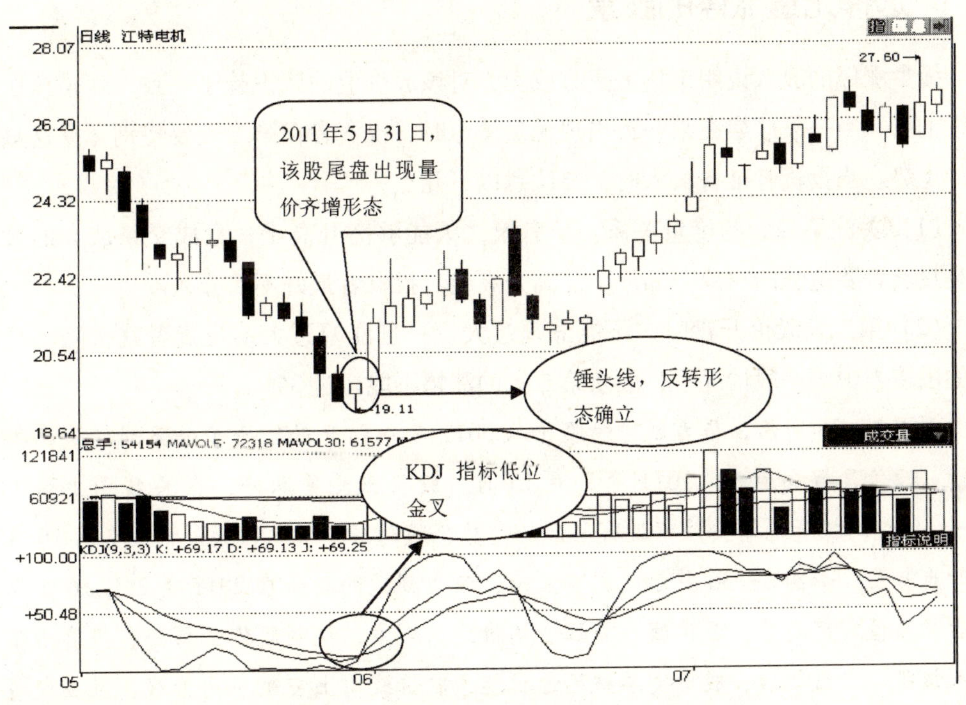

图 3—34　江特电机（002176）日 K 线走势图

江特电机的股价从2011年5月9日开始一路下跌，到了2011年5月31日，股价创下了近期的最低点19.11元，随后，该股股价在尾盘被拉升而起，成交量也同步出现放大。与此同时，我们看该股在K线图上留下的形态，一根锤头线，预示该股反弹马上就要到来；我们再观察一下KDJ指标，该指标显示，2011年5月31日当天指标出现低位金叉，同样预示股价将反转向上。综上所述，该股下一交易日高开的可能性非常大。

2011年6月1日，江特电机的股价高开高走，这也印证了之前判断的正确性。

四、盘后选股注意要点

收盘，对于投资者来说，并不是一天看盘工作的结束，而是新一轮工作的开始。查看战绩、预判趋势等工作都等着投资者呢，其实，最重要的还是盘后的选股。盘后选股，就是在证券市场收盘之后，根据当天股票的表现选择自己下一交易日重点关注或买入的股票品种。其实，盘后选股工作并不困难，只需要根据自己操盘特点选择合适的股票就可以了。我们这里介绍了几种盘后选股的类型，仅供读者参考。

1. 选择无量涨停的股票

无量涨停的股票说明市场上买方或卖方对该股价值的认识趋于一致，就是该股将继续上涨，当一只股票在某一天出现无量涨停时，投资者在第二天要特别注意这只股票的走势。当投资者准备买入时，要注意以下几点：

（1）关注第二天的价量关系。只有第二天能够高开高走，且成交量放大的股票才是投资者要追涨的对象，如果不能高开高走，投资者最好不要介入。

（2）第二天股价开盘时，不能涨幅过大，一旦涨幅过大，投资者就会陷入高风险的困境当中。一般情况下，股票第二天的涨幅不能超过3%。

如图3—35所示，华力创通的股价从2011年年初开始经历了一系列的震荡整理行情，股价呈横向运动。2011年2月15日，股价出无量涨停，在K线图上留下了“一”字线，投资者需要注意观察其后的走势，随时准备买入该股。该股2月16日的分时走势图，如图3—36所示。图中显示，华力创通的股价在2011年2月16日高开之后呈横盘震荡趋势，股价线一直位于均价线的下方，说明股价呈弱势，投资者不宜介入该股。午盘之后，股价突然被迅速拉起，股价线向上突破了均价线，且成交量也呈现出放大的态势，说明该股股价将要启动，投资者此时宜跟进买入股票。

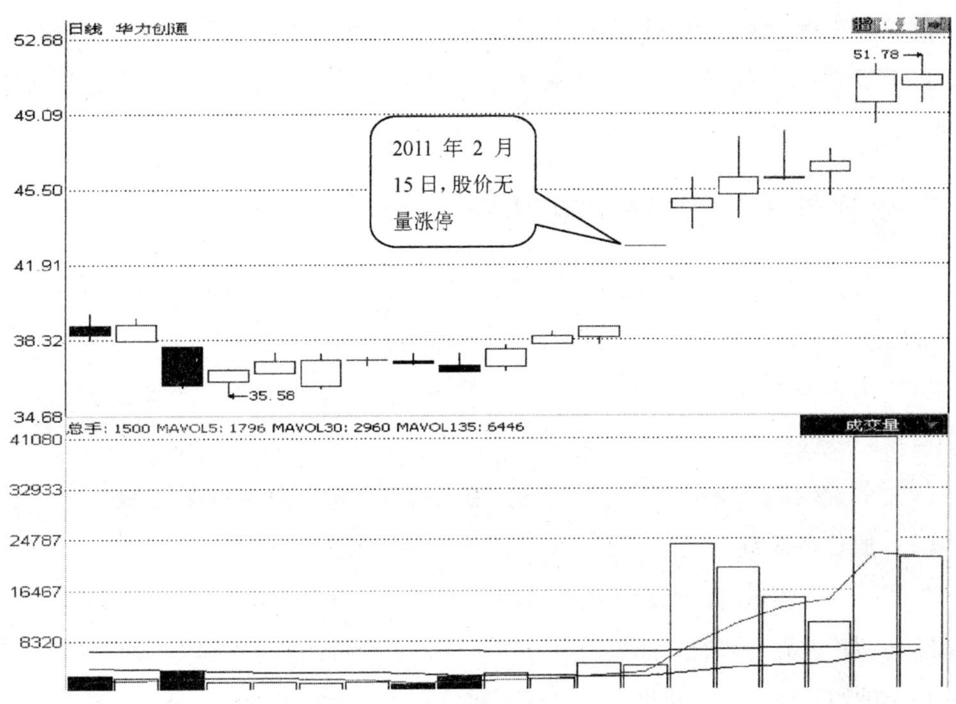

图 3—35 华力创通（300045）日 K 线走势图

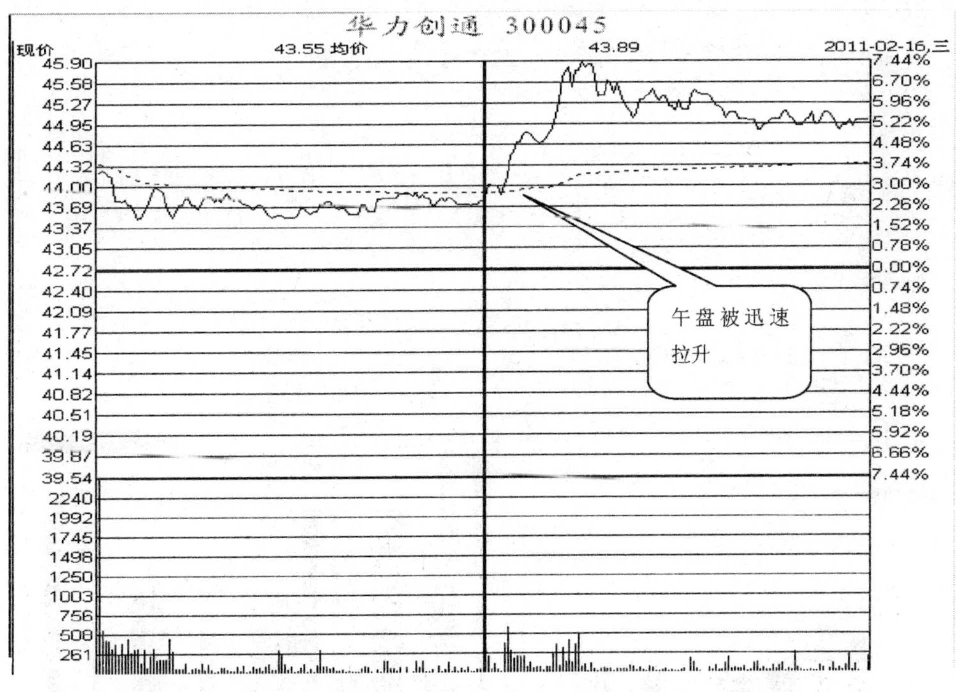

图 3—36 华力创通（300045）分时走势图（2011 年 2 月 16 日）

投资者选择无量涨停的股票时需要注意一点，就是不能选择连续无量涨停的股票。一只股票如果连续出现无量涨停，那么涨停结束之日，往往就是开始下跌之时。

2. 选择处于上涨趋势中的股票

追涨杀跌，是股市中通行的行为准则。投资者如果想在股市中获利，也必须遵守这一准则。一般情况下，处于上涨趋势中的股票具有如下特点：

（1）多根均线的方向均向上，且呈多头排列，即短期均线位于最上方，其次是中期均线，最后是长期均线。

（2）股价线最好能位于5日均线的上方，且成交量出现温和放大态势。

（3）股价在K线图上留下了小阳线或中阳线等形态。

当某一只股票在当日收盘之后出现了上述特征，投资者还需要在第二天该股开盘后继续观察其走势，即如果开盘后股价线一直位于均价线的上方或股价线出现自下而上成功突破均价线，且成交量同步出现温和放大时，投资者可以选择买入该股。

如图3—37所示，宁波联合的股价在2011年3月25日成功突破了多条均线的压制，并成功站在均线之上，且此时三条均线方向均出现拐头向上形态，5日均线位于

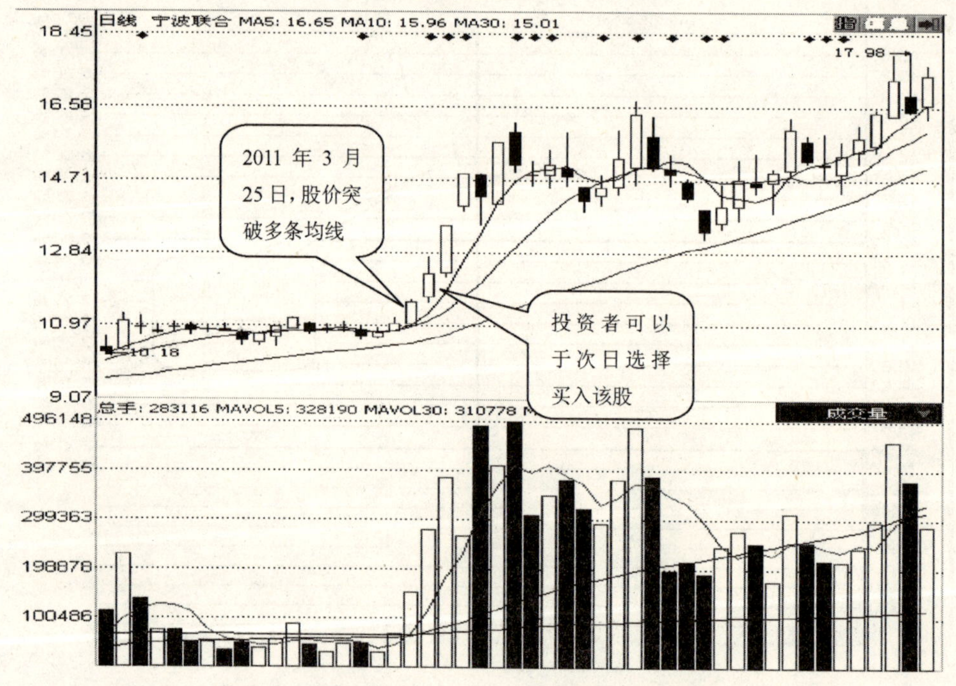

图3—37 宁波联合（600051）日K线走势图

最上方，其次是10日均线，最后是30日均线，这说明此时均线呈多头排列。该股于2011年3月25日在K线图上留下了一根中阳线，预示股价处于上涨趋势中，投资者宜注意观察该股次日的表现。

宁波联合在2011年3月28日（3月26日、3月27日周末休市）的分时走势图，如图3—38所示。宁波联合的股价在2011年3月28日开盘之后，经过了一轮震荡整理，股价线突破了均价线，这说明股价开始走向了强势，投资者可以此时选择买入该股。当然，如果投资者出于保守的目的，可以在股价开始上涨之后的回调阶段买入该股。

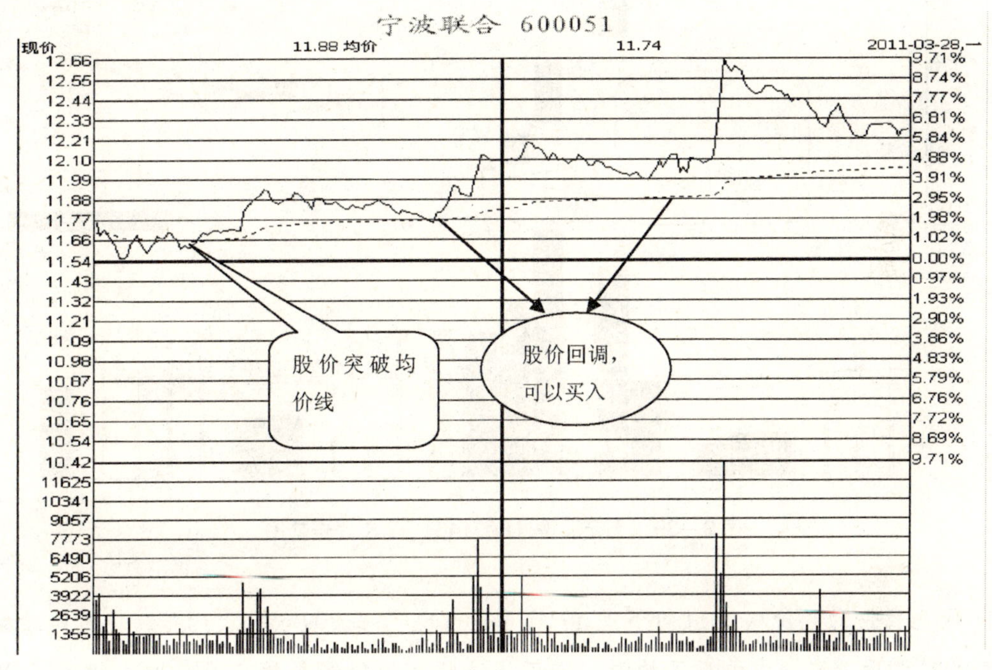

图3—38 宁波联合（600051）分时走势图（2011年3月28日）

投资者选择处于上涨趋势中的股票时，一定要在第二个交易日看到股价已经开始上涨，且突破了均价线之后再买入该股。

3. 选择出现连续大跌且已开始启动的股票

如果一只股票出现连续的、大规模的杀跌，且跌幅较大时，往往修正股价的时机就要到来了，这就说明这只股票在短期内很有可能会出现短线上涨行情。投资者在选择出现连续大跌的股票时，需要注意以下几点：

（1）选择的股票一定是出现了连续的、大幅度的下跌，且成交量出现了萎缩的情况，说明空方杀跌动能不足。

（2）股价已经远离 5 日均线或 10 日均线，说明短期该股有上涨的可能。

（3）股价已经止跌回稳，并开始出现上涨情况，此时，投资者可以考虑介入。

下面来看大元股份的日 K 线走势图，如图 3—39 所示。

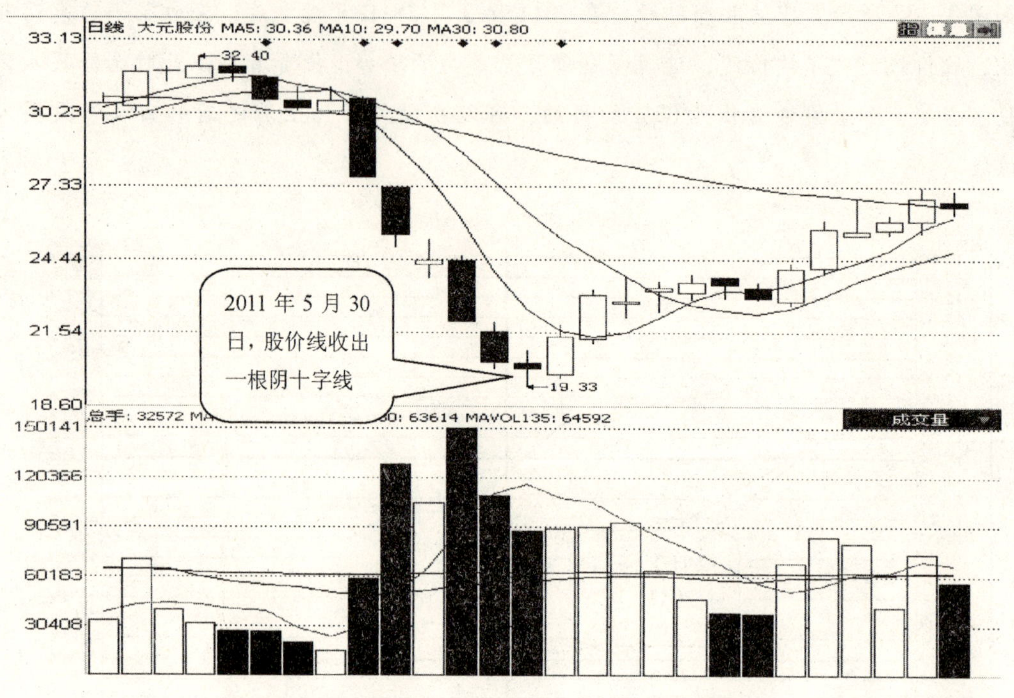

图 3—39 大元股份（600146）日 K 线走势图

大元股份的股价从 2011 年 5 月 17 日开始出现了一波规模较大的下跌，股价跌破 5 日均线之后，进一步远离了均线，这说明该股有价值修复的可能。2011 年 5 月 30 日，该股股价在 K 线图上收出一根阴十字线，预示股价开始企稳。此时，投资者应注意该股下一交易日的走势，如果股价出现上涨，投资者应第一时间追涨买入。大元股份的分时走势图，如图 3—40 所示。大元股份的股价在 2011 年 5 月 31 日开盘之后，股价线出现了一波横盘震荡的走势，且股价线一直位于均价线的上方，这说明该股有走强的可能，投资者需要对该股保持关注。一旦该股股价拐头向上远离均价线，投资者就可以买入。盘中该股股价发动了向上的攻势，投资者可迅速跟进买入该股。

投资者选择买入超跌个股时，一定要确保大盘指数是向上的，不能在大盘不利的情况下买入超跌个股。

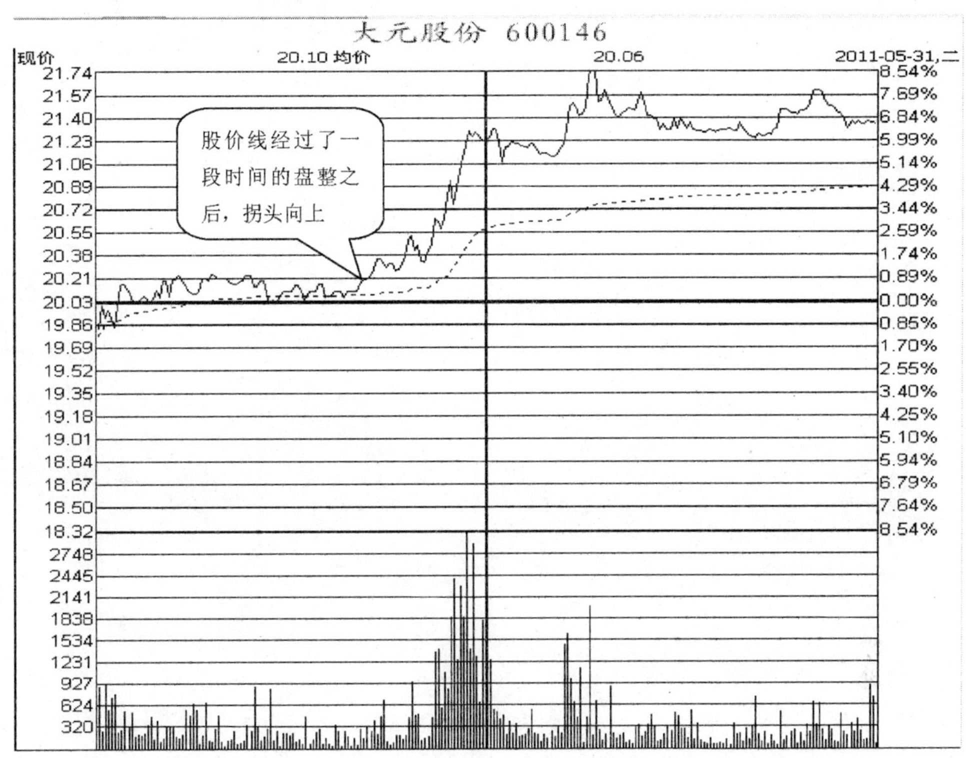

图3—40 大元股份（600146）分时走势图（2011年5月31日）

股海箴言

尾盘，是多空交锋最激烈的时间段，也是庄家最喜欢做手脚的阶段。投资者要对尾盘走势透露出来的信息进行一定的过滤，不能被表面的现象所迷惑。投资者要明白庄家不会无缘无故地拉升尾盘，也不会无缘无故地打压尾盘，所以庄家的每一个动作都与其下一步的操盘行动有关。

第四章

K 线语言看盘实操

第一节 单根K线看盘实操

实战看盘

单根K线反映了股价在一天的变动情况，主要包含了四个主要的价格，即开盘价、收盘价、最高价和最低价。投资者通过对某些特殊日K线的研究，不仅能看出当天股价的变化，还能对股价未来变动的趋势作出预测。

单根K线是柱状的线条，由影线和实体组成，它能够把某一周期内的开盘价、最高价、最低价和收盘价这4个价格的市场情况直观地表现出来。K线的上影线的顶端代表这一交易周期的最高价；下影线的末端代表这一交易周期的最低价；实体的上下两端分别代表这一交易周期的开盘价和收盘价，如图4—1所示。

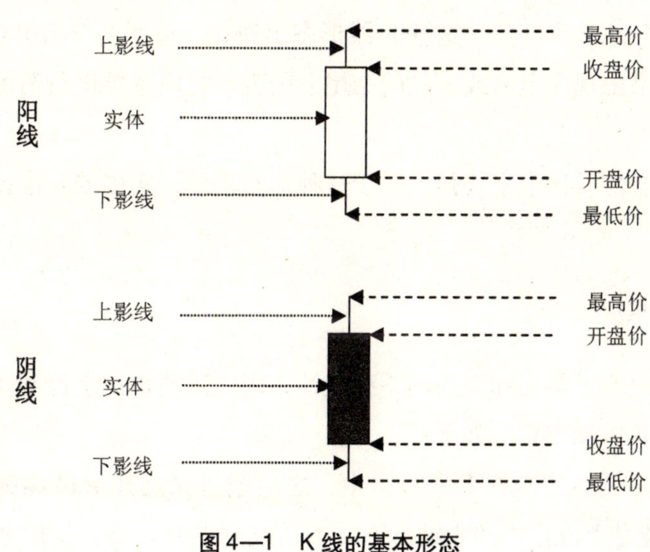

图4—1 K线的基本形态

开盘价：又称开市价，是指某种证券在证券交易所每个交易周期开盘后的第一笔交易的成交价格，是买卖双方相互交战的楚河汉界。目前国内股票市场采用集合竞价的方式来确定每天的开盘价。

最高价：指某种证券在每个交易周期从开盘到收盘的交易过程中所产生的最高

价格。

最低价：指某种证券在每个交易周期最后一笔交易的成交价格。

收盘价是当前行情的标准，又是下一个交易周期开盘价的依据，代表了买卖双方的力量对比结果，可据以预测未来的市场行情。

一、螺旋桨：行情决定买卖点

螺旋桨，又称陀螺，是实体较小但上下影线都很长的小阳线或小阴线。它的收盘价和开盘价很接近，但最高价和最低价却拉得很开，如图 4—2 所示。

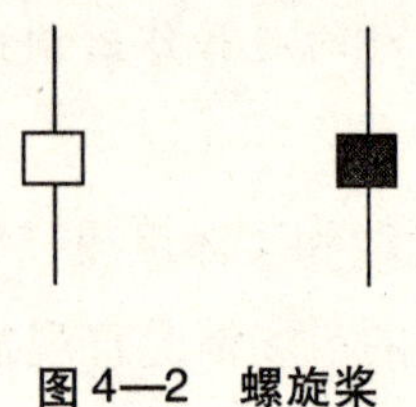

图 4—2　螺旋桨

螺旋桨既可以出现在涨势中，也可以出现在跌势中；反映了多空双方经过激烈的战斗，并没有明显地分出胜负。这种 K 线形态出现在一边倒的市场中它通常被认为是中性的；但是如果出现在上涨或下跌的结尾，则表示之前主导该行情的多方或空方力量的衰竭。

螺旋桨的转势信号比十字线强，对于这种形态来说，实体的长度比上下影线的长度更重要。

1. 操作要点

螺旋桨形态说明了多头和空头的不确定性，因此需要根据上涨和下跌的连续性和幅度进行研判。具体操作要点如下：

（1）当螺旋桨形态出现在上涨行情中，之后股价又迅速突破螺旋桨的顶端（最高价），则它可能是上涨途中的中继形态，不会改变上升趋势，这时候投资者可继续持股待涨。

（2）当螺旋桨形态出现在下跌行情中，之后股价又迅速突破螺旋桨的末端（最低价），则它可能是下跌途中的过渡形态，不会改变下降趋势，这时候投资者可继续持币观望。

（3）如果螺旋桨形态出现在连续加速上涨之后，且之后几天的 K 线在螺旋桨的下影线部位运行，表示多方力量渐衰，后市看跌。这时阴线的看跌信号要比阳线更强烈。

（4）如果螺旋桨形态出现在连续加速下跌之后，且之后几天的K线在螺旋桨的上影线部位运行，表示空方力量渐衰，后市看涨。这时阳线的看涨信号要比阴线更强烈。

2. 实战案例

如图4—3所示，ST汇通从2011年4月底进入快速连续上涨期，到2011年5月中旬股价已经上涨了较大的幅度。

2011年5月17日，该股收出螺旋桨形态，且成交量也出现放大状态，这充分表明多方力量衰竭，空方逐步占据优势。之后的两个交易日，股价一直在螺旋桨的下影线部位运行，这更加确立了股价见顶信号的可靠性，投资者应及时卖出，以免被套。

之后，该股进入到下降轨道，之间仍出现几根螺旋桨形态的K线，但这只是下跌途中的过渡，并不足以影响下跌的大趋势。

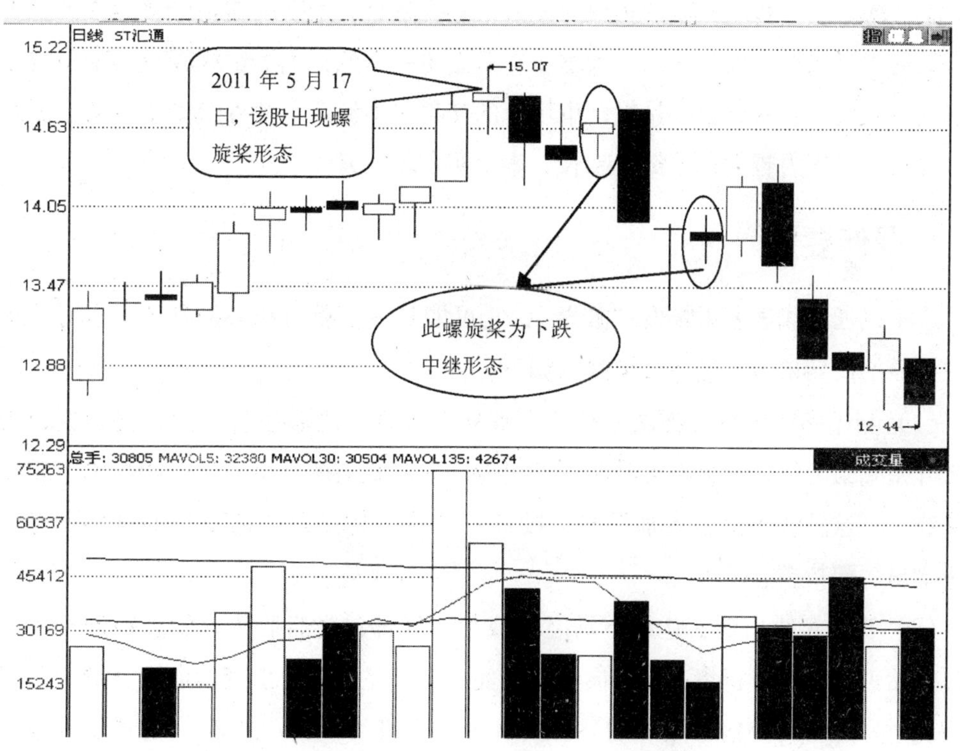

图4—3 ST汇通（000415）日K线走势图

二、十字线：多空转换需观望

十字线，又称十字星，是一种只有上下影线，没有实体或实体可以忽略不计的K线形态。当收盘价和开盘价相同或几乎相同时便会出现这种K线形态，它的收盘价和开盘价之间的波动范围一般小于1%，如图4—4所示。

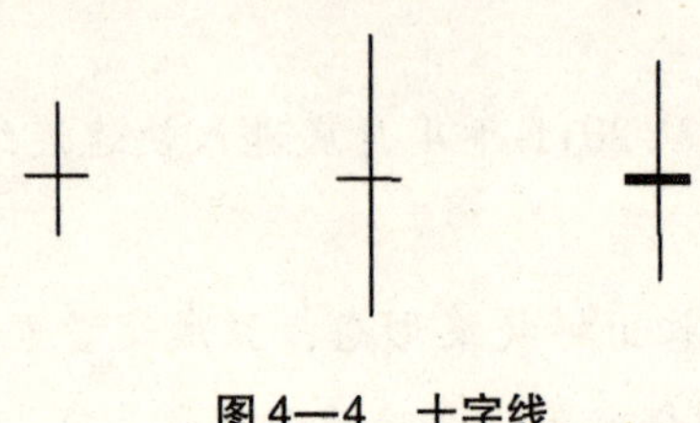

图4—4 十字线

十字线是K线分析中的重要信号，它既可以出现在涨势中，也可以出现在跌势中；反映了多空双方经过接触或战斗，结果势均力敌、难分高下。

十字线的上下影线长短变化很大，上下影线越长，十字线的信号就越强。上下影线较长的十字线称为大十字线，表示多空双方争夺激烈；上下影线较短的十字线是小十字线，表明多空双方小心接触，市场上的交易并不活跃。此外，十字线的上影线越长，表示卖盘压力越大；下影线越长，表示买盘越旺盛。

1. 操作要点

十字线通常代表着市场的"疲惫"，它可能是一个单行趋势的延续，也可能是一个较明显的反转信号。具体操作要点如下：

（1）当十字线出现在连续上涨之后或相对顶部，之后股价开始一路走低，表明空方开始聚集力量，行情有反转向下的可能。尤其是前两日出现动向明显的大阳线或大阴线时，这种转势信号更加明显。投资者应当将其视为"逃顶"的重要参考，并坚决卖出、保持空仓。

（2）当十字线出现在连续下跌之后或相对底部，之后股价开始企稳回升，表明多方开始占据优势，行情有反转向上的可能。尤其是前两日出现动向明显的大阳线或大阴线时，这种转势信号更加明显。投资者应当将其视为"抄底"的重要参考，并采取坚决买入的做多策略。

（3）如果十字线出现在上涨途中，之后股价又迅速突破十字线的顶端（最高价），表明多方仍占据着主动，后市仍旧看涨。投资者不要急于卖出变现，只需继续关注即可。

（4）如果十字线出现在下跌途中，之后股价又迅速突破十字线的末端（最高价），表明空方仍占据着主动，后市仍旧看跌。投资者不要急于吸纳买入，应继续持币观望。

2. 实战案例

如图4—5所示，杭齿前进的股价从2011年4月初开始了一波小幅上涨行情。2011年4月22日，该股走出十字线形态，预示上涨行情可能要结束。4月25日（4月23日、4月24日周末休市）该股再次走出十字线形态，这说明行情反转的可能性非常大，投资者需要准备卖出手中的股票了。

2011年4月29日，杭齿前进的股价出现了大幅度的下跌，印证了此前的判断，投资者宜迅速卖出股票，以防给自己带来更大的损失。

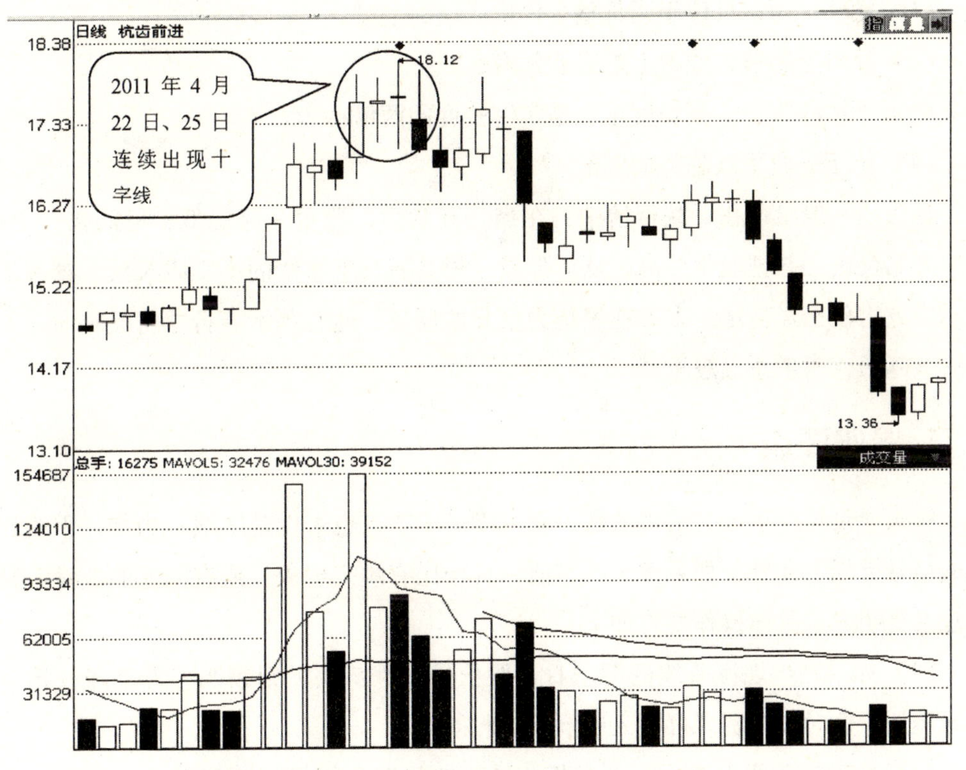

图4—5 杭齿前进（601177）日K线走势图

三、锤头线：次日上涨可买入

锤头线，又称锤子线，因为形状像一个锤子而得名，如图 4—6 所示。

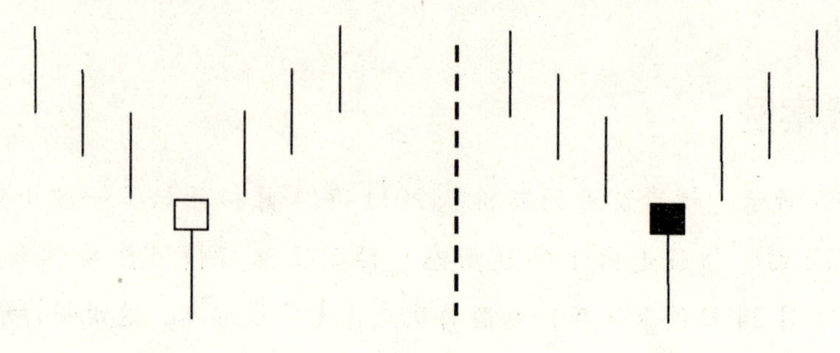

图 4—6　锤头线

锤头线具有以下形态特征：

（1）实体很短，且位于当日整个价格区间的上端；

（2）没有上影线，或者上影线非常短；

（3）下影线很长，其长度至少是实体长度的两倍；

（4）位于一段下跌趋势的底部。

锤头线一般出现在下跌行情中，在当日开盘后，股价一路走低，但跌幅较深时，多方开始反击，并把股价拉高，从而形成一根具有长下影线的小实体 K 线。这种形态表示空方力量已经耗尽，多方在聚集力量开始反攻，通常预示着行情将反转向上。其下影线越长，参考意义越重要。

1. 操作要点

锤头线是见底信号，后市看涨。它可以是阳线，也可以是阴线；当然，阳线比阴线的信号更强。此外，如果锤头线与前一日相比有跳空现象，或有明显的放量，则反转意义更明显。具体操作要点如下：

（1）如果在出现锤头线的第二日，股价呈上涨势头，则表明多方已经开始占据主导地位。这时，投资者可购入股票，持股待涨。

（2）出现锤头线形态后，如果投资者担心风险，则可以观察几日，待行情企稳后再进行建仓操作。

（3）投资者如果以锤头线参考购买股票，那么就应将锤头线的下影线末端作为止损位，一旦股价跌破该价位，就应果断卖出股票。

2. 实战案例

如图 4—7 所示，从 2011 年 4 月底开始，中国国旅出现了一段震荡下跌的行情，股价在下跌过程中不断创出新低。

2011 年 6 月 20 日，该股收出一根下影线很长的锤头线，这表明下档接盘能力较强，后市有转向的可能，投资者应注意观察。之后的两个交易日，中国国旅接连收出小阳线，表明多空双方在进行激烈对抗，此时空方力量消耗殆尽，而多方力量在逐渐加强。

2011 年 6 月 23 日，中国国旅低开高走，涨势确立。这时，短线投资者可适量买入，并把锤头线的下影线末端作为自己的止损点。

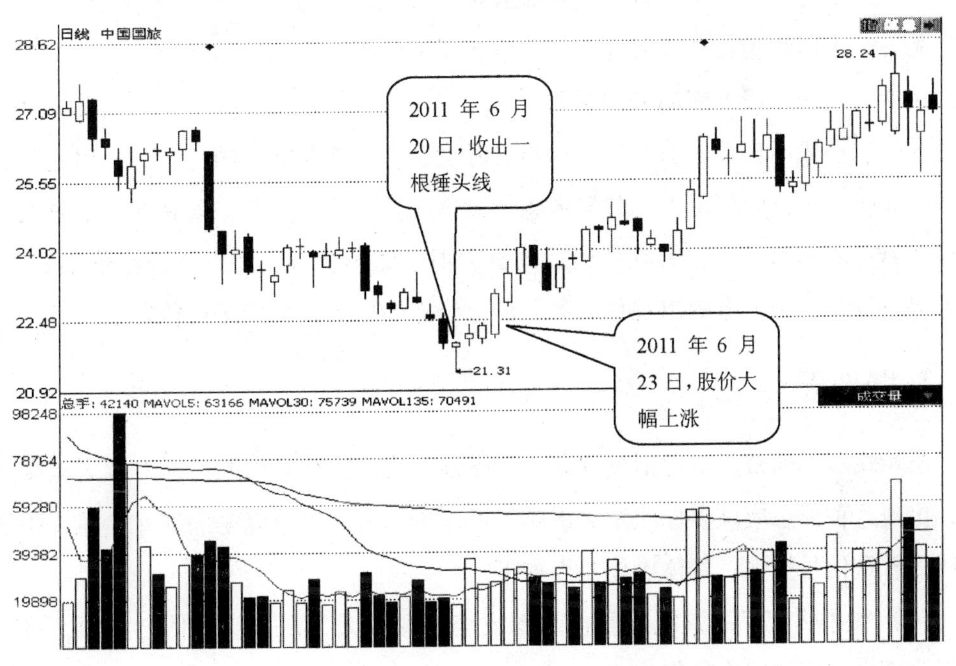

图 4—7 中国国旅（601888）日 K 线走势图

四、吊颈线：次日下跌要卖出

吊颈线，又称上吊线，它的形态与锤头线基本相同，不同的是它处于行情的顶部或阶段性顶部，我们可以从字面上将它理解成“一个人吊在绞刑架上而脚却悬空着”，如图 4—8 所示。

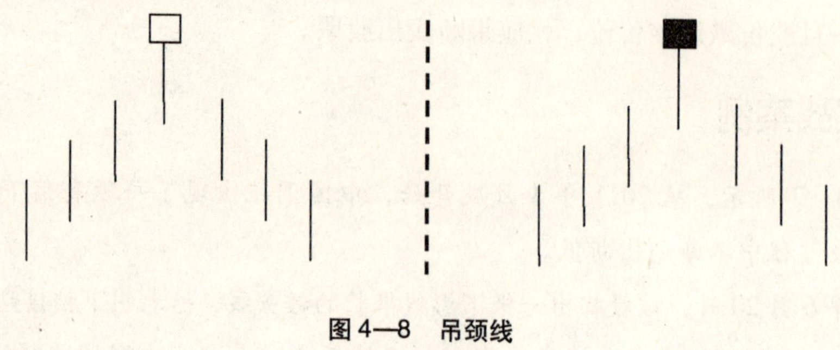

图 4—8　吊颈线

吊颈线具有以下形态特征：

第一，实体很短，且位于当日整个价格区间的上端；

第二，没有上影线，或者上影线非常短；

第三，下影线很长，其长度至少是实体长度的两倍；

第四，位于一段上涨趋势的顶部。

吊颈线一般出现在上涨行情中，当日开盘后，股价在空方的打压下一路走低，但跌幅较深时，多方开始阻击，并努力想把股价拉高，从而形成一根具有长下影线的小实体 K 线。吊颈线表示多方在作最后的努力但已力不从心，而空方已经聚集好力量，正蓄势待发，这种形态的出现预示着股价已经涨到尽头，行情将反转向下。

1. 操作要点

吊颈线形态通常表示行情见顶或即将见顶，后市看跌。当股价已有较大幅度上涨后，出现这种形态应该多加注意。吊颈线可以是阳线，也可以是阴线；当然，阴线比阳线的看跌信号更强。具体操作要点如下：

（1）如果出现了吊颈线，且伴随着成交量的放大，则表明行情已见顶，投资者应提高警惕并实施减仓操作。

（2）出现了吊颈线，但成交量没有放大反而萎缩，则要等待出现下一个确认信号（如第二日收为大阴线，确认为反转信号）或行情明朗之后，再进行判断和操作。

（3）如果在出现吊颈线的第二日开盘价较低，且股价也一路走低，则表明反转趋势已经确立，投资者最好卖出所有股票，以持币观望为主。

（4）有时候，庄家为了吸筹也会操纵股价走势，使之形成一根吊颈线。所以，投资者应该更多地关注该形态所处的具体位置，如果股价处于合理的价格区间，那么股价即使短暂下跌，日后也会重新涨上来，甚至有可能突破吊颈线的顶端。

2. 实战案例

如图 4—9 所示，从 2011 年 10 月 21 日开始，交通银行的股价走出了一波上涨行情。

2011 年 11 月 9 日，该股跳空高开低走收出一根吊颈线，这极有可能是转势信号，且当日成交量有所萎缩，这说明该股有下跌的可能，投资者需要做好卖出股票的准备。

第二日（11 月 10 日），该股收出一根低开地走的中阴线，下降趋势基本确立，这时投资者应进行减仓操作以规避风险。之后，该股开始了一波下跌行情。

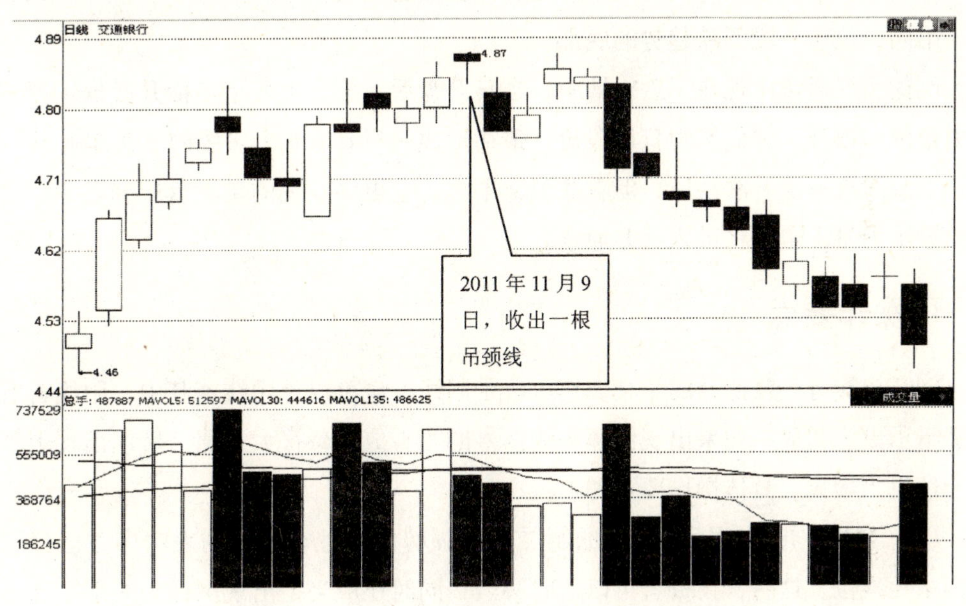

图 4—9　交通银行（601328）日 K 线走势图

五、倒锤头线：次日上涨可买入

倒锤头线出现在与锤头线相同的位置，只是锤子的把儿转向了上方，形状像一把倒置的锤子，如图 4—10 所示。

倒锤头线具有以下形态特征：

第一，实体很短，且位于当日整个价格区间的下端；

第二，没有下影线，或者下影线非常短；

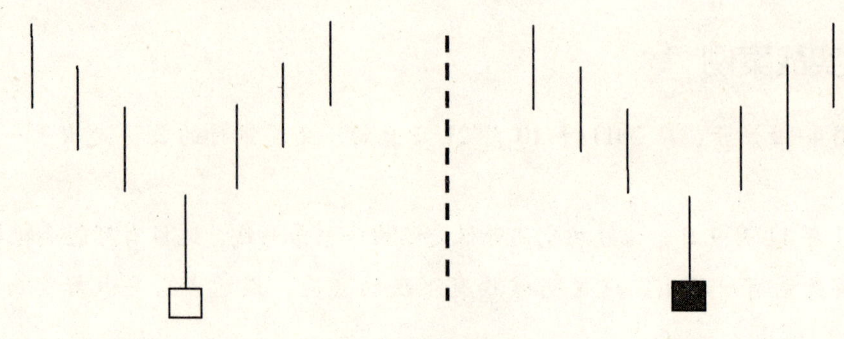

图 4—10　倒锤头线

第三，上影线很长，其长度至少是实体长度的两倍；

第四，位于一段下跌趋势的底部。

倒锤头线通常出现在下跌行情中，当日开盘后，多方进入市场抬升股价，但空方的力量依旧很强，他们努力打压股价，最终形成一根具有长上影线的小实体 K 线。尽管长上影线有一定看跌性质，但看跌意义不大。它更多表现的是卖盘后继乏力，多方开始显示力量，走势将进入上升通道。

1. 操作要点

倒锤头线有止跌回升的意义。它可以是阳线，也可以是阴线；其中，阳线含有的上涨暗示更为明显。如果出现倒锤头线信号的当天成交量很大，那么后期出现上涨的可能性也将增大。具体操作要点如下：

（1）如果在出现倒锤头线后的第二天为强势的上涨行情，则表明多方已经开始占据主导地位。这时，投资者可以适时买入，同时还应当把出现倒锤头线那一天的最低价设为止损位，一旦股价跌破该价位，则应及时止损出局。

（2）从倒锤头线形成的过程来看，这个形态的信号强度不如锤头线明显，所以，投资者可以把它与之前或之后的 K 线组合放在一起综合分析，以准确研判后期走势。

（3）出现倒锤头线形态后，如果投资者担心风险，则可以观察几日，待到行情企稳后再逢低吸纳。

2. 实战案例

如图 4—11 所示，四川路桥的股价从 2011 年 6 月 3 日开始出现了一波下跌行情。2011 年 6 月 17 日，该股收出倒锤头线，表示行情有见底反弹的可能，投资者宜保持对该股的观察。

2011 年 6 月 20 日（6 月 18 日、19 日周末休市），该股高开高走收出一根大阳线，预示此后该股将出现上涨行情，投资者于此日买入四川路桥，就可以获得未来股价上涨带来的收益。

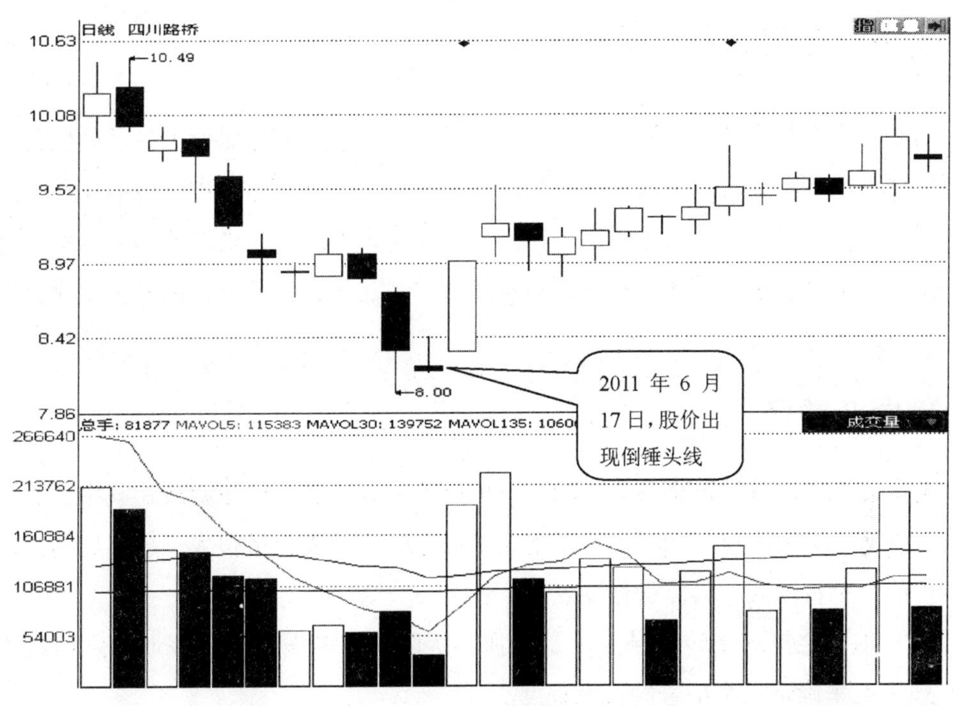

图 4—11 四川路桥（600039）日 K 线走势图

六、射击之星：次日下跌要卖出

射击之星，又称流星线，它与倒锤头线的形态相同，只是由于所处的位置不同，如图 4—12 所示。

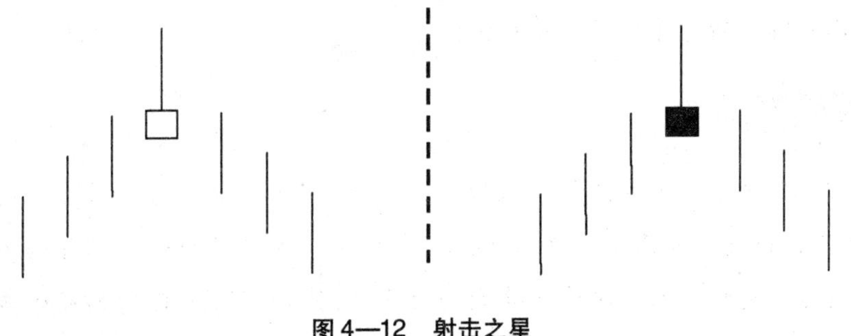

图 4—12 射击之星

射击之星具有以下形态特征：

第一，实体很短，且位于当日整个价格区间的下端；

第二，没有下影线，或者下影线非常短；

第三，上影线很长，其长度至少是实体长度的两倍；

第四，位于一段上涨趋势的顶部。

射击之星通常出现在上涨行情中，当日开盘后，多方依旧保持了自己的优势，在一开始便大幅抬升股价，当股价上升到一定幅度时，空方开始发力，他们通过大量抛盘进行反攻，最终在收盘时把股价打压到了开盘价附近。射击之星的形态表明，空方在一定程度上已经进入市场，并开始显示力量；多空双方的力量正在发生变化，后市将出现下跌走势。

1. 操作要点

射击之星预示着行情将走向疲软。它可以是阳线，也可以是阴线；其中，阴线含有的下跌暗示更为明显。如果出现射击之星信号的当天成交量很大，那么后期出现下跌的可能性也将增大。具体操作要点如下：

（1）射击之星的反转信号并不是很强，所以投资者需要根据该形态之前或之后的K线形态来确定这个信号的可靠程度。

（2）在理想的射击之星形态中，射击之星的实体与前一根K线的实体之间存在价格跳空；跳空的程度越大，反转的可能性也就越大。

（3）如果在出现射击之星后的第二天为强势的下跌行情，则表明空方已经开始占据主导地位。这时投资者应果断减仓。

（4）看到射击之星的信号之后，投资者可以卖出部分股票，并注意观察其走势。如果未来该股进入持续下跌轨道，那么就应该果断斩仓止损；如果股价在几天后又重新走高并突破射击之星的上影线顶端，说明多方重新聚集了力量，这时构成多方尖兵形态，后市看涨，投资者可进行补仓操作。

2. 实战案例

如图4—13所示，民生银行从2011年6月10日开始出现了一波上涨行情。2010年6月27日，该股低开高走，收出一根射击之星，成交量出现了明显的萎缩，这说明行情极有可能变坏，所以投资者密切观察第二日（6月28日）的股价走势，一旦股价下跌，就应该果断清仓。

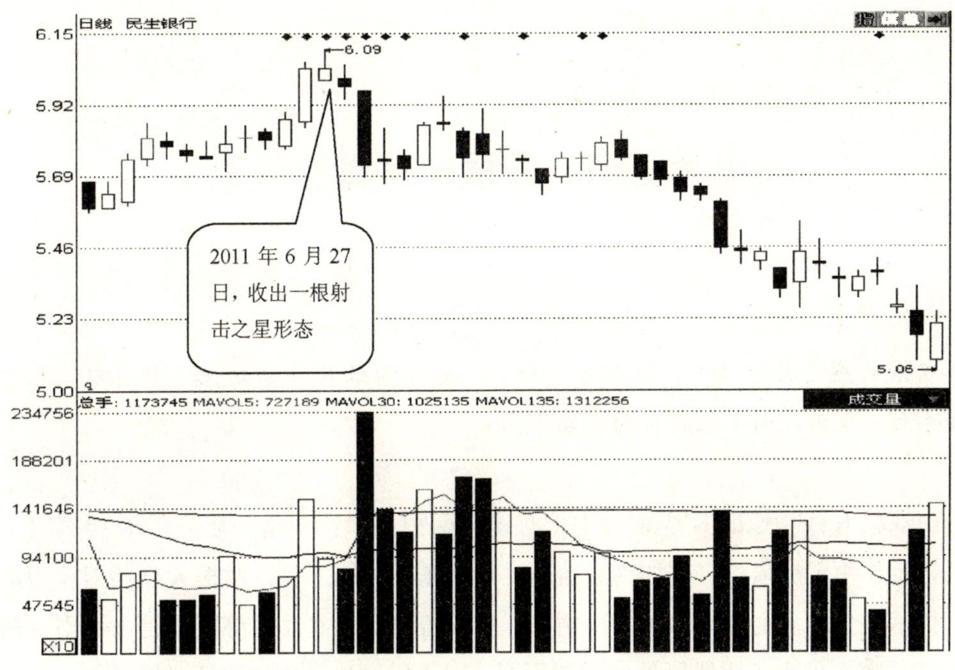

图4—13 民生银行（600016）日K线走势图

股海箴言

尽管单根K线可以发出买入或卖出信号，但其信号的准确性并不高。投资者利用K线预判行情趋势时，需要做到以下几点：一是多观察几根K线的走势，然后再判断行情；二是结合成交量形态进行综合判断；三是结合技术指标进行综合判断。

第二节　双根K线看盘实操

实战看盘

双根K线是最简单的K线组合。投资者通过两根K线的阴阳、形态以及相对位置关系可以大致判断未来股价的变动方向。

由双根K线构成的K线组合中，有这样两种规律：一是，后一根K线对股价趋势的指示作用更加强烈。例如乌云盖顶、旭日东升等；二是，两根K线相对位置的不同，指示信号的强度也不尽相同，例如，乌云盖顶和倾盆大雨都同样是由一阳一阴两根K线构成，但由于阴线所处的位置不同，对下跌的指示作用也不相同。

一、阳包阴：次日可逢低买入

阳包阴由两根K线组成，前一根阴线的实体较短，后一根阳线的实体相对较长一些，且将前一根阴线的实体完全包住。即前一根阴线的最高价与最低价均处于后一根阳线的最高价与最低价的波动范围内。

当阳包阴出现在一段持续的下跌走势之后，该形态表示之前强势的空方力量衰竭，多方开始占据主动并已压倒空方，是常见的见底信号，如图4—14所示。

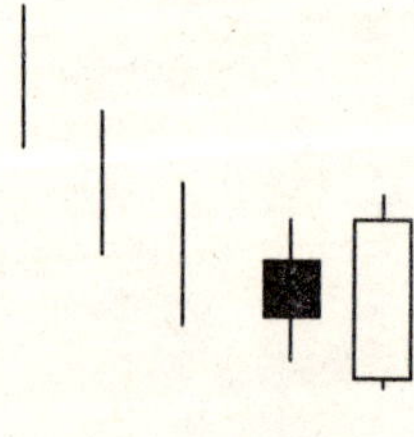

图4—14　阳包阴

1. 操作要点

阳包阴说明原本占据优势的空方的力量几乎被完全消耗，多方已经成为主导力量，市场有发生反转的可能。具体操作要点如下：

（1）在连续下跌走势中出现阳包阴形态，表明卖盘力量明显强过买盘力量，是股价触底回升的信号，投资者宜在次日采取逢低吸纳的做多策略。

（2）如果投资者依照在阳包阴形态中买入股票，则应将止损位设在阳包阴形态中阳线的最低价上，一旦股价跌破该价位，投资者应尽快卖出止损。

（3）投资者在操作中需要注意的是，在识别阳包阴信号时，应该看两根 K 线实体部分是否“吞噬”，即后一根 K 线的实体部分是否包住了前一根 K 线的实体部分，而不要将上下影线计算在内，否则会引发错误的操作。

（4）如果在发生阳包阴形态的当天，伴随着成交量的放量配合，则可确认为转势信号。如果第二根 K 线的实体能吞噬前面好几天的实体，则表明发转的力量很大。

2. 实战案例

如图 4—15 所示，东方银星的股价在经历了一波下跌行情之后，于 2011 年 5 月 30 日和 31 日这两天出现了阳包阴形态。

2011 年 5 月 30 日，东方银星收出一根十字小阴线。5 月 31 日，该股出现一根光头中阳线，这根中阳线的实体将前一根阴线的实体完全包住。这样，它与前一日的光

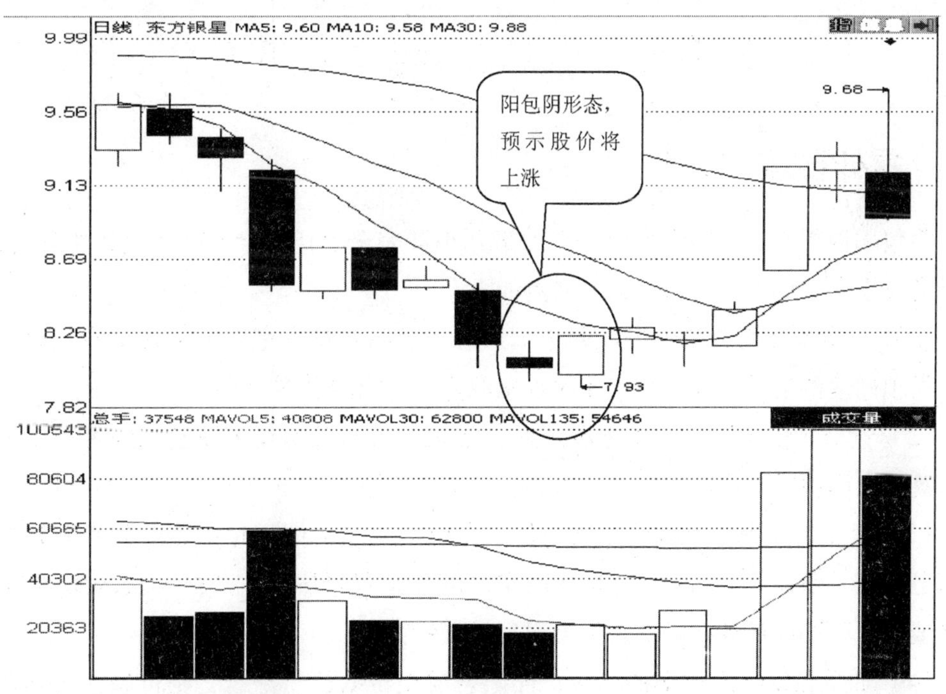

图 4—15 东方银星（600753）日 K 线走势图

头小阴线共同形成了阳包阴形态，表示行情可能会触底回升。激进的投资者可以选择次日逢低吸纳，而稳健的投资者还可以观察几天。

在图 4—15 中，东方银星走出阳包阴形态时，成交量并未出现明显的放大，因此，投资者在实际操作中应该慎重买入。

二、阴包阳：次日可逢高卖出

阴包阳由两根 K 线组成，前一根阳线的实体较短，后一根阴线的实体相对较长一些，且将前一根阳线的实体完全包住。即前一根阳线的最高价与最低价均处于后一根阴线的最高价与最低价的波动范围内。

当阴包阳出现在一段持续的上涨走势之后，该形态表示之前强势的多方力量衰竭，空方开始占据主动并已压倒多方，是常见的见顶信号，如图 4—16 所示。

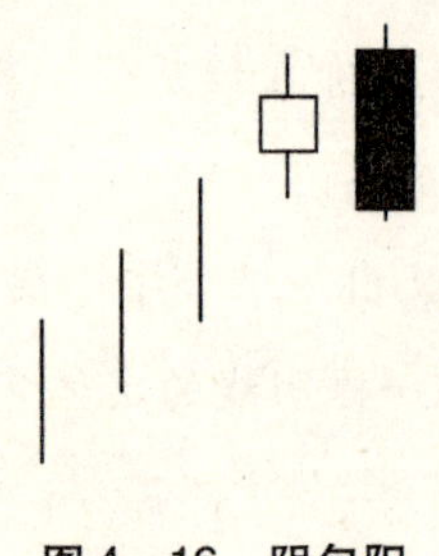

图 4—16 阴包阳

1. 操作要点

阴包阳说明原本占据优势的多方力量几乎被完全消耗，空方已经成为主导力量，市场有发生反转的可能。具体操作要点如下：

（1）在连续上涨走势中出现阴包阳形态，表明卖盘力量明显强过买盘力量，是股价见顶回落的信号，投资者宜在次日采取逢高卖出的做空策略。

（2）投资者依照该形态卖出股票后，如果股价出现继续上涨且已经突破了阴线的最高价，则说明此形态失败，投资者仍可买入股票。

（3）投资者在操作中需要注意的是，在识别阴包阳信号时，应该看两根 K 线实体部分是否“吞噬”，即后一根 K 线的实体部分是否包住了前一根 K 线的实体部分，而不要将上下影线计算在内，否则会引发错误的操作。

（4）如果在发生阴包阳的当天，伴随着成交量的放量配合，则可确认为转势信号。如果第二根 K 线的实体能吞噬前面好几天的实体，则表明发转的力量很大。

2. 实战案例

如图4—17所示，美尔雅的股价从2011年1月底开始震荡上涨，股价不断创出新高。随后，该股股价从6月底开始在高位的震荡盘整，并于2011年8月25日和8月26日两个交易日走出阴包阳形态，预示股价将出现一波下跌行情。

2011年8月29日（8月27日、28日周末休市），股价大幅低开，印证了此前的判断，投资者应果断卖出股票，以免造成更大的损失。

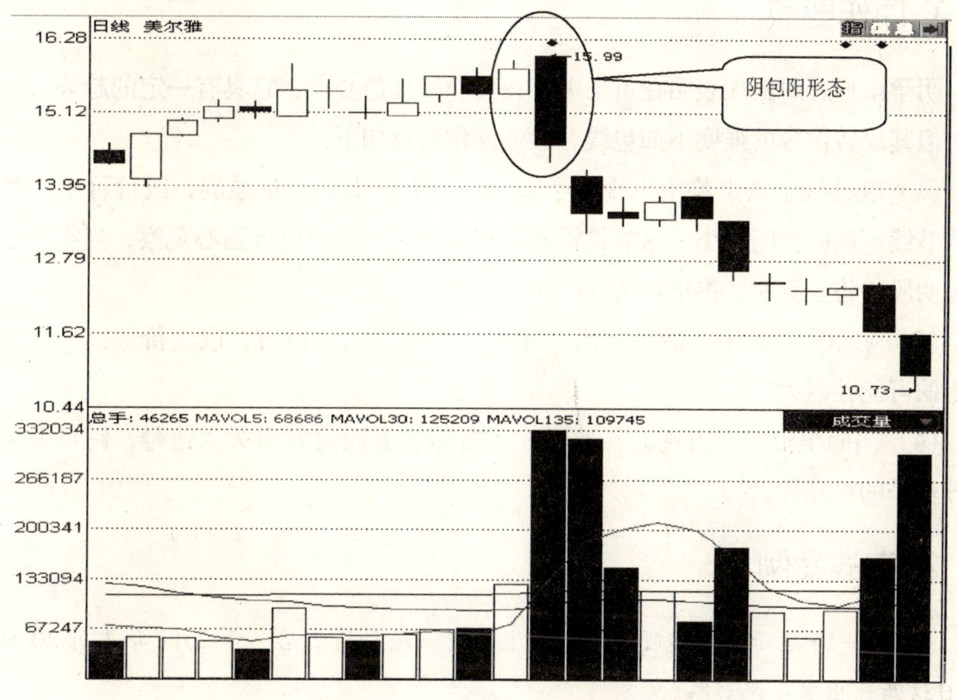

图4—17 美尔雅（600107）日K线走势图

三、阴孕阳：次日可逢低买入

阴孕阳形态由两根K线组成，前一根阴线的实体较长，后一根阳线的实体相对来说要短一些，且“隐藏”在前一根阴线的实体内。即后一根阳线的最高价与最低价均处于前一根阴线的最高价与最低价的波动范围内。

当阴孕阳形态出现在一段持续的下跌走势之后，表示之前处于强势的空方力量减弱，多方开始发力，通常表现为见底信号，如图4—18所示。

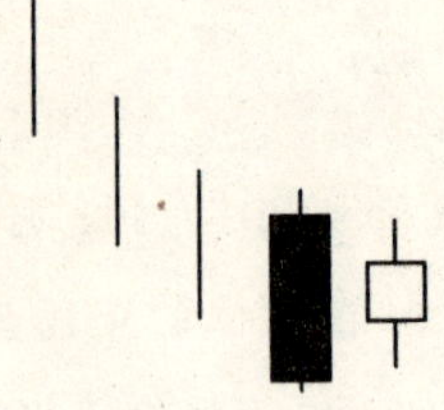

图 4—18　阴孕阳

1. 操作要点

阴孕阳形态的出现表明在市场中存在着一种犹豫心理，它具有一定的趋势反转含义，但其反转信号的强度不如包线。具体操作要点如下：

（1）在连续下跌走势中出现阴孕阳形态，表示卖盘力量减弱，股价可能即将见底或继续下跌的空间很小，这时投资者不宜轻举妄动，而应该耐心观察，当有其他信号证明股价将上涨时，再进行买入操作。

（2）阴孕阳形态中，后一根阴线相对于前一根阳线而言，收盘价越高，则反转向上的可能性越大。

（4）当阴孕阳形态出现时，如果技术指标能够同时发出买入信号，则可大大增强该信号的可靠性。

2. 实战案例

如图 4—19 所示，龙建股份在经历了一波下跌行情之后，于 2011 年 1 月 20 日和 21 日这两天出现孕线形态。

2011 年 1 月 20 日，龙建股份收出一根光头大阴线，从 K 线形态来说已经具有一定的反转意义。1 月 21 日，该股收出一根小阳线，这根小阳线的开盘价高于前一日的收盘价，而收盘价低于前一日的开盘价。它和前一日的大阴线共同形成阴孕阳形态。这预示着行情可能即将发生发转。

1 月 24 日，该股收出一根十字线，表明多空双方仍在你争我夺，互不让步，但这同时表明空方力量已经消耗殆尽，多方正酝酿着发动进攻。此时，投资者可以适量买入，待上涨走势确立后再追加买入。

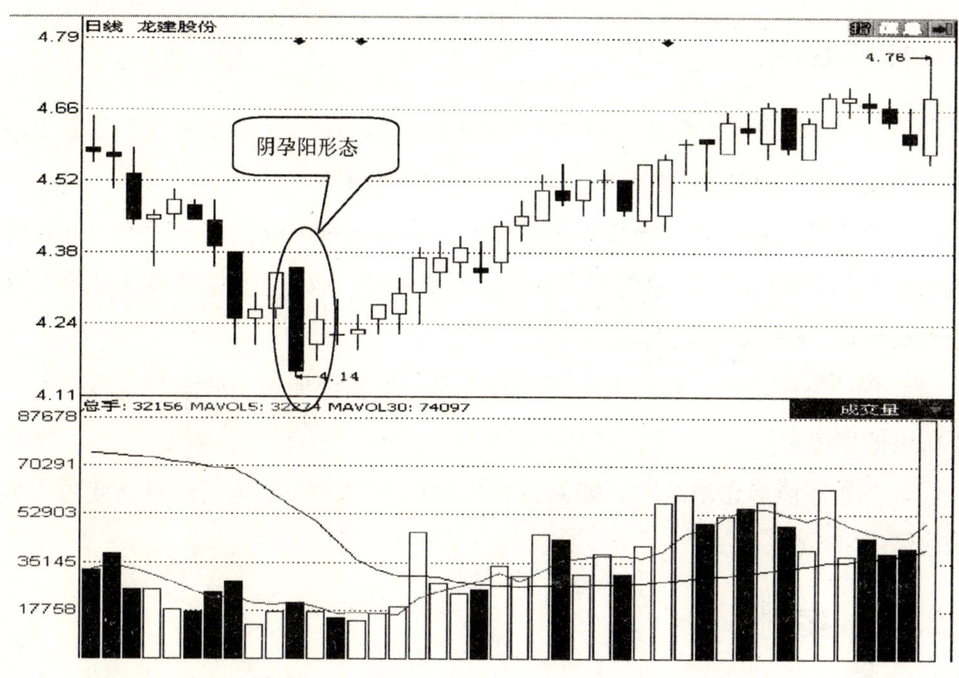

图 4—19 龙建股份（600853）日 K 线走势图

四、阳孕阴：次日可逢高卖出

阳孕阴形态由两根 K 线组成，前一根阳线的实体较长，后一根阴线的实体相对来说要短一些，且“隐藏”在前一根阳线的实体内。即后一根阴线的最高价与最低价均处于前一根阳线的最高价与最低价的波动范围内。

当阳孕阴形态出现在一段持续的上涨走势之后，表示之前处于强势的多方力量减弱，空方开始发力，通常表现为见顶信号，如图 4—20 所示。

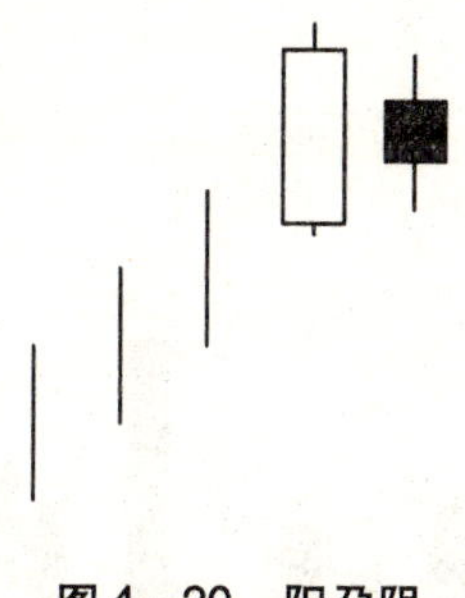

图 4—20 阳孕阴

1. 操作要点

阳孕阴形态的出现表明在市场中存在着一种犹豫心理，它具有一定的趋势反转含义，但其反转信号的强度不如包线。具体操作要点如下：

（1）在连续上涨走势中出现阳孕阴形态，表示买盘力量减弱，股价可能即将见顶或继续上涨的空间很小，这时投资者不宜轻举妄动，而应该耐心观察，当有其他信号证明股价将下跌时，再进行卖出操作。

（2）阳孕阴形态中，后一根阴线相对于前一根阳线而言，收盘价越低，则反转向下的可能性越大。

（3）当阳孕阴形态出现时，如果技术指标能够同时发出卖出信号，则可大大增强该信号的可靠性。

2. 实战案例

如图4—21所示。华鼎锦纶的股价在经历了一波上涨行情之后，于2011年7月14日至15日这两天出现阳孕阴形态。

2011年7月14日，华鼎锦纶收出一根大阳线。7月15日，该股收出一根小阴线，这根小阴线的开盘价低于前一日的收盘价，而收盘价高于前一日的开盘价。它和

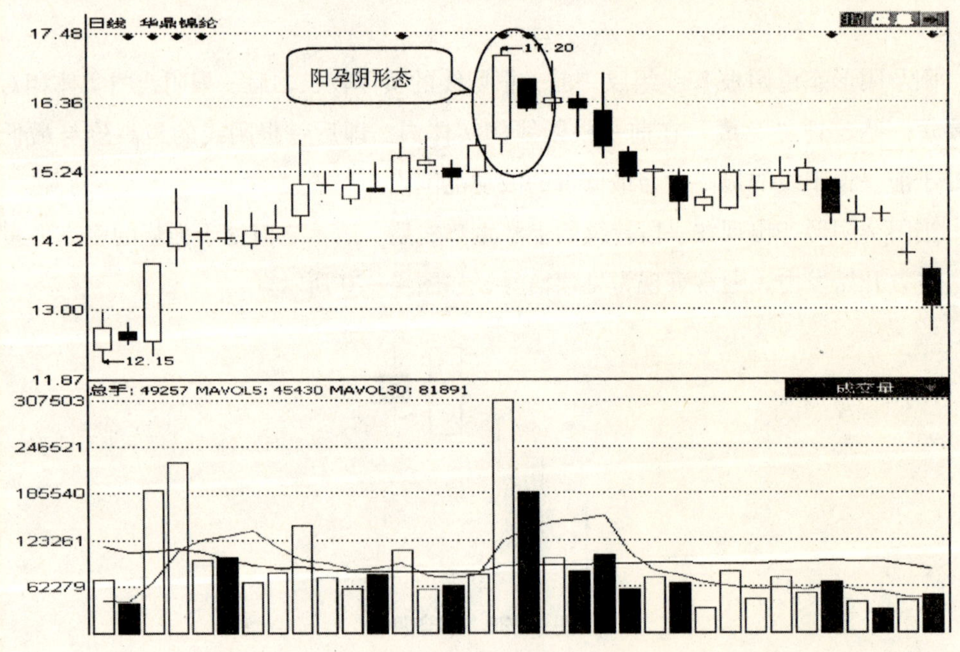

图4—21 华鼎锦纶（601113）日K线走势图

前一日的大阳线共同形成了阳孕阴形态。这表明行情有出现反转的可能，投资者应卖出部分股票，轻仓观望。

2011 年 7 月 18 日，该股收出一根阳十字线，表明空方已经占据主动，这时投资者应果断地将剩余的股票出手。

五、曙光初现：次日上涨即买入

曙光初现一般出现在下跌行情中，由一阴一阳两根 K 线组成；先是收出一根大阴线或中阴线，接着又收出一根跳空低开的大阳线或中阳线，且这根阳线收盘价所处的位置在前一日阴线实体的中部以上，如图 4—22 所示。

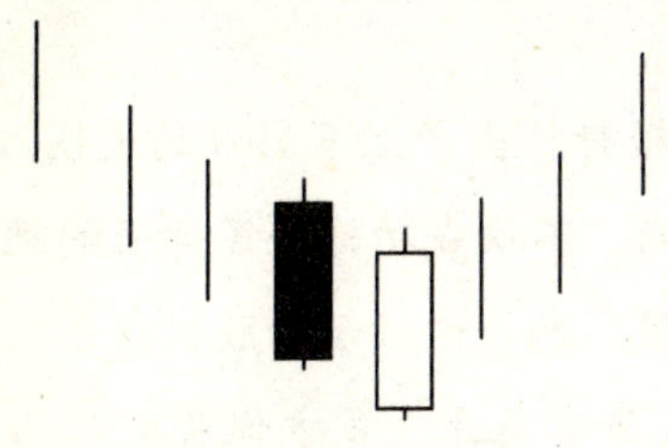

图 4—22　曙光初现

曙光初现的第一根阴线表示原来下跌趋势的延续。第二根低开高走的阳线表示开盘初始时空方仍占据优势，因而开盘价与前一根阴线的收盘价之间有一定的跳空，但之后多方开始发力，不仅填补了这一跳空缺口，还在收盘时将股价拉升至前一日阴线实体 1/2 以上位置，好像要将前一日阴线贯穿。因而曙光初现又被称为贯穿模式。

1. 操作要点

曙光初现是常见的底部信号，表示行情或许将触底反弹。具体操作要点如下：

（1）曙光初现比喻黑暗过后出现的一丝光亮，是看涨信号，它表明股价至少是阶段性的筑底成功，投资者遇到这种形态可考虑买进，适量做多。

（2）曙光初现形态出现后，如果股价马上进入上升通道，往往相应的上涨力度并不大；相反，如果有一个短暂的调整期，则会在蓄势之后会爆发出强劲的上涨力量。

（3）曙光初现形态中第二根阳线的实体部分越大，收盘价越高，则后市上涨的力度就越大。如果在收出阳线这一天，同时伴随着成交量的放大，则进一步证明后市将上涨。

（4）需要注意的是，第二根阳线的实体部分应超越前一日阴线的实体部分一半以上，曙光初现形态才会有意义。

（5）股价所处的位置和市场环境非常重要。在熊市中，如果出现曙光初现形态，则还需要考虑第二根阳线的最低价是否是最近一段时期（至少向前推10个交易日）的最低价。如果是，则可适时适量买入；如果不是，则还需要再观察几日。在牛市中，则不必拘泥于这一规则，以免让自己踏空行情。

2. 实战案例

如图4—23所示，2011年8月8日、8月9日，交通银行的日K线图上出现了曙光初现形态。

2011年8月8日，交通银行收出带上下影线的大阴线。8月9日，该股跳空低开不久便探底，随后便一路上扬，不仅成功弥补了开始的跳空，还将收盘价深入阴线一半以上，从而形成了曙光初现形态。这预示着股价在已经实现阶段性筑底。

2011年8月10日，该股跳空高开，多方优势更加明显，投资者应该在盘中逢低买进、积极吸纳。

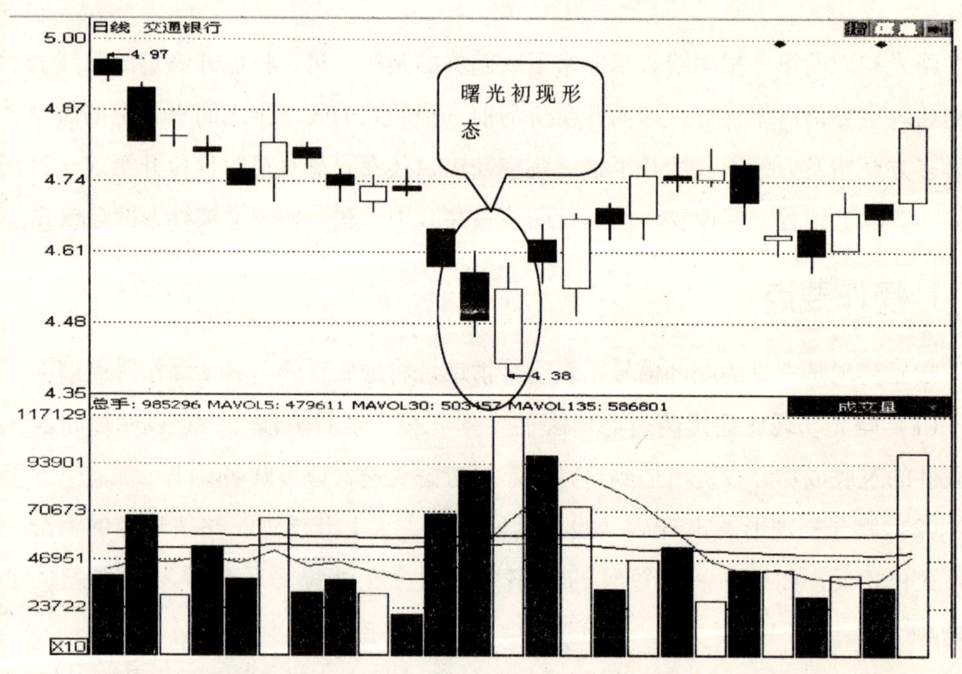

图4—23 交通银行（601328）日K线走势图

六、乌云盖顶：次日下跌即卖出

乌云盖顶，一般出现在上涨行情中，由一阳一阴两根K线组成；先是收出一根大阳线或中阳线，接着又收出一根跳空高开的大阴线或中阴线，且这根阴线收盘价所处的位置在前一日阳线实体的中部以下。如图4—24所示。

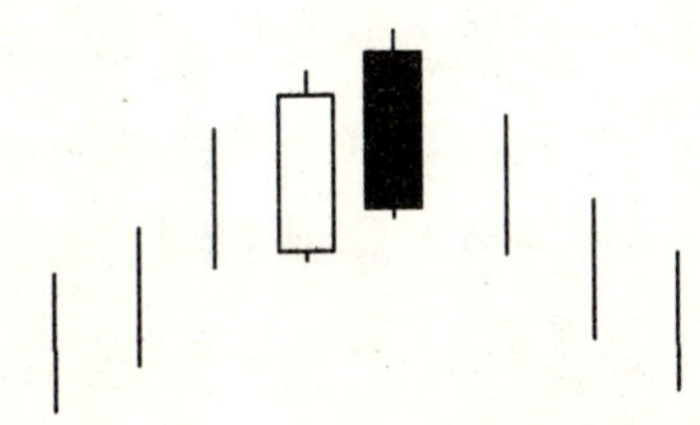

图4—24 乌云盖顶

乌云盖顶的第一根阳线表示原来上涨趋势的延续。第二根阴线表示，开盘初始时多方仍占据优势，因而开盘价与前一根阳线的收盘价之间有一定的跳空，但之后空方开始发力，不仅填补了这一跳空缺口，还在收盘时将股价拉升至前一日阴线实体1/2以下位置，好像要将前一日阳线覆盖，因而乌云盖顶又被称为覆盖线。

1. 操作要点

乌云盖顶的基本原理与曙光初现相同，但以相反方向分析和操作。乌云盖顶预示着股价已经触到天花板，行情或许将见顶回落。具体操作要点如下：

（1）乌云盖顶比喻晴朗的天空突然乌云密布，是看跌信号，它表明股价至少是阶段性的筑顶成功，投资者遇到这种形态应在次日择高卖出以规避风险。

（2）乌云盖顶形态出现后，如果股价马上进入下降通道，往往相应的下跌力度并不大；相反，如果有一个短暂的调整期，则在蓄势之后会爆发出强劲的下跌力量。

（3）乌云盖顶形态中第二根阴线的实体部分越大，收盘价越低，则后市下跌的力度就越大。如果在收出阴线这一天，同时伴随着成交量的放大，则进一步证明后市将下跌。

（4）需要注意的是，第二根阴线的实体部分应扎入前一日阳线的实体部分一半以上，乌云盖顶形态才会有意义。

（5）无论乌云盖顶出现在高位还是低位，都是非常危险的信号，投资者应保持警觉，以抛售出局为宜。不过在低位出现乌云盖顶，极有可能是庄家设的局，所以股票卖出后，投资者还应及时跟踪该股走势，如果发现下跌停滞、有反弹迹象，则可考虑补回。

2. 实战案例

如图4—25所示，2011年4月19日、20日，沧州大化的日K线图上出现了乌云盖顶形态。

2011年4月19日，沧州大化收出一根中阳线。4月20日，该股跳空高开高走，但在上档遇到空方强有力的抛盘，股价开始回落，不仅成功弥补了开始的跳空缺口，还在收盘时将股价打压到了前一日的开盘价附近，形成了一根大阴线。这根阴线深入到前一根中阳线实体的中部以下位置，两根K线共同组成了乌云盖顶形态。这种形态的出现预示着股价已经到达阶段性顶部，投资者看到后应该保持警觉。

2011年4月21日，该股跳空低开，空方优势更加明显，投资者应在盘中择高卖出所有股票，出局观望。

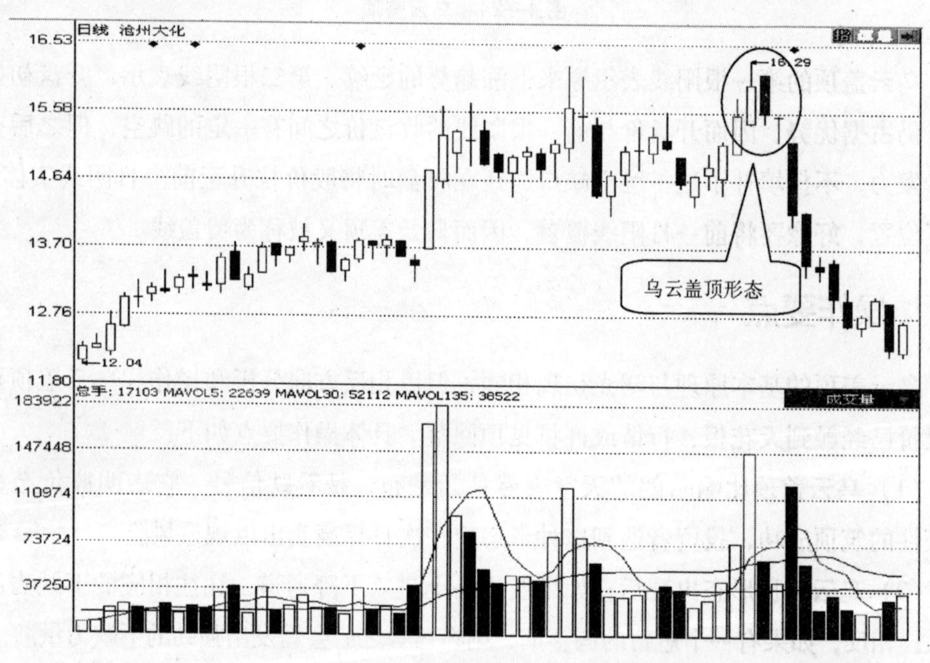

图4—25 沧州大化（600230）日K线走势图

➲股海箴言

双根K线研判股价趋势的准确性要强于单根K线，但由于参考的天数还是很少，所以，投资者在利用双根K线研判股价趋势时，仍然需要结合成交量、技术指标等方面发出的买入或卖出的指示信号。

第三节　多根K线看盘实操

➲ 实战看盘

多根K线，在这里特指数量超过两根的K线组合。多根K线描述了股价在短时间内趋势的变化，因而，其发出信号的指示作用也要明显强于数量较少的K线组合发出的信号。

由多根K线构成的组合中，股价运行的趋势往往由最后一根K线决定。也就是说，最后一根K线的阴与阳直接决定了未来股价的运行方向。所以，投资者一定要看到最后一根K线形态之后，再采取相应的行动。当然，如果没有最后一根K线，那么，这些K线所构成的K线组合也是不能成立的。

一、红三兵：形态成立即买入

红三兵，又称前进三兵，既可出现在下跌行情中，也可出现在上涨行情中。由三根股价连续创新高的小阳线组成，这三根小阳线有无上下影线均可，如图4—26所示。在红三兵形态中，后一根K线的收盘价均高于前一日的收盘价，形成稳步上升态势。

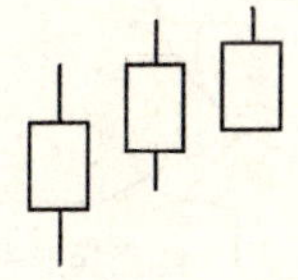

图4—26　红三兵

1. 操作要点

红三兵形态表现的是一种上涨的态势，说明市场上做多的力量在不断增强，形成了共同的市场共识，并在一起努力推动股价不断上升。具体操作要点如下：

（1）当红三兵出现在低价位区域或深度下跌之后，表明主力或多数投资者认为股价已经到了自己能够接受的价位，于是开始积极买入。这时，红三兵具有强烈的反转含义，持币的投资者应该选择买入、持股待涨。

（2）当红三兵出现在上涨途中，并且伴随着成交量的放大，则说明众多投资者在积极跟进，后市将继续上涨。看到这种形态后，投资者仍应看多，并积极追涨。

（3）投资者的买入时机应该选择在股价突破红三兵形态的最高点时。在买入的同时，还应把红三兵形态的最低点设为止损位。

2. 实战案例

如图4—27所示，在深度下跌之后，如意集团的股价走势在2011年1月26日、27日和28日这三个连续的交易日里形成了红三兵形态。

2011年1月26日，如意集团收出一根小阳线。

2011年1月27日，该股低开高走，又形成一根小阳线。

2011年1月28日，该股低开，并在冲高后回调，收出一根光脚小阳线。

这三根K线共同组成了红三兵形态，由于该形态出现在低价位区域，且是在深度下跌之后，所以可以看做是转势信号，投资者应对该股高度关注。

2011年1月31日，如意集团的股价一度高于前一根K线的最高价，此时投资者

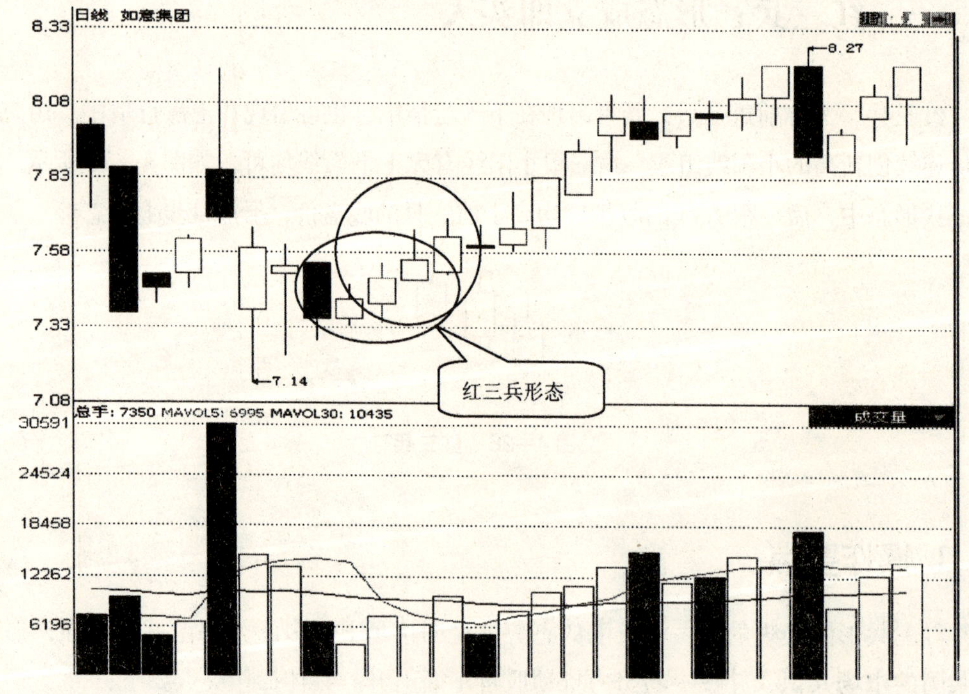

图4—27 如意集团（000626）日K线走势图

可以适量买入。当天该股收出一根小阳线。这根小阳线又和它的前两根阳线构成了红三兵形态，证明了多方正在蓄积力量。

经过了两个交易日的调整之后，2011 年 2 月 10 日，该股股价有效突破了红三兵形态的最高价，进入了上升通道，当天投资者可以加仓买入。

二、黑三兵：形态成立即卖出

黑三兵，既可出现在下跌行情中，也可出现在上涨行情中。由三根股价连续创新低的小阴线组成，这三根小阴线有无上下影线均可，如图 4—28 所示。在黑三兵形态中，后一根 K 线的收盘价均低于前一日的收盘价，形成稳步下降态势。

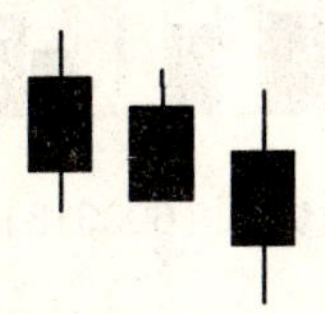

图 4—28　黑三兵

1. 操作要点

黑三兵形态表现的是一种下跌的态势，但其在不同的位置所代表的含义也有所不同。投资者应根据其所处的具体位置，采取不同的策略。具体操作要点如下：

（1）当黑三兵出现在高价位区域或一段大幅上升趋势后，暗示行情将有反转的可能，投资者应将手中的股票变现、出局观望。

（2）当黑三兵出现在低价位区域或大幅下跌或连续急跌之后，则表示行情将有可能探底，不多日或有止跌反弹的可能，投资者应多加关注，并在涨势确立后考虑做多。

（3）当黑三兵出现在下跌初期或途中，则是中继状态，后市依然看跌。这时仍然持股的投资者应果断卖出。

2. 实战案例

如图 4—29 所示，上港集团的股价从 2011 年 8 月 1 日开始急速下跌，之后在 8 月 11 日又出现反弹。

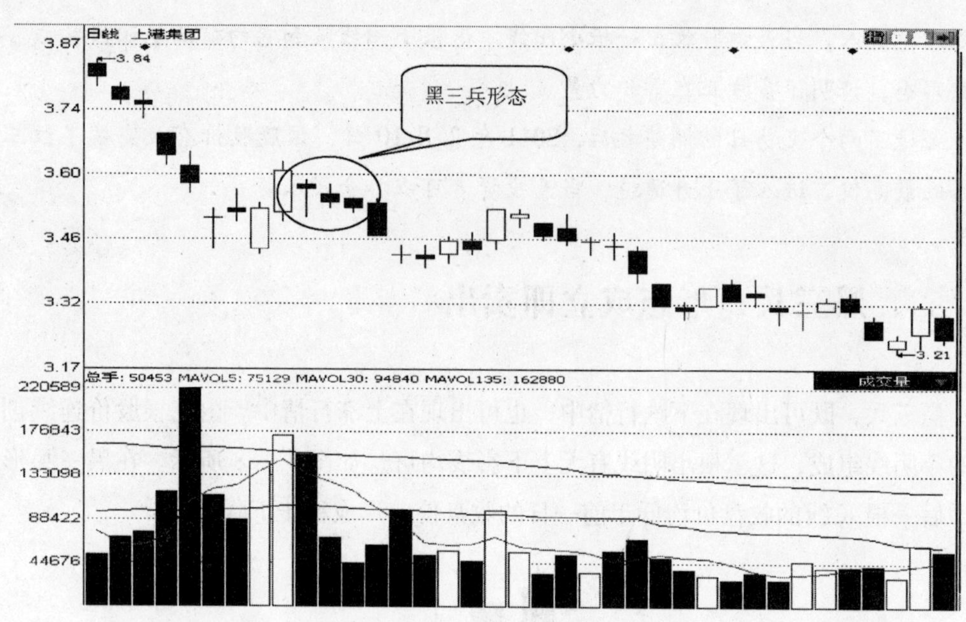

图 4—29　上港集团（600018）日 K 线走势图

2011 年 8 月 15 日—17 日，该股在反弹上升的末尾连续收出创新低的小阴线，形成黑三兵形态，表示反弹终止，股价将重新走向下跌。投资者看到此形态，就应该在次日，也就是 8 月 18 日，将手中股票卖出。

三、早晨之星：第三根阳线买入

早晨之星，又称晨星、启明星、希望之星，一般出现在下跌行情结束时，它由三根 K 线组成，第一根为大阴线或中阴线，第二根为跳空低开的小阳线或小阴线，第三根为大阳线或中阳线，且其收盘价必须位于第一根阴线的中部以上位置。如图 4—30 所示。

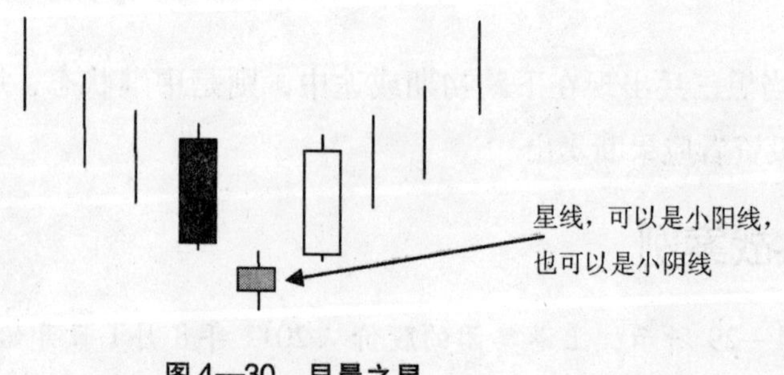

图 4—30　早晨之星

早晨之星，也就是启明星，通常出现在黎明之前最黑暗的时候，可以视为黑夜与白昼的分界点。因而它在不确定的状态下有着确定的含义，即说明股价已经到达谷底，行情将摆脱下跌的阴影重现光明。

早晨之星可以根据中间星线的变化衍生出不同的形态，如中间的星线可以是锤头线、倒锤头、螺旋桨、十字线、T 字线、倒 T 字线等。当星线是十字线时，则被称为早晨十字星，其见底回升的信号意义更为明显。如果该十字线与前后两根 K 线之间均出现缺口（十字线的最高价均低于前一根阴线和后一根阳线的最低价），就构成了弃婴（舍子线）状态，反转信号更强烈。如图 4—31 所示。

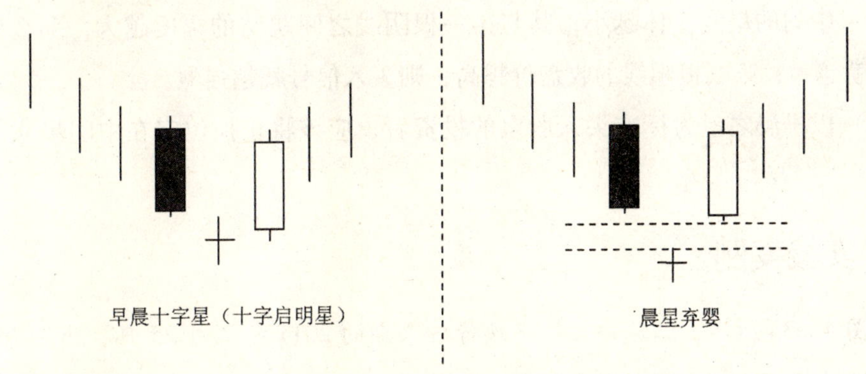

图 4—31　早晨十字星和晨星弃婴形态

在大盘或某只股票的 K 线图上，早晨之星也可能发生这样的变形——阴线和阳线之间夹着的星线数量多于一根，如图 4—32 所示。这种形态不仅不会让早晨之星的见底信号减弱，反而更有助于构筑底部。

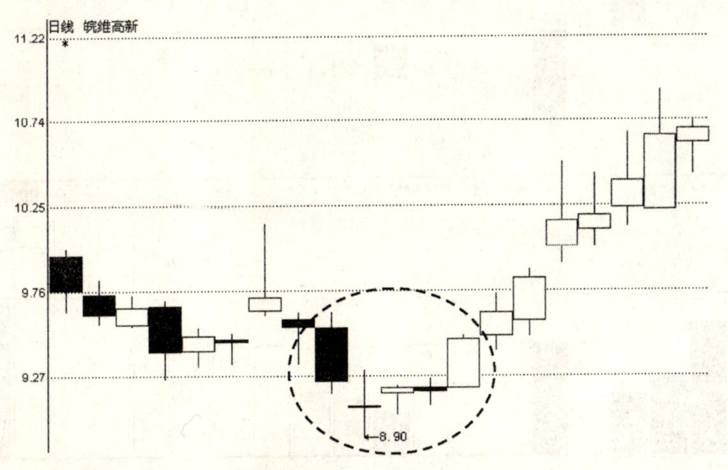

图 4—32　早晨之星变形图

1. 操作要点

早晨之星的出现表示多空双方的力量对比发生了转换，行情由空方主导转变成多方主导，后市看涨。具体操作要点如下：

（1）早晨之星是常见的见底回升信号，其信号意义较为明显，因此，投资者一看到这种形态，就应该考虑买入。

（2）投资者买入的时机可以选择在早晨之星第三根阳线形成的当日，如果当日没有买入则可以选择次日建仓。

（3）中间的星线实体越小，其与第一根阴线之间跳空的幅度越大，那么反转的可能性就越大；第三根阳线的收盘价越高，则买入信号就越强烈。

（4）以早晨之星为标准买入股票的投资者，应该将止损位定在中间星线的最低价上。

2. 实战案例

如图4—33所示，江苏舜天在下跌行情末期的2011年7月25日、26日和27日这三个连续的交易日里形成了早晨之星形态。

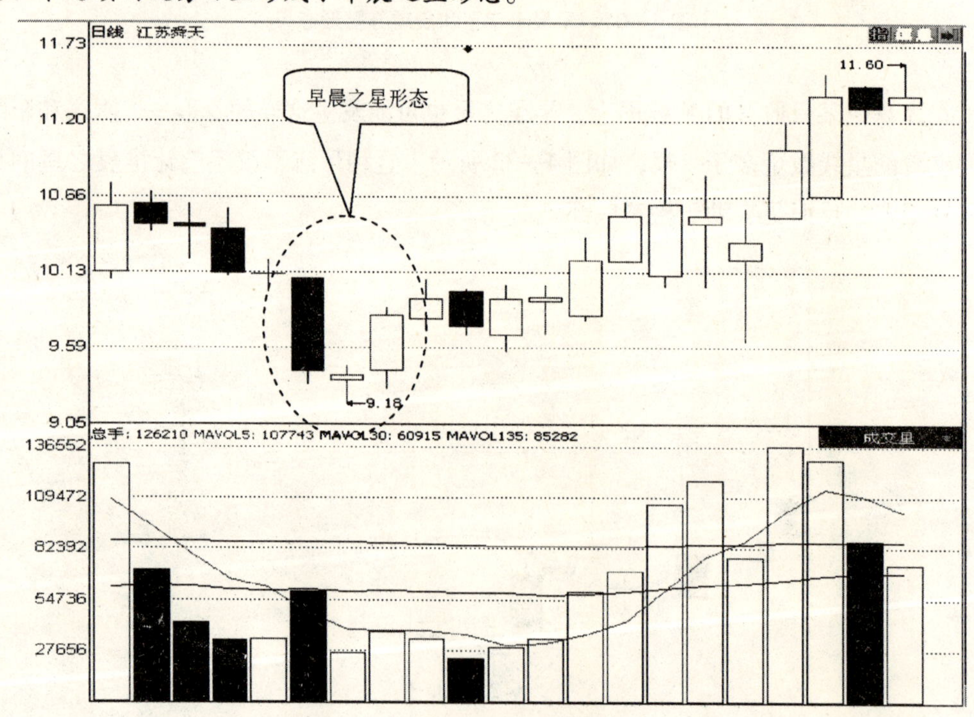

图4—33 江苏舜天（600287）日K线走势图

2011年7月25日，江苏舜天收出一根大阴线。

2011年7月26日，该股跳空低开，并收出一根实体很小的小阳线。这表明多空双方你争我夺，行情具有不确定性。

2011年7月27日，该股高开高走，收出一根中阳线，说明市场已经进入了多头状态。

这三根K线共同组成了早晨之星形态。投资者应在27日这一天适量买入，并把小阳线的最低价设为止损位。

四、黄昏之星：第三根阴线卖出

黄昏之星，又称暮星、迟暮之星，一般出现在上涨行情结束时，它由三根K线组成，第一根为大阳线或中阳线，第二根为跳空高开的小阳线或小阴线，第三根为大阴线或中阴线，且其收盘价必须位于第一根阴线的中部以下位置。如图4—34所示。

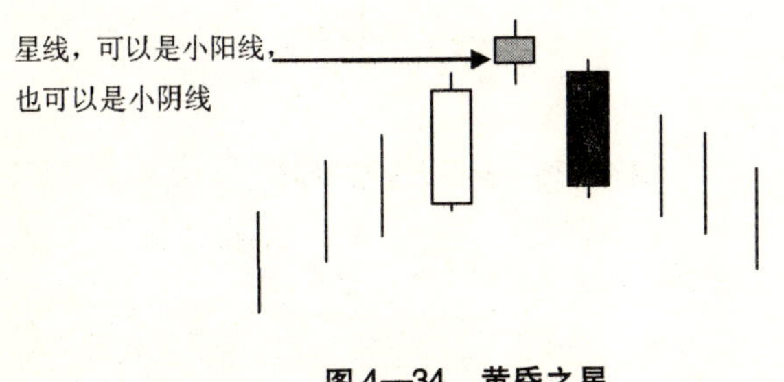

图4—34　黄昏之星

黄昏之星形态是通过“夜幕降临、明星出现”暗喻股价已经到达顶峰，市场将进入黯淡的下跌行情。

与早晨之星类似，黄昏之星的中间星线也可以变化成锤头线、倒锤头、螺旋桨、十字线、T字线、倒T字线等。当星线是十字线时，则被称为黄昏十字星，其见顶回落的信号意义更为明显。如果该十字线与前后两根K线之间均出现缺口（十字线的最低价高于前一根阳线和后一根阴线的最高价），就构成了弃婴（舍子线）状态，反转信号更强烈。如图4—35所示。

在大盘或某只股票的K线图上，黄昏之星也可能发生这样的变形——阳线和阴线之间夹着的星线数量多于一根，如图4—36所示。这种形态不仅不会让黄昏之星的见顶信号减弱，反而更能说明顶部的存在。

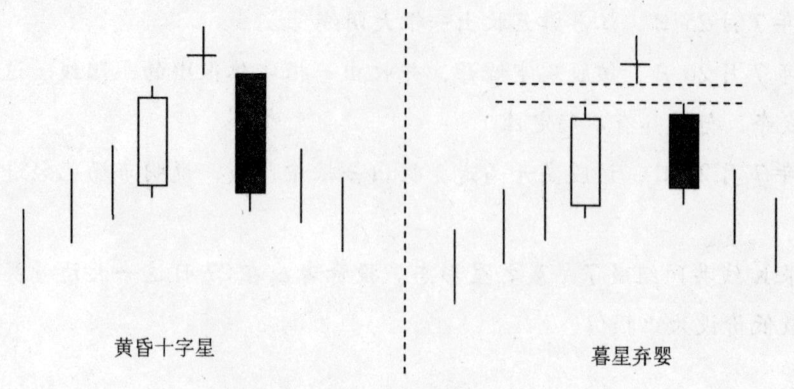

图4—35 黄昏十字星和暮星弃婴形态

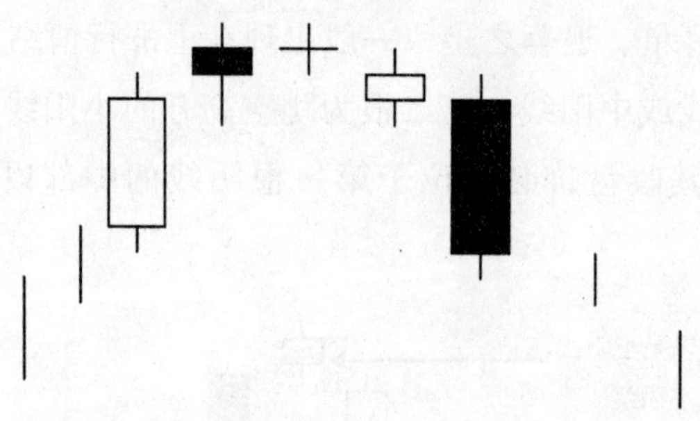

图4—36 黄昏之星变形图

1. 操作要点

黄昏之星的出现表示多空双方的力量对比发生了转换，行情由多方主导转变成空方主导，后市看跌。具体操作要点如下：

（1）黄昏之星是常见的见顶回落信号，其信号意义较为明显，因此，投资者一看到这种形态，就应该考虑将手中的股票卖出。

（2）投资者可以将卖出时机选择在黄昏之星第三根阴线形成的当日，如果当日没有卖出则可以选择次日离场。

（3）中间的星线实体越小，其与第一根阳线之间跳空的幅度越大，那么反转的可能性就越大。第三根阴线的收盘价越低，则卖出信号就越强烈。

2. 实战案例

如图4—37所示，国栋建设的股价在上涨行情末期的2010年12月1日、2日和

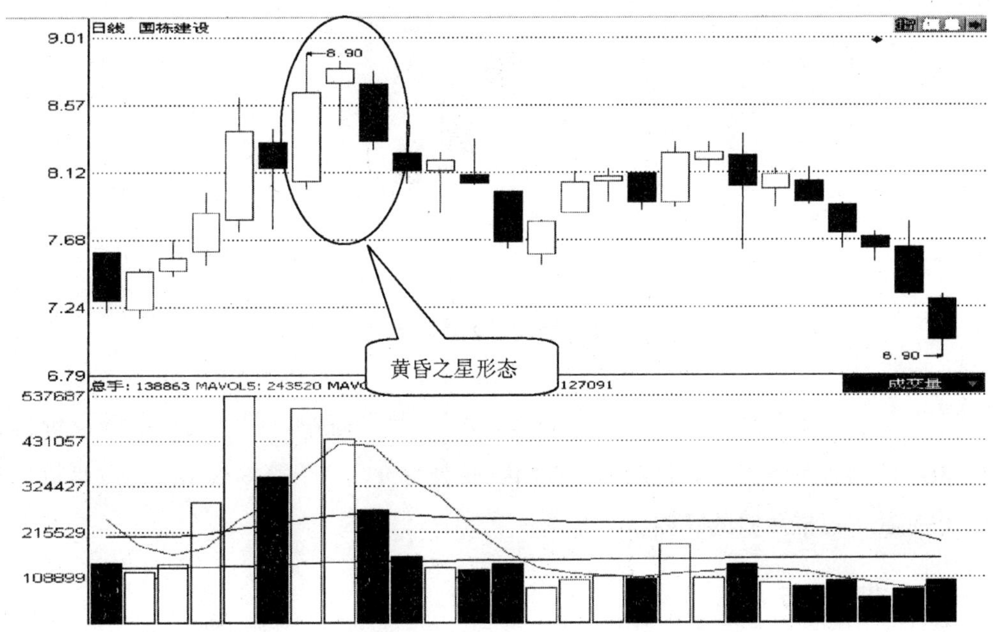

图 4—37 国栋建设（600321）日 K 线走势图

3 日这三个连续的交易日里形成了黄昏之星形态。

2010 年 12 月 1 日，国栋建设收出一根上影线较长的大阳线，表明上档存在较大的抛压。

2010 年 12 月 2 日，该股跳空高开，并收出一根实体很小的小阳线，这表明多空双方处于胶着状态，后市情况不明。

2010 年 12 月 3 日，该股以前一日开盘价低开，收出一根中阴线，说明市场已经进入了空头状态。

这三根 K 线共同组成了黄昏之星形态，而后两根 K 线形成了下跌分手形态，这都是后市看跌的征兆。因此，投资者应在 12 月 3 日这一天卖出股票、出局观望。

五、上升三法：次日逢低即买入

上升三法，又称升势三鸦、上升三部曲，通常出现在上涨行情中，由两阳三阴 5 根 K 线组成；先是收出一根大阳线或中阳线，然后连续出现三根小阴线（其中可能有十字线），但这三根小阴线都没有跌破前面那根阳线的最低价，最后又拉出一根大阳线或中阳线。如图 4—38 所示。

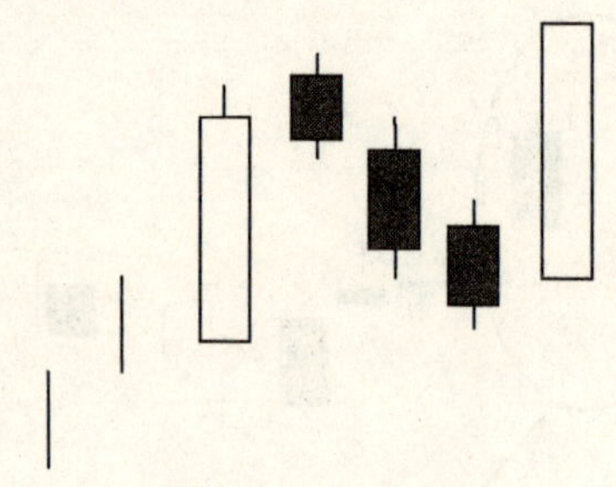

图 4—38　上升三法

上升三法的走势就像大写的英文字母“N”，该形态中三根小阴线的收盘价都在第一根阳线的收盘价之上，且最后一根阳线的收盘价应高于第一根阳线的收盘价，从而一举弥补了三根阴线的跌幅。

1. 操作要点

上升三法是股价上升过程中的短暂休息，暗示行情在稍作调整后会继续上行，因而是一种持续形态。具体操作要点如下：

（1）上升三法表示多方没有失去主导地位，依然保持着强势，因而是看涨信号。投资者看到这种形态后可以继续持股观望，如仍持有现金可进行追涨操作。

（2）当在上升过程中出现三根连续的小阴线（黑三兵），投资者切勿将其当作转势信号而卖出股票，这样可能会错过之后的上涨行情。

（3）最后一根阳线的实体越大，表明后市上涨的力度将越大。

（4）如果出现阳线时的成交量明显放大，而出现阴线时的成交量出现萎缩，则看涨信号的可靠性更高。

（5）如果三根小阴线击穿了第一根阳线的最低价，或者最后一根阳线不能突破第一根阳线的收盘价，则上升三法形态不能成立。

（6）参照上升三法买入股票的投资者，应将止损位设在该形态第一根阳线的开盘价上。

2. 实战案例

如图 4—39 所示，上海能源从 2011 年 6 月 21 日开始了稳步上升行情。2011 年 6 月 24 日—30 日，处于上涨途中的该股形成了上升三法形态。

2011 年 6 月 24 日，上海能源收出一根大阳线。

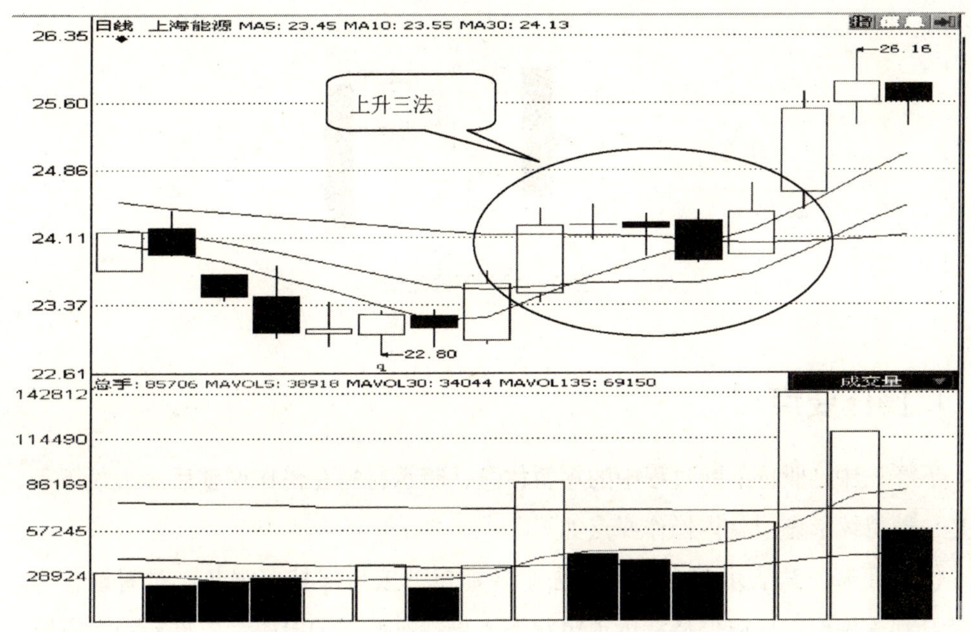

图 4—39 上海能源（600508）日 K 线走势图

2011 年 6 月 25 日—29 日，该股连续三个交易日收出小阴线，而且这些小阴线的收盘价都要高于第一根阳线的开盘价。看到这种形态后，投资者不应盲目减仓。

2011 年 6 月 30 日，该股收出一根中阳线，完全弥补了前三日的跌幅。这充分证明了，中间的三根小阴线是庄家的洗盘手法。庄家达到清洗浮筹的目的后迅速将股价拉升，不想再给短线投资者逢低补仓坐轿的机会。

这五个交易日所形成的 K 线组合便是上升三法。这表明股价将在短期内继续上涨。投资者看到此形态完成后，不但应继续持股，还可在次日逢低买入。

六、下降三法：次日逢高即卖出

下降三法，又称三阳作客、下降三步曲，通常出现在下跌行情中，由两阴三阳 5 根 K 线组成；先是收出一根大阴线或中阴线，然后连续出现三根小阳线（其中可能有十字线），但这三根小阴线都没有跌破前面那根阴线的最低价，最后又拉出一根大阴线或中阴线。如图 4—40 所示。

下降三法形态中，三根小阳线的收盘价都在第一根阴线的开盘价之下，而最后一根阴线的收盘价应低于第一根阴线的收盘价，从而一举吞没了三根小阳线的涨幅。

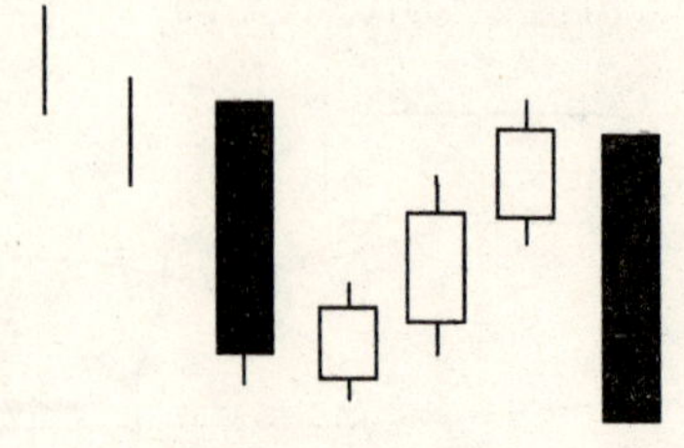

图 4—40 下降三法

1. 操作要点

下降三法是股价下跌过程中的短暂休息，暗示行情在稍作调整后会继续下行，因而是一种持续形态。具体操作要点如下：

（1）下降三法表示空方没有失去主导地位，依然保持着强势，是看跌信号。投资者看到这种形态后应保持持币观望状态，仍持有股票的投资者应果断割肉止损。

（2）当在下跌过程中出现三根连续的小阳线（红三兵），极有可能是庄家使用的障眼法，投资者不要轻易认为行情将反转而买入股票，这样可能会被套在半空。相反，持股的投资者却可以趁机逆市卖出。

（3）最后一根阴线的实体越大，表明后市下跌的力度将越大。不过，下降三法与成交量之间没有太大的关系，只要该形态出现，不管是放量还是缩量，都是强烈的看跌信号。

（4）如果三根小阳线突破了第一根阴线的最高价，或者最后一根阴线不能击穿第一根阴线的收盘价，则下降三法形态不能成立。

2. 实战案例

如图 4—41 所示，宁波富邦的股价从 2011 年 7 月中旬进入了下跌行情。2011 年 7 月 25 日—29 日该股出现下降三法形态。

2011 年 7 月 25 日，宁波富邦收出一根大阴线。

2011 年 7 月 26 日、27 日、28 日，该股连续收出三根小阳线。它们的收盘价都要低于第一根阴线的开盘价。

2011 年 7 月 29 日，该股又出现一根中阴线，且其收盘价低于第一根阴线的收盘价。

这五个交易日所形成的 K 线组合就是下降三法。该形态是明显的中继信号，表示股价将继续下跌。看到这种形态后，持币的投资者应该继续观望，而持股的投资者应该果断斩仓。

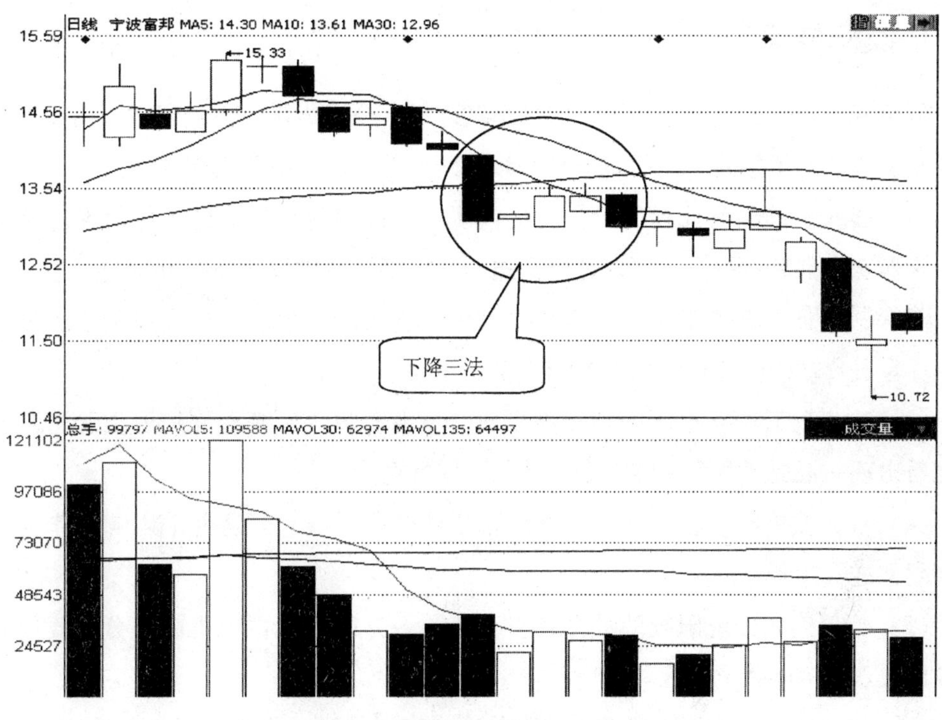

图4—41　宁波富邦（600768）日K线走势图

七、低位五连阳：五阳出现即买入

低位五连阳，又称低档五阳线，出现在下跌行情中，其形态表现为：在低价位区域连续出现5根（有时可能是6根或7根）阳线，其中多为小阳线。如图4—42所示。

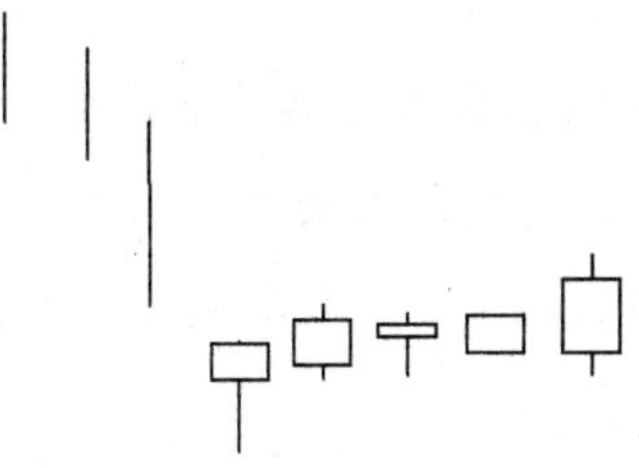

图4—42　低位五连阳

低位五连阳形态尽管收出多根阳线，但股价整体涨幅并不大，属于横向整理。在深度下跌之后出现该形态，有可能是主力正在建仓吸筹。

1. 操作要点

低位五连阳，表示经过一段时间的下跌之后，空方力量已得到释放，而多方在此位置具有较强的承接能力，所以股价慢慢止跌企稳。具体操作要点如下：

（1）低位五连阳可能是股价拉升的前奏曲，说明股价已经到了底部或阶段性底部。该形态出现后，投资者可以适量买进，往往能够在中短线获得不错的收益。

（2）按照低位五连阳买入股票的投资者，应该将止损位设在这些阳线的最低价上，一旦股价跌破该价位就应该果断止损。

（3）在出现低位五连阳的同时如果成交量温和放大，则看涨信号更为可靠。如果之后出现一根放量的大阳线，则上涨的可能性更大。

（4）在阳线中间可能夹杂着一两根十字线或小阴线，但这并不影响其作为低位五连阳来进行判断。

（5）低位连续出现阳线的数量越多，表明多方的力量蓄积得越充分，股价向上突破后上涨的空间就会越大。

（6）投资者需要查看该股的历史走势，一定要保证该形态处于低位或相对低位，否则不能按照低位五连阳进行操作。

2. 实战案例

如图 4—43 所示，同济科技的股价从 2010 年 11 月末开始了下跌行情，2010 年 12 月 28 日到达最近时段的最低价 6.00 元，之后有所反弹，但股价连续两次被打压到 6.00 元附近，说明这一位置有较强的支撑能力。

2011 年 1 月 25 日，该股收出十字线，表明多空双方在角力过程中，力量对比可能会发生变化。

2011 年 1 月 26 日—2 月 1 日，该股连续 5 个交易日收出小阳线，且总体涨幅并不是很大。这就形成了低位五连阳形态，表明多方在蓄积力量，股价将企稳回升。

投资者看到此形态后，应该在次日采取逢低吸纳的策略，不仅需要承担的风险较小，而且还能抓住短线获利的机会。

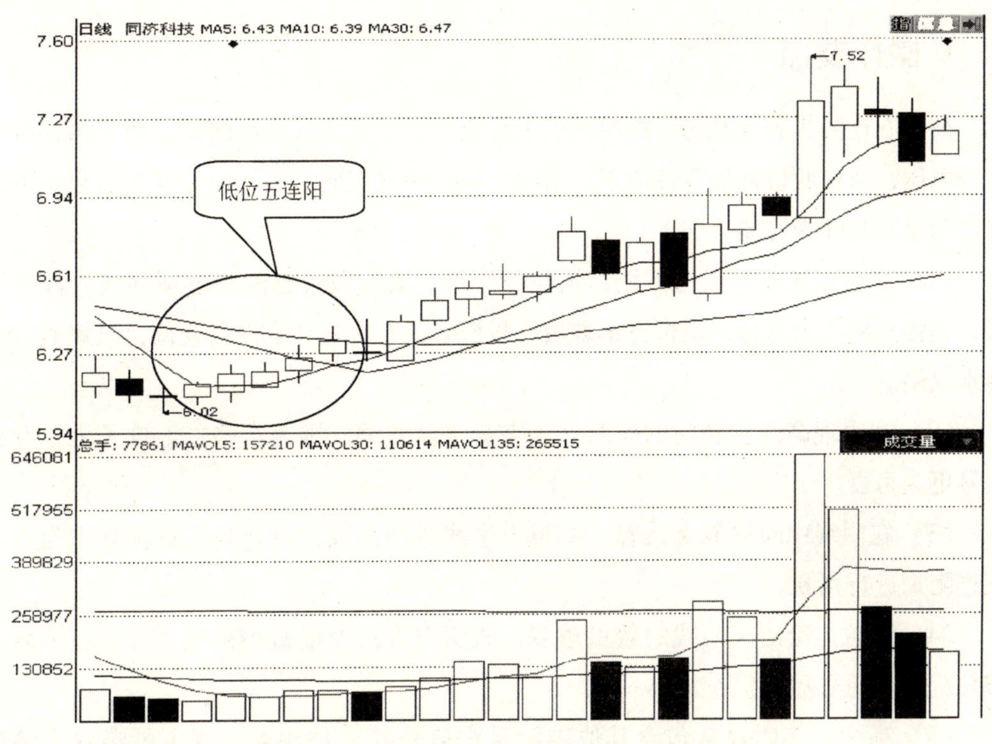

图 4—43　同济科技（600846）日 K 线走势图

八、高位五连阴：五阴出现即卖出

高位五连阴，又称高档五阴线，出现在上涨行情中，其形态表现为在低价位区域连续出现 5 根（有时可能是 6 根或 7 根）阴线，其中多为小阴线。如图 4—44 所示。

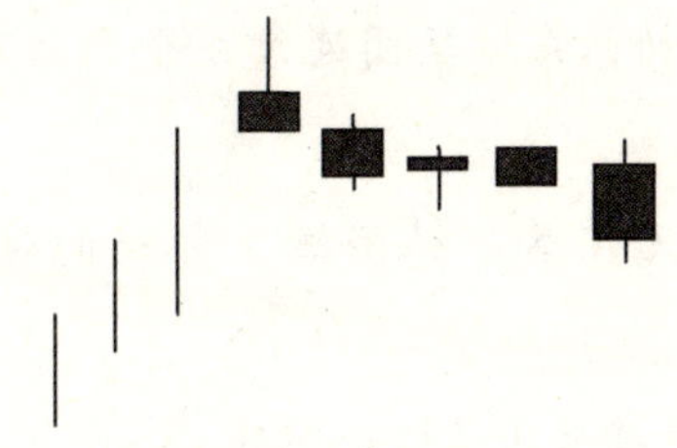

图 4—44　高位五连阴

高位五连阴，尽管收出多根阴线，但股价整体跌幅并不大，属于横向整理。在深度上涨之后出现该形态，有可能是主力正在高位出货。

1. 操作要点

高位五连阴，表示经过一段时间的上涨之后，多方力量已经削弱，而上档存在较大的抛压，所以股价开始反转向下。这时一些多头又倒向空头，空方优势凸显，下跌更为明显。具体操作要点如下：

（1）高位五连阴可能为下跌行情拉开序幕，表示股价已经到了顶部或阶段性顶部，是强烈的卖出信号。该形态出现后，投资者应在次日逢高清空仓位，以规避股价跳水风险。

（2）在出现高位五连阴的同时，成交量逐渐萎缩，则表示多方上攻无力，看跌信号更为可靠。

（3）在阴线中间可能夹杂着一两根十字线或小阳线，但这并不影响其作为高位五连阴来进行判断。

（4）高位连续出现阴线的数量越多，表明空方的力量蓄积得越充分，股价向下破位后下跌的空间就会越大。

（5）高位五连阴经常包含其他表示看跌信号的 K 线组合，这不影响双方的可靠性。

（6）投资者需要查看该股的历史走势，一定要保证该形态处于高位或相对高位，否则不能按照高位五连阴进行操作。

2. 实战案例

如图 4—45 所示，东方集团的股价从 2010 年 9 月开始一直处于上升期，2010 年 11 月 30 日—12 月 6 日，该股出现了高位五连阴形态。

从 2010 年 11 月 30 日开始，东方集团连续 5 个交易日收出小阴线。其中，11 月 30 日收出一根螺旋桨小阴线。

12 月 1 日、2 日，该股又在第一根阴线下影线的位置连续收出两根并排的小阴线。

12 月 3 日、6 日，该股连续收出两根小阴线。

这 5 个交易日所形成的 K 线组合就是高位五连阴，是强烈的看跌信号。看到这一信号，不论次日股价是出现反弹还是继续下跌，投资者都应该逢高卖出股票。

12 月 7 日，该股收出一根“标准”的中阴线，这使很多持股的投资者有了“再等等看”的想法。不过，这极有可能是主力为了好出货而掩人耳目的手段。所以投资者至少应做出减仓操作，以规避风险。果然，该股先是震荡下跌，之后出现连续下跌走势。

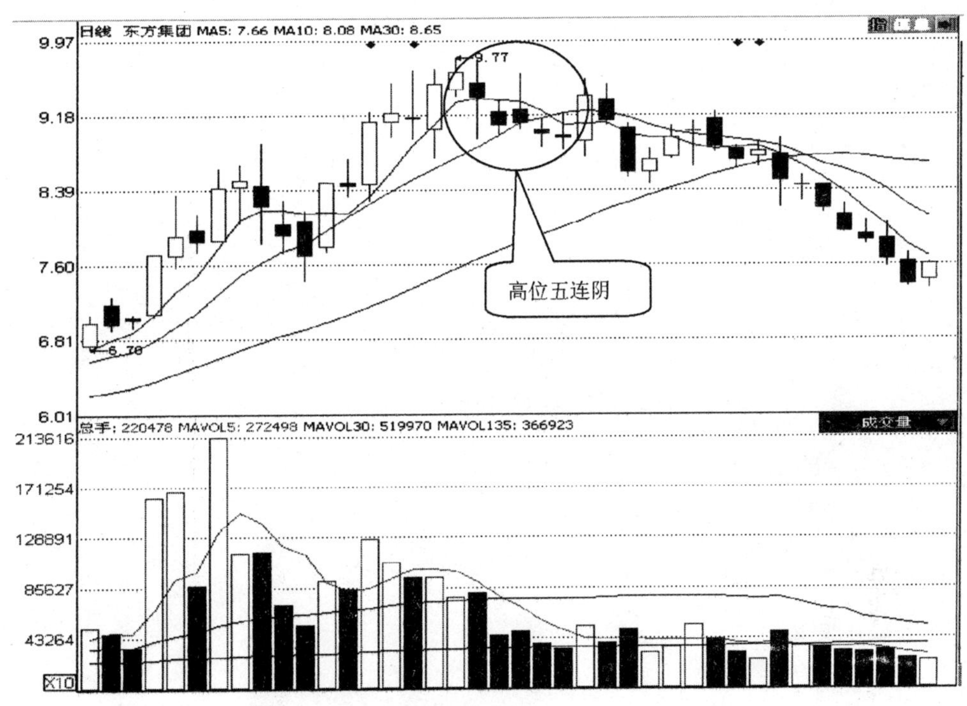

图4—45 东方集团（600811）日K线走势图

➲ 股海箴言

有些K线组合出现的位置不同，所指示的买入或卖出信号也不相同。有些K线组合在上涨趋势中出现，就属于上涨中继信号；当这些K线组合在下跌趋势中出现，则属于下跌中继信号。因此，投资者运用K线组合判断股价变化趋势时，一定要结合股价所处的趋势，不能机械地套用K线组合判断行情。

第五章

K 线形态看盘实操

K 线形态是由一组 K 线构成的反映价格变化趋势的大的 K 线组合。小的 K 线组合能够反映十几个到几十个交易日的股价变化，大的 K 线组合甚至可以反映数年里的股价变化。通过对历史 K 线形态变化的研究发现：当一些特殊的 K 线形态出现时，股价往往到了底部，这组 K 线形态也就被称为底部形态；当另一些特殊的 K 线形态出现时，股价往往到了顶部，这组 K 线形态也就被称为顶部形态；还有一些特殊的 K 线形态出现时，股价会在一定区域内横盘整理，这组 K 线形态就被成为整理形态。

第一节 底部形态看盘实操

实战看盘

从K线的走势上来看，当股价运行到底部时，会呈现出许许多多不同的形态。投资者如果能通过看盘识别这些形态，就可以在股价走出底部形态时，买入股票，从而实现投资获利。

通过我们对K线底部形态的研究发现：当底部形态形成后，大多数形态都会有一条明显的股价强弱分界线，即颈线（V形底为下跌起始线，而圆弧底则没有这条线）。当股价突破颈线往往意味着股价将会走强，投资者宜买入股票；当股价盘踞在颈线以下时，投资者是不应该买入股票的。

一、V形底：突破下跌线即买入

V形底，又称尖底，出现在一段下跌行情的末尾。其形态表现为：股价先是经过一段快速下跌行情，下跌到一定幅度后掉头向上，又开始了一段快速上涨行情，从而形成了一个形状像英文字母V的底部走势。如图5—1所示。

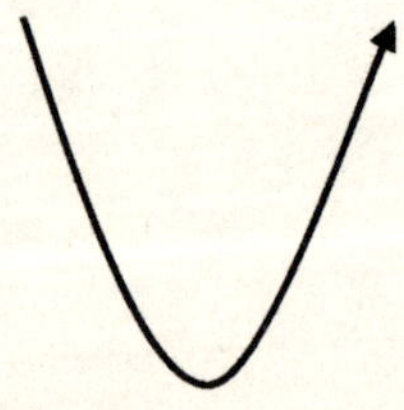

图5—1 V形底

V形底可谓神出鬼没，虽然极为常见，却是最难判断的一种底部形态。该形态的形成经历了这样的过程：一开始空方力量很强，同时引发恐慌性抛盘，使股价连续下挫；当空方力量得以充分释放之后，盘面变得轻盈了许多，成交量也萎缩到了极点，这时多方开始发力，并完全控制市场，从而使股价一路回升，迅速收复失地。

1. 操作要点

V 形底的出现往往源于突发性的利好消息，因而对其判断也较为困难。但不可否认的是它是一个较为强烈的底部信号。所以，投资者需要高度关注、有效把握。具体操作要点如下：

（1）当股价已经下跌了一段时间后，出现了 V 形底形态，则反转信号的可靠性较高，投资者可以在放量反弹，且突破原来下跌起始线位置后买入。

（2）当股价上涨到 V 形底开始快速下跌的价位时，可能会遭受一定的阻力，从而出现横盘整理平台，形成 V 形底的扩展形态，如图 5—2 所示。这是因为部分投资者对股价的上涨仍缺乏信心。不过一旦突破这一阻力位，股价仍有很大的上涨空间，所以，投资者可以在向上突破平台后大胆买入。但需要说明的是，这一整理平台有时可能不会出现。

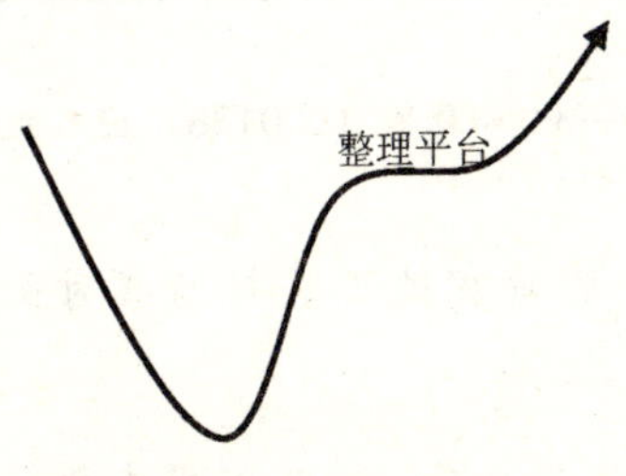

图 5—2　V 形底的扩展形态

（3）参照 V 形底形态买入股票的投资者应该将止损位设定在 V 形底的底端。一旦股价跌破这一位置，说明上涨趋势被破坏，投资者应该果断止损离场。

（4）在 V 形底形成的过程中，股价上涨的同时会伴随着成交量的明显放大。成交量越大，看涨的信号就越强烈，之后上涨的空间就越大。

（5）基于 V 形底特点，投资者在买进的同时，还应该认真分析股票的历史和行情的本质，注意 V 形底目前所处的位置。当 V 形底出现在高价位区域时，投资者需要保持警觉。

2. 实战案例

如图 5—3 所示，中青旅的股价从 2011 年 6 月 15 日开始出现大幅下跌行情，股价不断创出新低。6 月 20 日，该股更是创出了 12.04 元的新低。

随后，该股出现了反弹行情，且在反弹过程中，成交量不断放大，这说明该股上

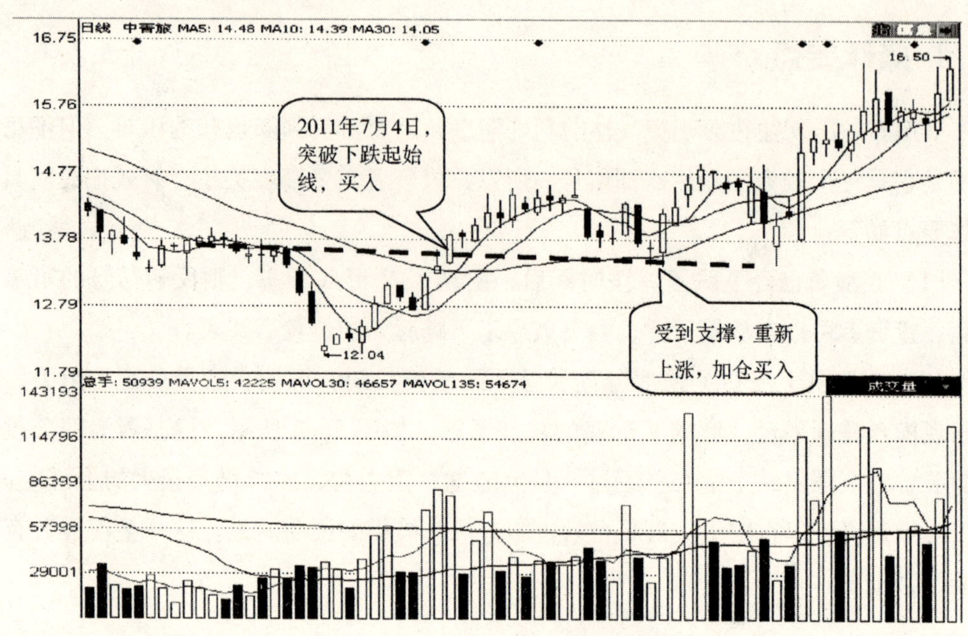

图5—3 中青旅（600138）日K线走势图

涨动力十足。投资者可以在股价突破下跌起始线时买入该股，即2011年7月4日买入。

其后，该股经历了一波上涨之后，出现回调走势，当股价回调到下跌起始线附近时，因受到支撑而重新开始上涨，此时，就是投资者加仓的时机。

二、W形底：突破颈线即买入

W形底，又称双重底，出现在一段下跌行情的末尾，该形态有两个明显的价格低谷，且两个低谷的最低点大致处于同一价位上，形状就像是一个英文字母W。如图5—4所示。

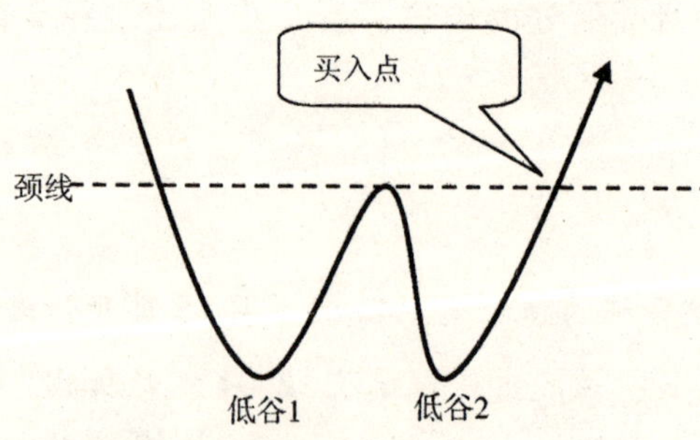

图5—4 W形底

W形底的形成经历了这样的过程：股价下跌到一定的价位水平后，由于股价太低，持股的投资者不愿割肉，而一些持币的投资者受到低价吸引而尝试买入，因而股价出现技术性反弹，形成了第一个低谷。但涨到一定幅度之后，短期获利的投资者及时将获利回吐，前期不愿割肉的投资者也趁机卖出，之后股价再次下跌，因而反弹并没有持续多长时间。再次下跌的股价回落到上次低点附近时获得支撑，重新开始上涨，吸引了越来越多的投资者跟进买入，股价冲破了前一次反弹的高点，形成了第二个低谷。

通过第一个反弹高点，画一条水平直线，就得到了W形底的颈线。股价突破该颈线才能视为W形底形态正式构筑完成。

1. 操作要点

W形底是一种转势形态，它的出现预示着跌势将告一段落，行情将走入上升通道。具体操作要点如下：

（1）W形底形态是较为可靠的看涨信号，投资者看到此形态后应考虑买入股票。

（2）W形底第一个明确的买入时机出现在股价突破颈线位置时，这表明W形底基本形成，投资者可积极买入，同时将止损位设在颈线位置。

（3）股价在突破颈线的同时，应该伴随着成交量的放大；如果成交量太小，则突破的效果会大打折扣，后市极有可能出现横盘震荡的走势。

（4）股价在突破颈线后，颈线从阻力位变成了支撑位。之后股价可能会对颈线有一个回抽动作以测试突破的有效性，如图5—5所示。如果股价在此位置获得支撑，则W形底形态得到确认，这也是较为明确的买入信号，投资者可大胆买入；如果支撑失败，则W形底形态失效，投资者应选择出局观望。需要说明的是，并不是所有的股票在出现W形底后都会有回抽动作。

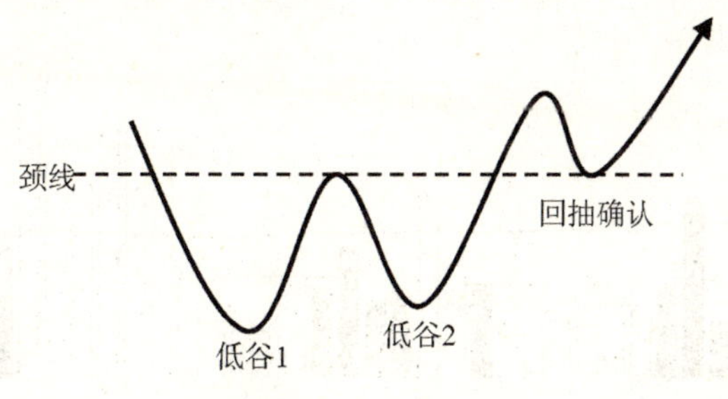

图5—5　W形底

（5）W形底两个低点的相隔周期越长，说明在底部的换手越充分，后市上涨的可能性就越大。

（6）在W形底形成的过程中，如果第二个低谷的成交量小于第一个低谷的成交量，第二个低点高于第一个低点，则看涨的信号更为强烈。

（7）W形底的最低点与颈线之间的垂直距离越大，通常表示未来股价上涨的幅度越大。

（8）如果在高价位区域出现与W形底类似的形态，那么极有可能是表示下跌中继的矩形整理形态，这时投资者切勿将其按照W形底形态进行操作。

2. 实战案例

如图5—6所示，2011年5月—6月，北方股份的日K线图上出现了W形底形态。

北方股份从2011年5月中旬开始下跌，5月30日下跌到第一个低点，即16.14元的价位，随后，该股展开了一波反弹走势。6月14日，该股在反弹过程中遇到阻力，重新开始下跌。经过几个交易日的下跌，创下第二个低点，重现开始上涨。这

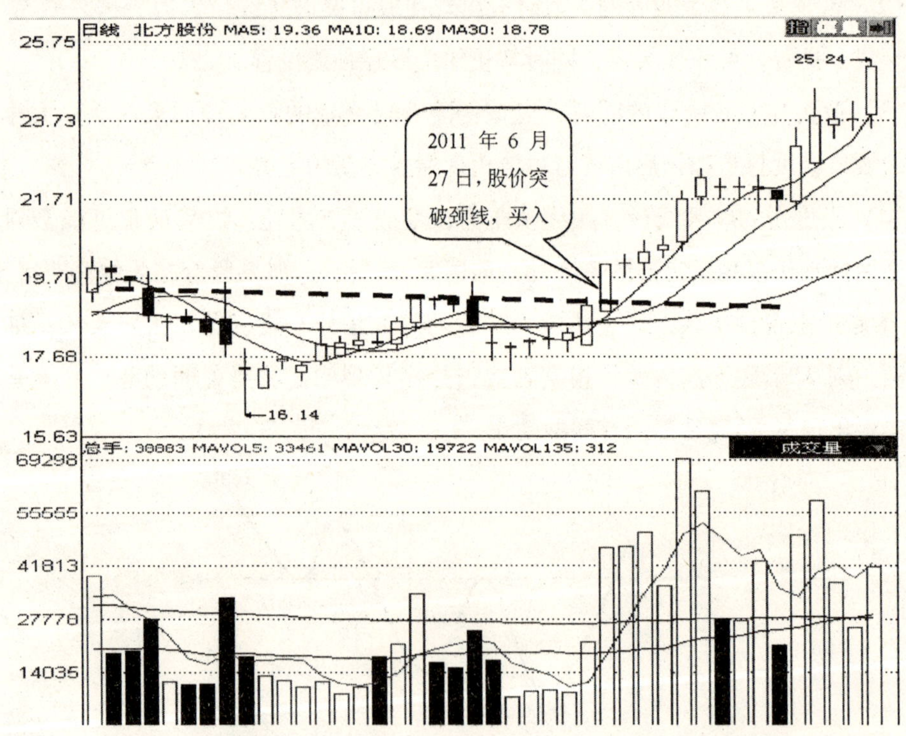

图5—6 北方股份（600262）日K线走势图

时，投资者从图 5—6 中可以看出，该股创下的第二个低点要高于第一个低点。这说明该股有走稳的趋势，投资者需要保持对该股的观察。

2011 年 6 月 27 日，该股股价突破了颈线位置，且成交量出现了放大的态势，这标志着 W 形底构筑完成。这是一个明确的买入信号，投资者应在当天果断买入。

需要说明的是，北方股份在从底部上升的过程中并没有出现回抽动作，因此，不存在“回抽确认”的买入点。

三、三重底：突破颈线即买入

三重底，出现在一段下跌行情的末尾，其形态表现为：股价在低位波动中，经历三次下跌，但都在低点获得支撑并反弹，从而形成了三个价格低谷，这三个价格低谷的低点大致处于同一价位上。如图 5—7 所示。

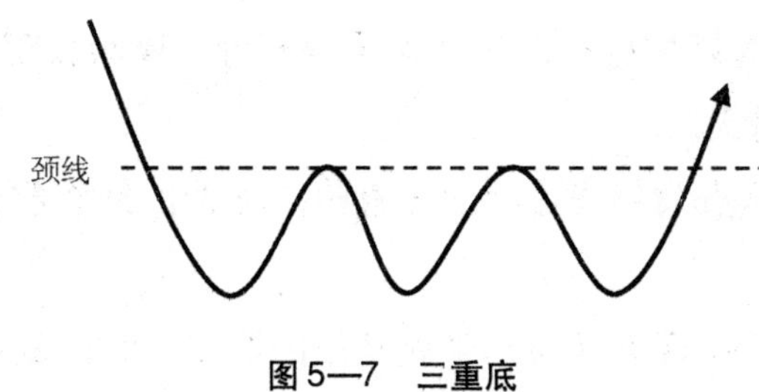

图 5—7　三重底

三重底即可视为 W 形底的扩展。相对于 W 形底而言，三重底比较少见，却是一种非常坚实的底部形态，该形态形成后的上涨力度是比较强的。

将三重底两次反弹的高点相连，便是三重底的颈线。与头肩底和 W 形底一样，只有股价冲破了颈线后，三重底形态才能被确认为有效。

1. 操作要点

三重底是一种坚实的底部形态，在该形态的构筑过程中，空方力量不断衰竭，而多方力量开始凝聚，该形态的出现表示未来将会有一波可观的上涨行情。具体操作要点如下：

（1）三重底形态是较为可靠的看涨信号，投资者看到此形态后应考虑买入股票。

（2）当股价突破颈线位置时，表明三重底形态已经基本成熟，投资者应该有效把握这一时机积极买进，并把颈线位置设为自己的止损位。

（3）当股价突破颈线后，也可能在不久之后回抽到颈线附近予以确认，如图5—8所示。如果获得支撑，则证明形态有效，投资者可以放心买入。但是并不是所有的三重底形态被突破后都会回调，所以投资者不能把这种回抽当作唯一的买入点。

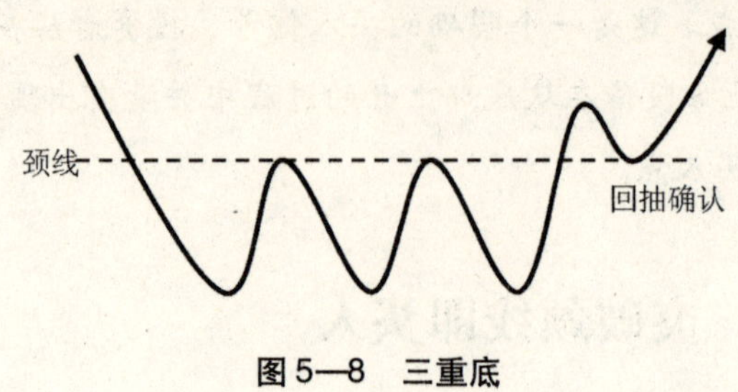

图5—8　三重底

（4）三重底的三次上攻过程中，成交量如果呈现出逐次放大的势态，则后市上涨的可能性更大，而最后一次上攻时，应该是带量突破颈线，这样上涨信号才更有效。

（5）三重底形成的周期越长，底部换手越充分，说明底部基础构筑得越牢固，后市上涨的空间就会越大。

（6）三重底的最低点与颈线之间的垂直距离越大，通常表示未来股价上涨的幅度越大。

（7）如果在高价位区域出现与三重底类似的形态，那么极有可能是表示下跌中继的矩形整理形态，这时投资者切勿将其按照三重底形态进行操作。

2. 实战案例

如图5—9所示，2011年4月—6月，山煤国际的日K线图上出现了三重底形态。

2011年4月22日，山煤国际以一根中阴线结束了横盘整理，开始继续下跌。之后，该股分别于5月6日、5月31日，6月20日三次探底反弹。由于第三次反弹，成交量并没有明显放大，所以，投资者最好不要贸然行动，仍应该选择持币观望。

2011年6月28日，该股一举突破了颈线的压制，收出了一根中阳线，同时成交量也呈明显放大的态势。因此，投资者可以在完成突破的当日买入该股。

完成突破后，山煤国际的股价出现了小幅回抽。2011年6月30日，该股获得支撑重新开始了向上运行，这充分证明了突破的有效性。此时，投资者如果仍有资金，可加仓买入。

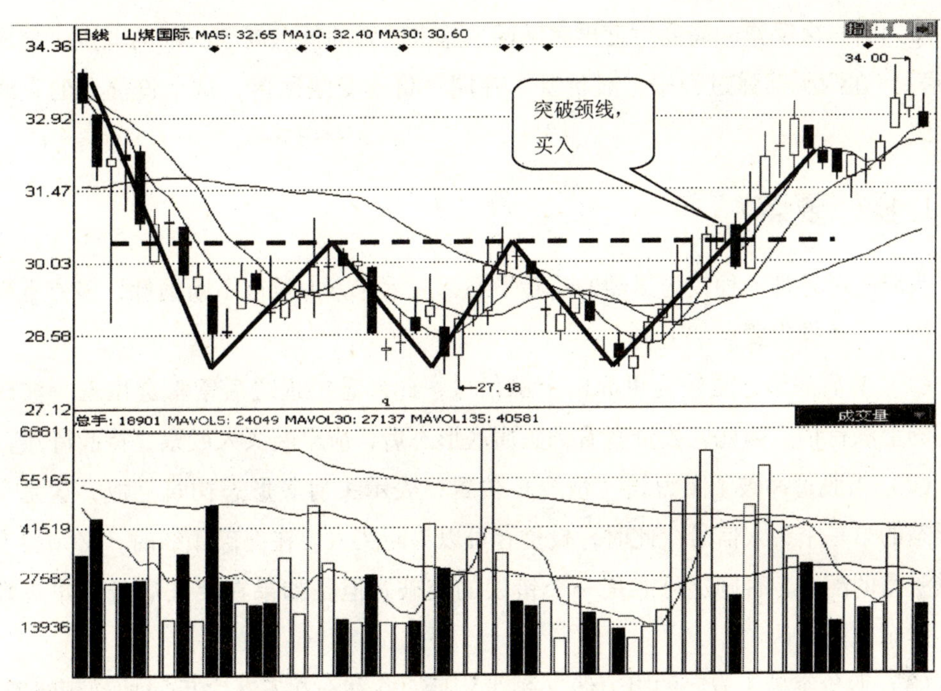

图 5—9 山煤国际（600546）日 K 线走势图

四、头肩底：突破颈线即买入

头肩底，出现在下跌行情中，由三个低谷组成，左右两个低谷相对较浅，基本处在同一水平位置上，中间一个低谷的低点明显低于左右两个低谷的低点，其形态就像一个倒立的人的头部和两肩。如图 5—10 所示。

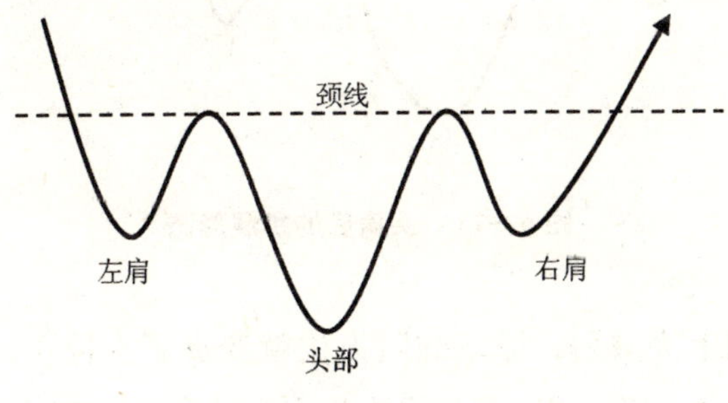

图 5—10 头肩底

头肩底形态是这样形成的：股价下跌到一定深度后开始反弹，当达到一定高度后出现回调，形成了“左肩”；接着再度下跌创出新低后回升，构筑了“头部”；之后又上涨到前一次反弹的高度附近再次回调，这次回调的低点高于头部的低点，形成了“右肩”。在两次反弹过程中，股价基本在同一价位受阻回落，这个价位上的直线就是颈线。

1. 操作要点

头肩底形态是一种较为强烈的反转形态，表示空方力量被不断消耗，多方重新焕发生机。具体操作要点如下：

（1）头肩底形态是较为可靠的上涨信号，此形态出现之后常常会出现一波较为可观的上涨行情。因此，投资者看到头肩底形态后，应果断买入股票，持股待涨。

（2）当股价冲破了阻力线（颈线）位置，表示头肩底形态构筑完成，这是头肩底形态的第一个买入信号。此时，投资者可以果断买入。在突破颈线时，必须要有成交量激增的配合，否则这可能是一个错误的突破。但是如果在突破后成交量逐渐增加，形态也可确认。

（3）股价突破头肩底的阻力线（颈线）后，往往会在不久之后回抽到颈线附近，如图 5—11 所示。如果股价止跌回升，则向上突破的有效性便得到了确认，这时是第二个买入信号。但是这样的回抽有时不会出现，因此，投资者切不可把它作为自己唯一的买入点，以免踏空行情。

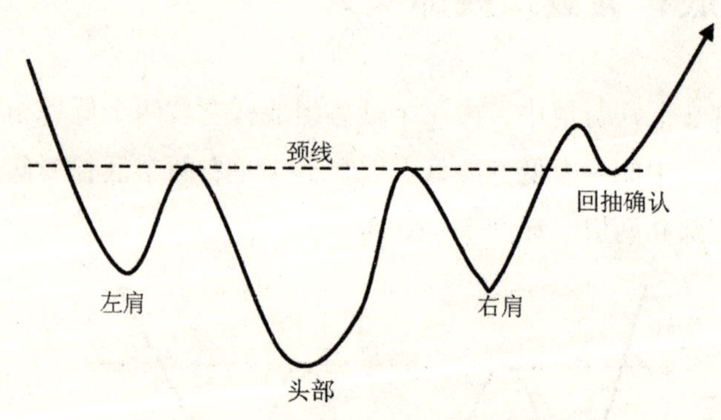

图 5—11　头肩底的扩展形态

（4）股价完成向上突破后，原来的阻力位就变成了支撑位。所以，参照头肩底形态买入股票的投资者，应该将止损位设在头肩底的颈线位置上。

（5）成交量是表示头肩底形态信号强弱的一个重要指标。如果在形成左肩和头部的过程中成交量极度萎缩，在冲破颈线形成右肩的过程中成交量却显著放大，说明看涨信号的可靠性更高。

(6) 一般来说，头肩底形态较为平坦，需要较长的时间来完成，而形成头肩底所用的时间越长，后市上涨的空间就可能越大。

(7) 头肩底形态可能演变成多个头部或多个肩部形态，但是其基本的技术含义并没有改变，并不影响作为头肩底形态来进行研判。

2. 实战案例

如图5—12所示，2011年4月—6月，成发科技的股价走势图上出现了头肩底形态。

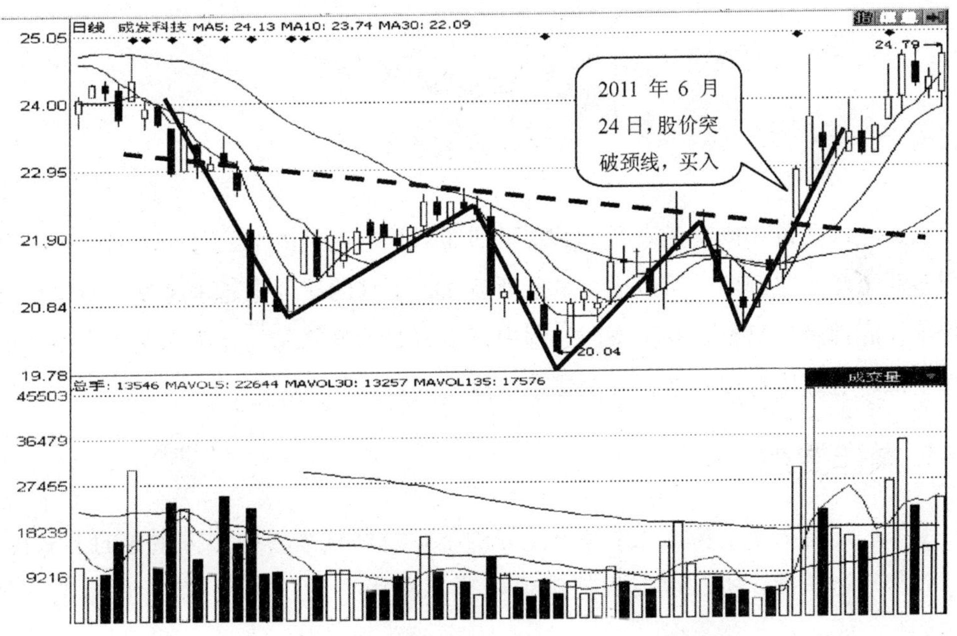

图5—12 成发科技（600391）日K线走势图

2011年4月中旬，成发科技进入到了下跌行情中。

2011年4月29日，该股股价开始向上反弹，从而形成了头肩底的左肩。

经过了十几个交易日的反弹后，成发股份又出现下跌，2011年5月30日，该股创出近段时间的最低价20.04元，然后探底反弹，形成一个头部形态。

这次该股涨到上一次反弹的高度附近，又出现了回落，经历了几个交易日的下跌后，该股在6月21日又一次向上反弹。这一低点高于头部位置，从而形成了头肩底的右肩。

2011年6月24日，该股的股价突破了阻力线（即头肩底的颈线），至此，头肩底形态构筑完成，第一个买入点出现，投资者应在当日考虑买入。

五、圆弧底：加速上涨即买入

圆弧底，又称圆形底、碟形底、碗形底，通常出现在股价的底部区域，也就是一波下跌行情结束时。其形态表现为：股价先是经过一段逐渐减慢速度的下跌，到达了底部；经过调整后，又开始了一段逐渐加快速度的上涨，从而形成了一个形状像圆弧的底部走势。如图5—13所示。

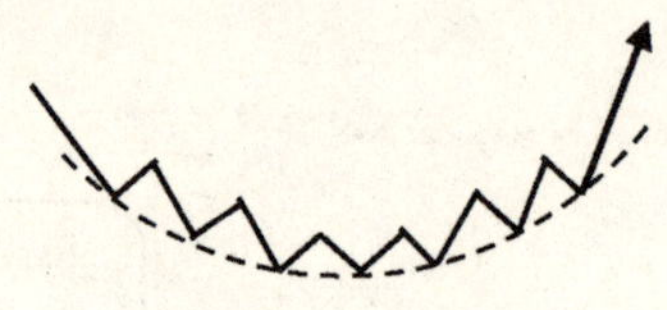

图5—13 圆弧底

圆弧底的股价和成交量有时会呈现下凹圆弧状。这是由于经过一段时间的下跌之后很多套牢盘不愿割肉，所以成交量逐渐萎缩，下跌的速度也越来越慢，最终使得股价停留在底部进行盘整。在盘整的过程中，多方开始恢复元气并逐渐聚集力量，股价开始上涨，且速度越来越快，成交量也呈放大趋势。

1. 操作要点

圆弧底形态表示市场正在由空方主导的下跌行情逐渐转向多方主导的上涨行情，由于走势行进缓慢，所以也有人把圆弧底形态称为“股价休眠期”。具体操作要点如下：

（1）圆弧底形成的时间较长，使得换手极为充分，底部构筑极为坚实，因此，股价看似波澜不惊，但是一旦形成向上突破，往往会酝酿出汹涌澎湃的大浪，形成一轮非常可观的升势。因此，投资者发现这种形态后应该果断买入，持股待涨。

（2）圆弧底并没有一个明确的买入点。不过，由于其持续时间较长，所以给投资者留出了足够的时间来采取行动。通常，投资者有两个非常好的买进机会：一是下跌走势结束，股价和成交量从最低点开始逐渐上升时；二是圆弧底构筑完成，股价加速上升，并形成有效突破时。

（3）如果在股价减速下跌的过程中，成交量随之减小；而在股价加速上涨的过程中，成交量随之放大，即成交量也呈现明显的圆弧状，则见底信号的可靠性更高。

（4）圆弧底形成的时间越长，说明多空力量转换越彻底，股价后期上涨可能性就越大。

（6）投资者按照圆弧底形态买入股票后，如果股价的后续走势跌破圆弧底的最低点，则说明该形态失效，投资者应果断止损。

2. 实战案例

如图5—14所示，芜湖港的股价走势于2010年9月—10月形成了圆弧底形态。

2010年8月末到9月初，芜湖港的股价一直在19元到20元之间徘徊，到了2010年9月7日，该股收出一根中阴线，其后，股价一路下跌。

2010年9月16日，该股收出一根光头大阴线，股价触及16.82元的低点后开始反弹。之后，股价以极其缓慢的节奏上涨。

2010年10月11日，该股放量收出一根涨幅达4.85%的中阴线，表明股价开始加速上升。这是稳健的投资者介入的良机，投资者可以把握时机建仓。此时买入的投资者可以把止损点设置在圆弧底的最低点16.82元的点位。

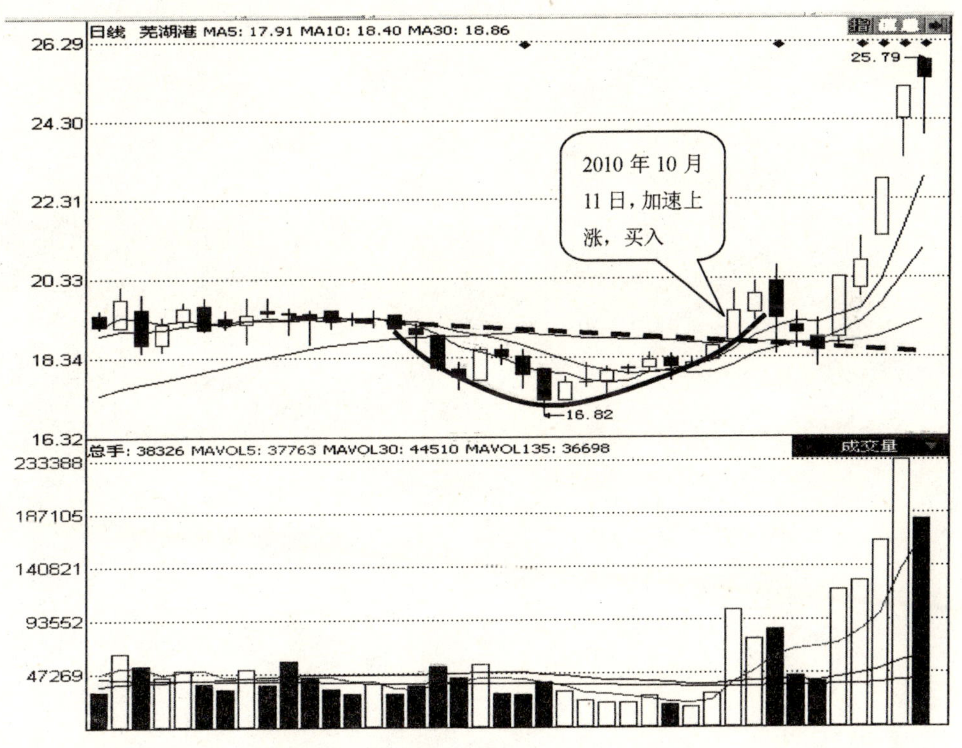

图5—14 芜湖港（600575）日K线走势图

➲ 股海箴言

股市的买入时机充满了矛盾。当K线底部形态完成后出现的买点，相对来说是比较安全的，但此时很可能已经不是最佳的买入时机了，因为底部形态形成时，股价往往在之前已经上涨了一段时间。当然，投资者在底部形态没有形成时，买入股票，或许可以获得最佳的买点，但同时面临的风险也是非常大的。

第二节 顶部形态看盘实操

➲ 实战看盘

与底部形态相似，当股价运行到顶部时，也会呈现出许许多多不同的K线形态。投资者如果能通过看盘识别这些形态，就可以在股价顶部形成之时卖出股票，从而确保自己的投资收益不受损失。

顶部形态还有一点与底部形态相似，即当顶部形态形成后，大多数形态也会有一条明显的股价强弱分界线，即颈线（倒V形顶为上涨起始线，而圆弧顶则没有这条线）。当股价跌破颈线往往意味着股价将会走弱，投资者宜卖出股票；当股价盘踞在颈线以上时，投资者可以继续持股。

一、倒V形顶：跌破上涨线即卖出

倒V形顶，又称尖顶，出现在一段上涨行情的末尾。其形态表现为：股价先是经过一段快速上涨行情，上涨到一定高度后掉头向下，又开始了一段快速下跌行情，从而形成了一个形状像倒置的英文字母V的顶部走势。如图5—15所示。

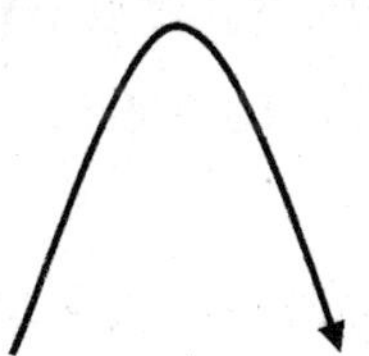

图5—15 倒V形顶

倒V形顶的顶部十分尖锐，常在几个交易日之内便构筑完成，而且转折点形成时通常都伴有很大的成交量。该形态的形成经历了这样的过程：一开始多方力量很强，同时引发投资者的追涨热潮，使股价连续上涨；当多方的力量消耗得差不多时，危机便产生了，这时空方开始发力，之前获利的多方也反手做空，强大的做空力量使股价迅速回落，不多时日就可能使股价跌去大半。

1. 操作要点

倒V形顶往往在市场炒作气氛浓厚，投资者盲目追高的时候出现，这种突然的转折常常会造成大幅下跌，令投资者措手不及。所以，投资者应该对此形态保持警觉，以免错失卖出良机。具体操作要点如下：

（1）当股价已经上涨了一段时间后，出现了倒V形顶形态，则反转信号的可靠性较高，投资者看到此形态后应该及时卖出股票。

（2）当股价下跌到倒V形顶开始快速上涨的价位时，可能会遇到一定的支撑，从而出现横盘整理，形成倒V形顶的扩展形态，如图5—16所示。这是因为部分投资者不希望股价这样迅速跌落。不过一旦突破这一支撑位，股价仍有很大的下跌空间，所以，投资者可以把这一横盘整理平台也视为一个卖点。但需要说明的是，这一平台有时可能不会出现。

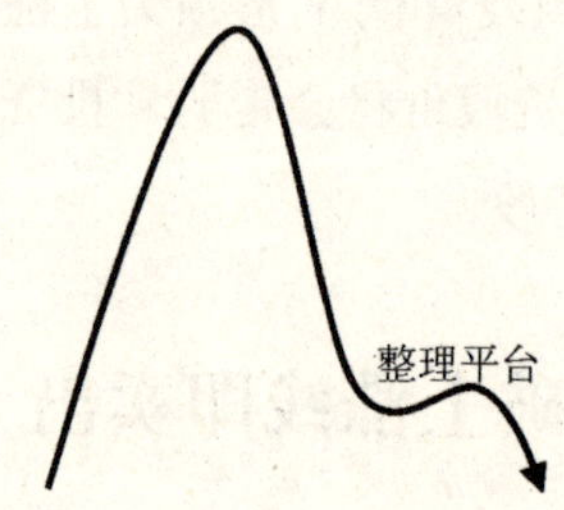

图5—16 倒V形顶的扩展形态

（3）在倒V形顶形成的过程中，股价从顶部开始下跌时会伴随着成交量的明显放大。成交量越大，看跌的信号就越强烈，之后下跌的空间就越大。

（4）形成倒V形顶时，前期上涨的速度越快、幅度越大，那么后期的下跌就会越猛烈，相应的跌幅也就会越大。

（5）倒V形顶的顶部位置常常会出现射击之星、吊颈线、黄昏之星、乌云盖顶等K线或K线组合，投资者可以借助这些转势信号来识别倒V形顶。

2. 实战案例

如图5—17所示，2011年5月，江苏索普的日K线图上出现了倒V形顶形态。

江苏索普在2011年4月底，结束了横盘整理走势，重新进入上升通道。

2011年4月25日，江苏索普以涨停的方式收出一根光头大阳线，吹响了加速上升的号角。

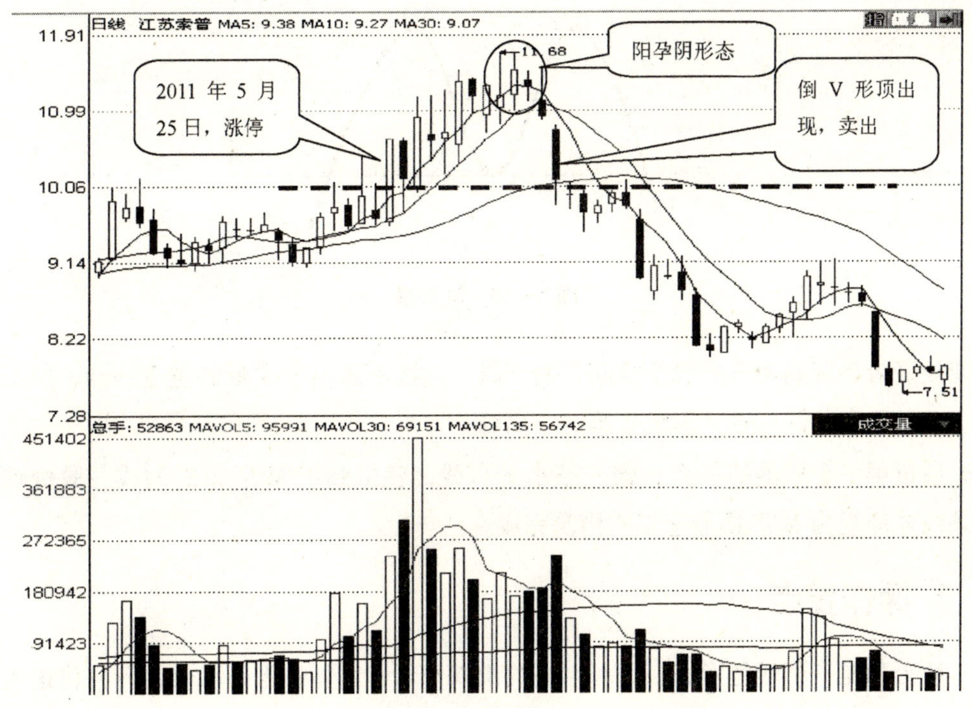

图 5—17 江苏索普（600746）日 K 线走势图

2011 年 5 月 9 日和 5 月 10 日两天，该股收出一组阳孕阴形态，预示股价将开始下跌。投资者应做好出货准备。

2011 年 5 月 13 日，该股低开，收出一根大阴线，跌幅达 7.16%。同时，这根大阴线已经触及了该股开始上涨的起始线，至此，倒 V 形顶形态正式形成，投资者应迅速卖出手中的股票，以免给自己造成损失。

二、M 形顶：跌破颈线即卖出

M 形顶，又称双重顶，出现在一段上涨行情的末尾，该形态有两个明显的价格高峰，且两个高峰的最高点大致处于同一价位上，形状就像是一个英文字母 M，如图 5—18 所示。

M 形顶的形成经历了这样的过程：股价上涨到一定的价位水平后，由于股价太高，持股的投资者纷纷将获利落袋，而很多持币的投资者也望而却步，因而股价出现技术性回调，形成了第一个高峰。但下跌并没有持续多长时间，短线投资者在股价跌到一定程度时开始买入，造成了股价的反弹，股价再次回升到了前期顶点附近。这时

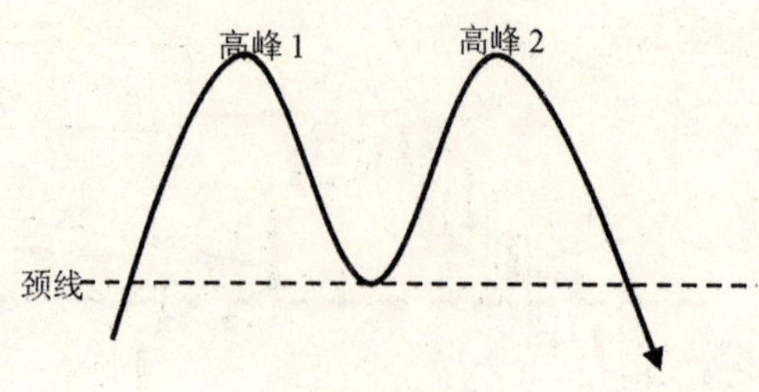

图 5—18 M 形顶

短期投资者将获利回吐，股价重新开始下跌，这次下跌引发大量的抛盘热潮，股价跌破了前一次回落的低点，形成了第二个高峰。

通过第一个回落的低点，画一条水平直线，就得到了 M 形顶的颈线。股价跌破该颈线才能视为 M 形顶形态正式构筑完成。

1. 操作要点

M 形顶是一种转势形态，这一形态的出现预示着涨势将告一段落，行情将走入下跌通道。具体操作要点如下：

（1）M 形顶形态是较为可靠的看跌信号，投资者看到此形态后应考虑卖出股票。

（2）M 形顶第一个明确的卖出信号出现在股价突破颈线位置时，这表明 M 形顶基本形成，投资者应把握时机，尽快卖出股票。

（3）股价在跌破颈线后，颈线从支撑位变成了阻力位。之后股价可能会对颈线有一个回抽动作以测试突破的有效性，如图 5—19 所示。如果股价在此位置受阻回落，则 M 形顶形态得到确认，这是明确的卖出信号，仍持有股票的投资者应果断清仓。需要说明的是，并不是所有的股票在出现 M 形顶后都会有回抽动作。

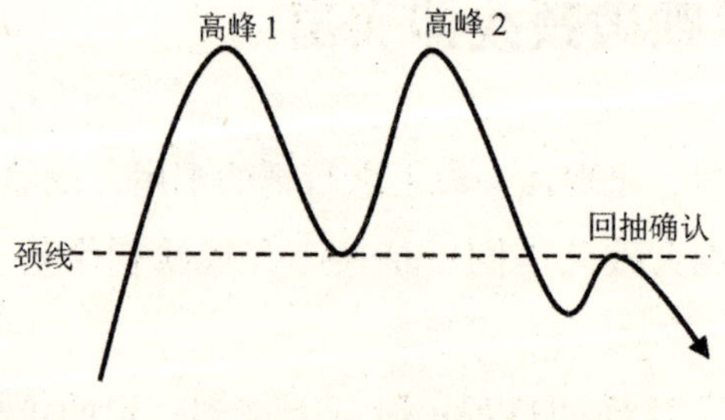

图 5—19 M 形顶

（4）M 形顶两个顶点的相隔周期越长，在顶部成交量越大，后市下跌的可能性就越大。

(5) 在M形顶形成的过程中，如果第二个高峰的成交量小于第一个高峰的成交量，第二个顶点低于第一个顶点，则看跌的信号更为强烈。

(6) M形顶的最高点与颈线之间的垂直距离越大，通常表示未来股价下跌的幅度越大。

(7) 如果在低价位区域出现与M形顶类似的形态，那么极有可能是表示下跌中继的矩形整理形态，这时投资者切勿将其按照M形顶形态进行操作。

2. 实战案例

如图5—20所示，2011年7月，中炬高新的日K线图上出现了M形顶形态。

2011年6月，经历了一轮下跌之后的中炬高新开启了新一轮的上涨行情。经过一番持续快速上涨，该股于2011年7月5日，收出一根上影线很长的十字线。股价也在创出7.48元的近期新高后开始回落，从而形成了M形顶的第一个高峰。

2011年7月13日，中炬高新的股价在下跌过程中获得支撑而反弹。但这次反弹持续时间较短，7月19日，该股重新开始向下，形成了第二个高峰，不过这次的高峰低于前一个高峰，且成交量显著减少，出现M形顶形态的可能性较大。因此，从第二个顶点下落的过程中，投资者应实施减仓操作以规避风险。

2011年7月21日，该股股价跌破颈线位置，收出一根大阴线，M形顶构筑完成，

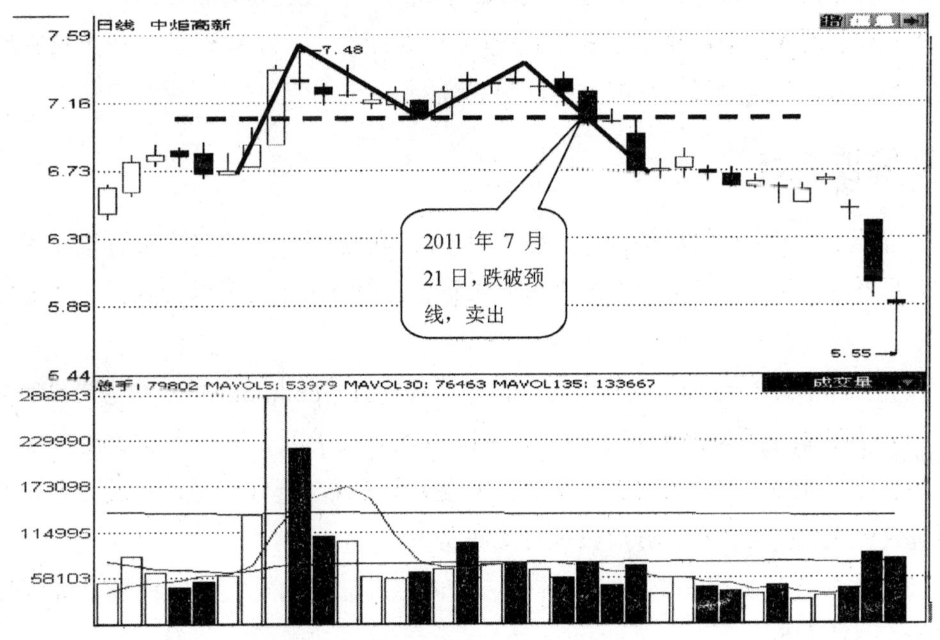

图5—20 中炬高新（600872）日K线走势图

这时投资者应该将仓位全部清空。

需要说明的是，中炬高新在从顶部下跌的过程中并没有出现回抽动作，因此不存在“回抽确认”的卖出点。

三、三重顶：跌破颈线即卖出

三重顶，又称三尊头，出现在一段上涨行情的末尾，其形态表现为：股价在高位波动中，经历三次上升，但都在高点受到阻力而回落，从而形成了三个价格高峰，这三个高峰的顶点大致处于同一价位上。如图 5—21 所示。

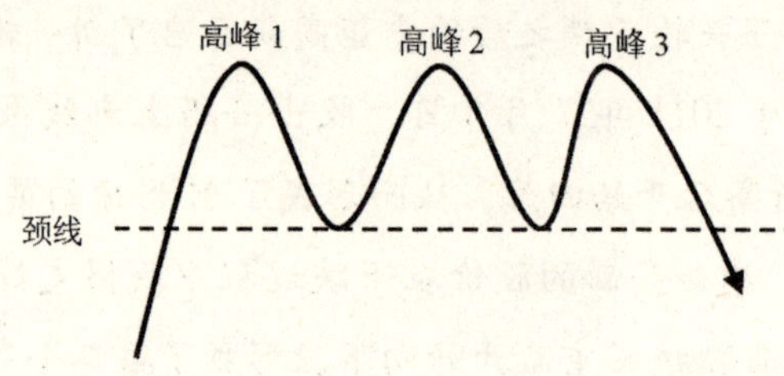

图 5—21　三重顶

三重顶又可看做是 M 形顶的扩展。相对于 M 形顶而言，三重顶比较少见，却是一种非常强势的反转形态，该形态形成后的下跌力度往往也是非常强的。

将三重顶两次回落的低点相连，便是三重顶的颈线。与 M 形顶一样，只有股价跌破了颈线后，三重顶形态才能被确认为有效。

1. 操作要点

三重顶是一种强烈的转势形态，在该形态的构筑过程中，多方力量逐渐枯竭，而空方力量开始凝聚，该形态的出现表示未来将会有一波可怕的下跌行情。具体操作要点如下：

（1）三重顶形态是较为可靠的看跌信号，投资者看到此形态后应考虑卖出股票。

（2）在三重顶形态尚未完成时，如果前两次上攻失败，第三次上攻出现成交量萎缩的状况，或是未能达成之前的高度，则说明多方缺乏上攻动能，形成三重顶形态的可能性极大。此时，投资者应该进行减磅操作。

（3）当股价跌破颈线位置时，表明三重顶形态已经构筑完成，投资者应该将手中的股票尽快卖出。

（4）当股价跌破颈线后，也可能在不久之后回抽到颈线附近予以确认，如图 5—

22所示。这时往往会受阻再度下跌，对于投资者来说，这仍是一次卖出的良机。这时，仍然持股的投资者应该将手中的股票全部沽空。但这一回抽动作并不一定会出现，所以，投资者千万不能有等到回抽之后再“孤注一掷”的想法。

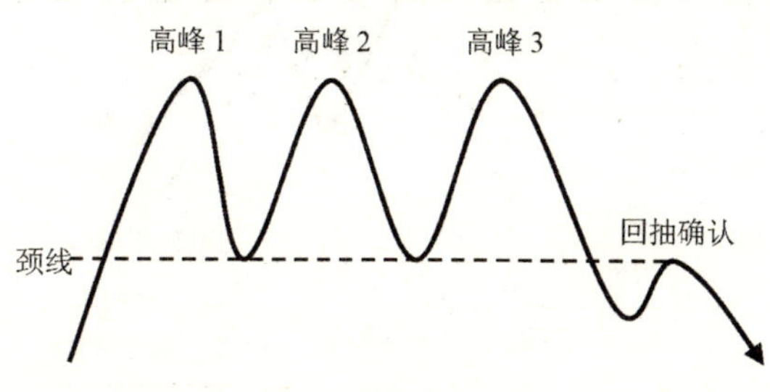

图5—22 三重顶

（5）在三重顶的三次回落过程中，成交量要呈现出逐次减小的势态，否则极有可能造成形态失败。而在最后一次回落时，如果成交量非常小，则更能显示出下跌行情的征兆。

（6）三重顶形成的周期越长，顶部成交量越大，说明见顶的可能性越大，后市下跌的空间也会越大。

（7）三重顶的最高点与颈线之间的垂直距离越大，通常表示未来股价下跌的幅度越大。

2. 实战案例

如图5—23所示，2011年6月—8月，江西铜业的日K线图上出现了三重顶形态。

江西铜业的股价从2011年6月20日起开始了一轮上涨行情。在顶部区域的波动中，该股分别于7月7日、7月20日、7月29日三次触顶回落。

2011年8月5日，该股跳空低开，收出一根带上下影线的小阳线，与前一日比较，跌幅达到3.59%，直接跌破了三重顶的颈线位，且当天成交量出现放大态势。投资者应该在这根小阳线形成的当日或次日卖出部分股票，轻仓观望。

2011年12月27日，江西铜业的股价跌破了颈线位置，三重顶正式形成，此时，投资者应该把握机会卖出股票。

2011年8月12日，该股股价短暂回升，但在颈线附近遇阻再次下跌。这次回抽动作是对三重顶的确认。这时，如果投资者还有剩余股票的话，就应该马上将仓位清空。

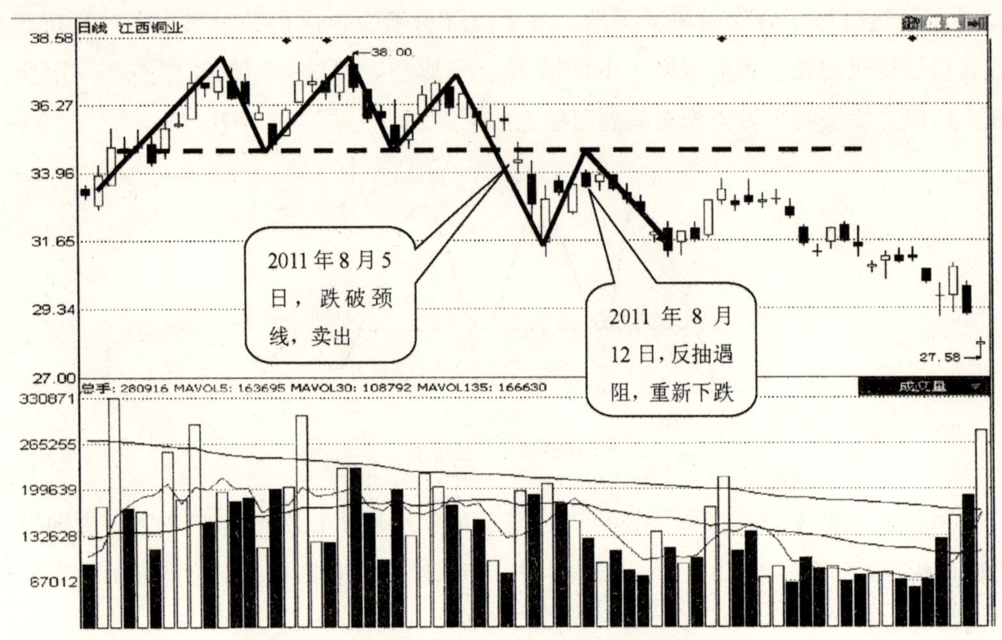

图 5—23 江西铜业（600362）日 K 线走势图

四、头肩顶：跌破颈线即卖出

头肩顶，出现在上涨行情中，由三个高峰组成，左右两个高峰相对较低，基本处在同一水平位置上，中间一个高峰的高点明显高于左右两个高峰的高点，其形态就像一个人的头部和两肩。如图 5—24 所示。

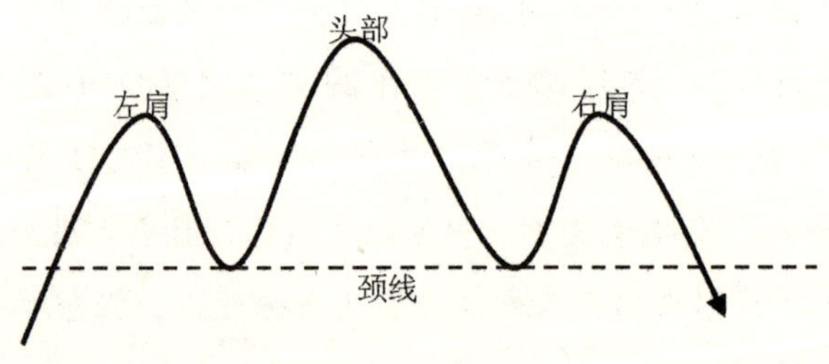

图 5—24 头肩顶

头肩顶形态是这样形成的：股价上涨到一定高度后开始回落，当下降到一定程度后又出现回调，形成了“左肩”；接着再度上冲创出新高后回落，构筑了“头部”；之后又下跌到前一次回调的位置附近再次向上，这次回升的高点低于头部的高点，形成了“右肩”。在两次回调的过程中，股价基本在同一价位受到支撑，这个价位上的直线就是颈线。

1. 操作要点

头肩顶形态是一种较为强烈的反转形态，表示多方力量被不断消耗，空方逐渐占据主动。具体操作要点如下：

（1）头肩顶形态是较为可靠的下跌信号，此形态出现之后常常会出现一波较为显著的下跌行情，因此，投资者看到头肩顶形态后，应果断卖出股票，持币观望。

（2）当股价跌破了支撑线（颈线）位置，表示头肩顶形态构筑完成，这是头肩顶形态的第一个较为明确的卖出信号。如果颈线向下倾斜，表示后市下跌的可能性更大，投资者更应该选择离场。

（3）股价突破头肩顶的支撑线（颈线）后，往往会在不久之后回抽到颈线附近，如图 5—25 所示。如果股价上探回落，则向下突破的有效性便得到了确认，这是第二个明确的卖出信号。但是这样的回抽有时不会出现，因此，投资者切不可把它作为自己唯一的卖出点，以免被深度套牢。

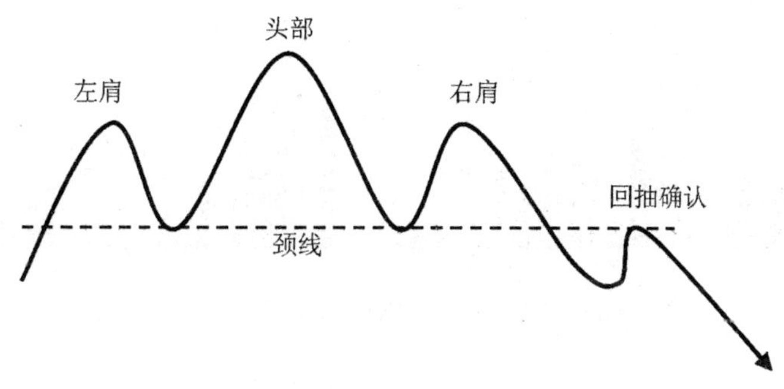

图 5—25　头肩顶的扩展形态

（4）股价完成向下突破后，原来的支撑位就变成了阻力位。当股价上升到这一位置时，投资者应加倍小心。

（5）成交量是表示头肩顶形态信号强弱的一个重要指标。如果在形成左肩和头部的过程中成交量显著放大，在冲破颈线形成右肩的过程中成交量却出现萎缩，说明看跌信号的可靠性更高。

（6）一般来说，头肩顶形态较为平坦，需要较长的时间来完成，而形成头肩顶所用的时间越长，后市下跌的空间就可能越大。

2. 实战案例

如图5—26所示，2011年7月—9月，国电南瑞的股价走势图上出现了头肩顶形态。从成交量来看，在左肩和头部形成的过程中，成交量明显放大；而在右肩形成的过程中，成交量出现了萎缩。这充分说明了多方力量被逐渐消耗，后市严重看跌。

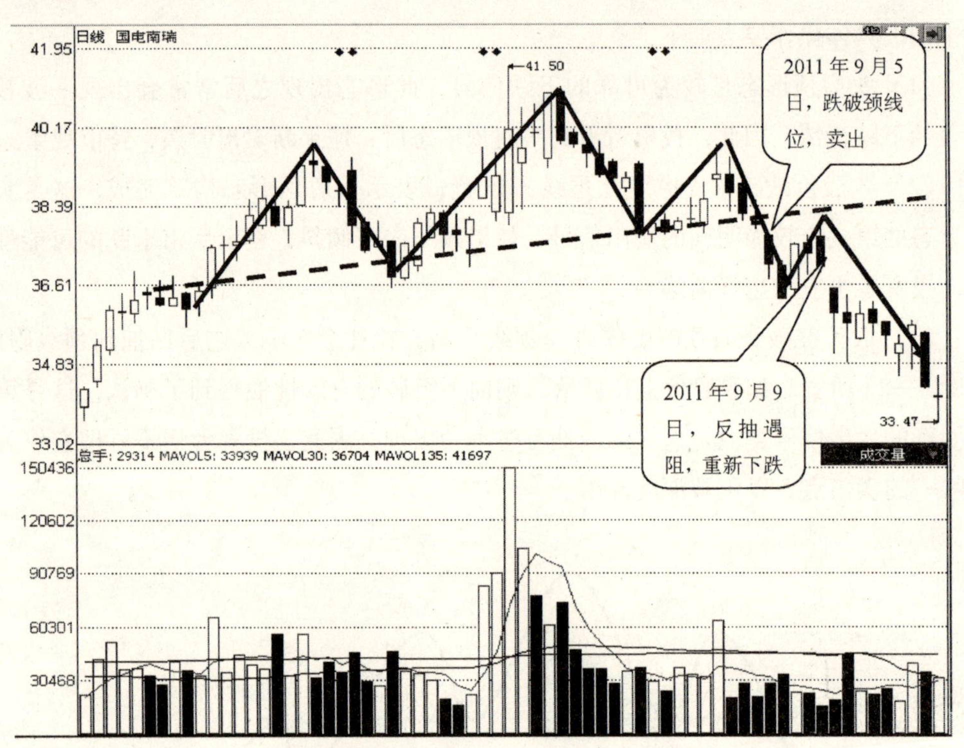

图5—26 国电南瑞（600406）日K线走势图

2011年6月初，国电南瑞的股价开启了上涨行情。

2011年7月15日，该股股价到达相对高点后回落，从而形成了头肩顶的左肩。

经过几个交易日的回调后，该股再次上冲并于8月8日创出41.5元的新高，几个交易日后股价又一次回落，从而形成了头肩顶形态的头部。

2011年8月23日，该股以一根小阳线再次拉动股价上升，这次的反弹仍然乏力，仅仅6个交易日就偃旗息鼓了。

2011年9月5日，股价跌破支撑线（颈线），至此，头肩顶形态构筑完成，第一个明确的卖点出现，投资者应该将所持的股票果断出手。

2011年9月9日，该股回抽到颈线附近，这是对头肩顶形态的确认。如果投资者还有剩余股票，就应该毫不犹豫地清空仓位。

五、圆弧顶：加速下跌即卖出

圆弧顶，又称圆形顶、碟形顶、锅盖顶，通常出现在股价的顶部区域，也就是一波上涨行情结束时。其形态表现为：股价经过一番上涨之后，升势减弱，并开始在高位反复震荡，把它的短期高点连接起来，就形成了一个向上凸起的圆弧状的顶，如图 5—27 所示。

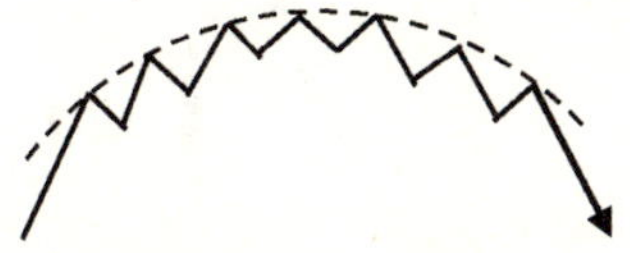

图 5—27　圆弧顶

圆弧顶的股价和成交量有时也会呈现上凸圆弧状。这是由于经过一段时间的上涨之后，股价进入高位进行整理，此时多方开始转向做空将获利回吐，于是在这一位置形成了密集成交区。接着，空方力量越来越强，最后超过了多方力量，股价开始缓慢下滑，成交量也逐渐减少。后期，空方完全控制了市场，下跌幅度也越来越大。

1. 操作要点

圆弧顶形态表示正在由多方主导的上涨行情逐渐转向空方主导的下跌行情。圆弧顶形态在股价走势中并不常见，但是它一旦出现，就会有很大的杀伤力。具体操作要点如下：

（1）圆弧顶形态并不会像头肩顶、M 形顶和倒 V 形顶等较为强烈的顶部形态那样出现急剧的下跌走势，而是属于渐进渐变的形态。不过，圆弧顶比后三种形态更可怕，其后市往往会有巨大的跌幅，投资者如不卖出股票，将会有被深度套牢的危险。因此，看到此形态出现，投资者应该将手中的股票抛空。

（2）圆弧顶并没有一个明确的卖出点。不过，由于其形态形成耗时较长，所以投资者有足够的时间采取行动。通常，投资者有两个较为有利的卖出机会：一是上涨走势结束，股价和成交量从最高点开始逐渐下降时；二是圆弧顶构筑完成，股价加速下跌，并形成有效突破时。

（3）如果在股价上涨的过程中，成交量随之放大；而在股价下跌的过程中，成交量又能随之缩小，即成交量也呈现明显的圆弧状，则见顶信号的可靠性更高。

（4）圆弧顶形成的时间越长，说明多空力量转换越彻底，股价后期下跌可能性就越大。

（5）投资者按照圆弧顶形态卖出股票后，如果股价的后续走势突破圆弧顶的最高点，则说明该形态失效，投资者可继续买入股票。

2. 实战案例

如图5—28所示，昆明机床的股价走势于2011年6月—7月形成了圆弧顶形态。

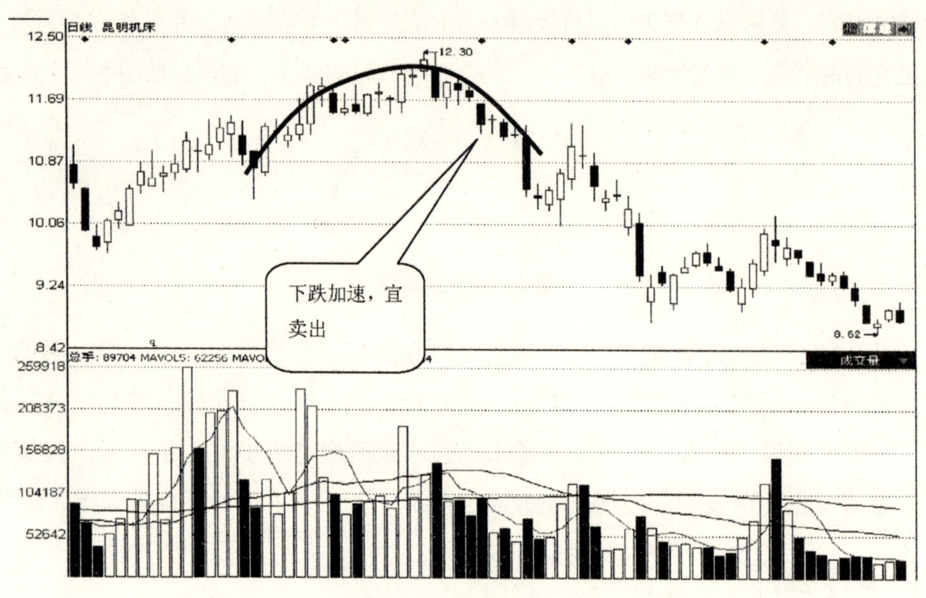

图5—28 昆明机床（600806）日K线走势图

从2011年5月底开始，昆明机床的股价开始了一波上涨行情。到2011年7月11日，该股股价达到了12.30元的高点。

2011年7月12日，该股收出一根上影线很长的中阴线，跌幅达4.10%，将前一根阳线完全覆盖。这表示股价已经到达顶部，开始反转向上。

之后，昆明机床的股价呈弧形下跌走势，且出现下跌加速的迹象，投资者应分批卖出手中的股票。2011年7月25日，该股低开低走，收出一根大阴线。一举击穿了之前缺口下沿所形成的支撑位，表明圆弧顶形态确立。这时，投资者应该将手中的股票悉数售出。

股海箴言

俗话说，会买是徒弟，会卖才是师傅。对于投资者来说，选择一个合适的时机卖出股票是投资成败的关键。卖出时机过早，有可能错过之后股价上涨带来的利润；卖出时机过晚，自己已经获得的利润会被侵蚀，更有亏损的风险。

第三节　整理形态看盘实操

➲ 实战看盘

股市中，多空争斗是一种永恒的状态，但多空双方并不只存在非此即彼的关系，有时，也会出现多空势力均衡的状态。这时，K 线走势图上就会呈现出一些整理形态，一旦整理形态结束，就又是一轮多空大较量的开始。

整理形态形成过程中，股价一般会按照一定的轨迹运行，当股价上涨到阻力线就会出现回调；而当股价下跌到支撑线又会出现上涨。当股价走出整理形态区域之后，股价就会出现较大幅度的上涨或下跌。

一、上升三角形：突破阻力线即买入

上升三角形，通常出现在上涨途中或下跌末期，该形态具有这样的特征：股价在反复震荡过程中，每次上涨的高点基本处于同一水平位置，而每次回落的低点却不断上移。随着形态发展，股价波动的幅度越来越小，即高点和低点逐渐靠拢。如果将这些高点和低点分别用直线连接，就形成了一个向上倾斜的三角形。如图 5—29 所示。

上升三角形的形成一般经历了这样的过程：股价每次上升到某一价位后，便会因上方抛压沉重而出现回落，从而在上方形成了一根阻力线。但由于市场看好该股，所

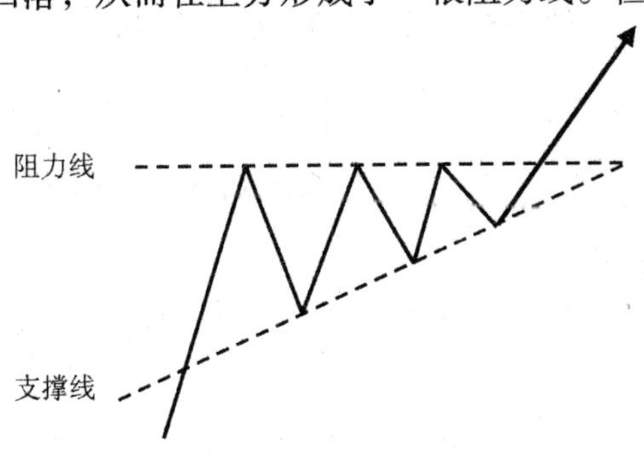

图 5—29　上升三角形

以股价每次都会在低点反弹，且这些低点的位置越来越高，这一态势瓦解了空方的斗志。最终，股价在多方的强力推动下实现了对阻力线的突破，上升三角形形态正式形成。

1. 操作要点

上升三角形是一种常见的整理形态，该形态的出现说明买方力量在不断加强，卖方力量逐渐衰弱，预示着市场有可能进入多头行情。具体操作要点如下：

（1）上升三角形在上涨行情中出现，通常表现中继信号；而在下跌行情中出现，则具有一定的转势意味。因此，一旦股价放量突破上升三角形的上边线，投资者就应该果断买入。

（2）上升三角形的上边线一开始是阻力线，被突破后就变成了对股价的支撑线。因此，参照形态买入股票的投资者，应该将止损位定在上升三角形上边线上。

（3）有时候，股价向上突破上升三角形后会有一次回抽，以确认突破是否有效，如图 5—30 所示。如果股价在三角形的上边线止跌回升就证明突破有效，投资者可在股价回升时迅速介入；如果股价又重新回到三角形之内，则表示形态失败，投资者应及时止损。不过，这种回抽动作有时并不会出现。

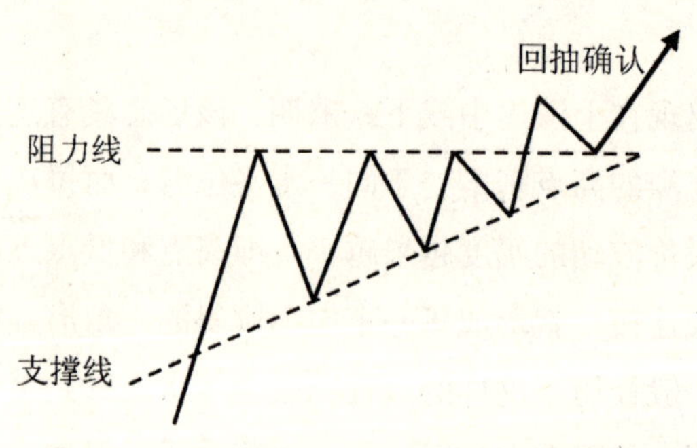

图 5—30　上升三角形的扩展形态

（4）通常在上升三角形形成的过程中，成交量会不断萎缩；但在向上突破时，成交量会明显放大。如果在突破时，没有成交量的配合，那么看涨信号的可靠性将减弱，投资者最好仍保持观望。

（5）上升三角形形态常被庄家用来故意打压股价，目的是在震荡走势中更多地吸收浮筹。

（6）一般情况下，上升三角形高点与低点之间的最大垂直距离越大，后市上涨的空间相应的也会越大。

(7) 上升三角形完成时间不应过长，也不应在股价达到三角形上边线时才发生突破，否则，股价突破后上升空间会十分有限，甚至可能演化成横盘整理走势。

(8) 上升三角形在绝大多数情况下是向上突破的，但少数情况下也可能会跌破支撑位。一旦形成向下破位，持币的投资者不宜介入，而持股的投资者可暂时离场。

(9) 当在高价位区域出现上升三角形，但股价却迟迟不能突破上边线时，走势极有可能演变成M形顶或三重顶等类型的顶部形态，这时投资者应实施减仓操作以回避风险。

2. 实战案例

如图5—31所示，2011年2月—4月，招商银行的日K线图上出现了上升三角形形态。

2011年3月7日，处于上涨途中的招商银行高开低走，收出一根螺旋桨，随后两个交易日，该股连续拉出十字线，且价位几乎处于同一水平线上，这也成为这段上升三角形形成时期的一个高点。后来，股价曾第二次上涨到这一价位附近，但最后被打压了下来，说明上档有较重的抛压。把这些高点相连，就形成了一条水平的阻力线。

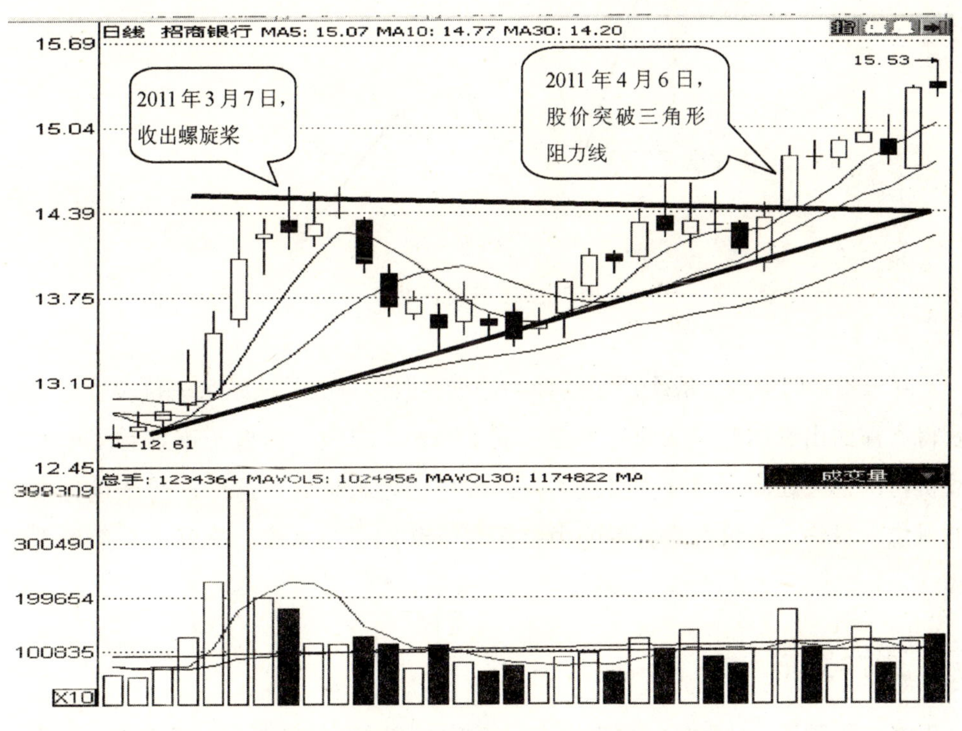

图5—31 招商银行（600036）日K线走势图

与几乎处在同一水平位置的高点不同，股价回落所接触的低点却呈现逐渐升高趋势，将它们连接起来近似于一条向上的斜线。因而从形态发展来看，具有生成上升三角形的潜质。

2011 年 4 月 6 日，招商银行放量上涨，成功突破了阻力线，表示上升三角形构筑完成。投资者如果能在突破的当天或次日买入该股，就能成功把握后市上涨带来的收益。

二、下降三角形：跌破支撑线即卖出

下降三角形，通常出现在下跌途中或上涨末期，该形态具有这样的特征：股价在反复震荡过程中，每次下跌的低点基本处于同一水平位置，而每次反弹的高点却不断下移。随着形态发展，股价波动的幅度越来越小，即高点和低点逐渐靠拢。如果将这些高点和低点分别用直线连接，就形成了一个向下倾斜的三角形。如图 5—32 所示。

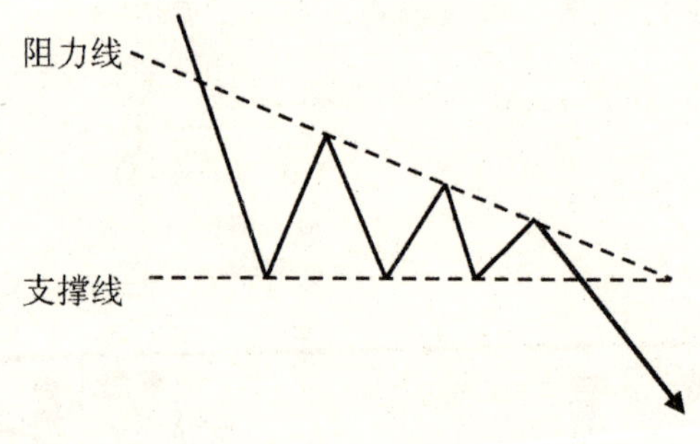

图 5—32　下降三角形

下降三角形的形成一般经历了这样的过程：股价每次下跌到某一价位置后，便会因获得支撑而出现回升，从而在下方形成了一根支撑线。但由于市场看淡该股，所以股价每次都会在高点回落，且这些高点的位置越来越低，这一态势严重打击了多方的意志。最终，股价在空方的强力打压之下跌破了支撑线，下降三角形形态正式形成。

1. 操作要点

下降三角形是一种常见的整理形态，该形态的出现说明卖方力量在不断加强，买方力量在逐渐衰弱，预示着市场有可能进入空头行情。具体操作要点如下：

（1）下降三角形在下跌行情中出现，通常表现为中继信号；而在上涨行情中出现，则具有一定的转势意味。因此，一旦股价跌破下降三角形的下边线，投资者就应该坚决卖出离场。

（2）下降三角形的下边线一开始是支撑线，被突破后就变成了对股价的阻力线。之后，股价一旦上升到该线附近，便有可能遇阻回落。

（3）有时候，股价向下突破下降三角形后会有一次回抽，以确认突破是否有效，如图 5—33 所示。如果股价在三角形的上边线受阻回落就证明突破有效，这时仍持有股票的投资者应该选择清空仓位；如果股价又重新回到三角形之内，则表示形态失败，但这时投资者最好保持观望姿态，不要贸然介入。不过，这种回抽动作有时并不会出现。

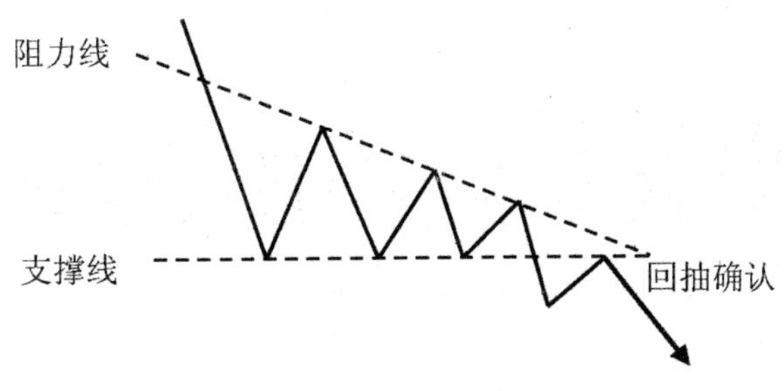

图 5—33　下降三角形的扩展形态

（4）通常在下降三角形形成的过程中，成交量不会出现极度萎缩情况，有时候甚至会出现量价背离。在向下突破时，成交量也不会有太大的变化。

（5）一般情况下，下降三角形高点与低点之间的最大垂直距离越大，后市下跌的空间相应的也就越大。

（6）下降三角形在绝大多数情况下是向下突破的，但也有例外。一旦股价形成向上突破，持股的投资者不宜再卖出，而持币的投资者仍应以观望为佳。

（7）下降三角形完成时间一般不会太长，如果股价持续整理，迟迟没有实现向下突破，那么走势极有可能演变成 W 形底或三重底等类型的底部三角形形态。这时投资者最好不要轻易卖出股票。

2. 实战案例

如图 5—34 所示，2011 年 7 月—9 月，万科 A 的日 K 线图上出现了下降三角形形态。

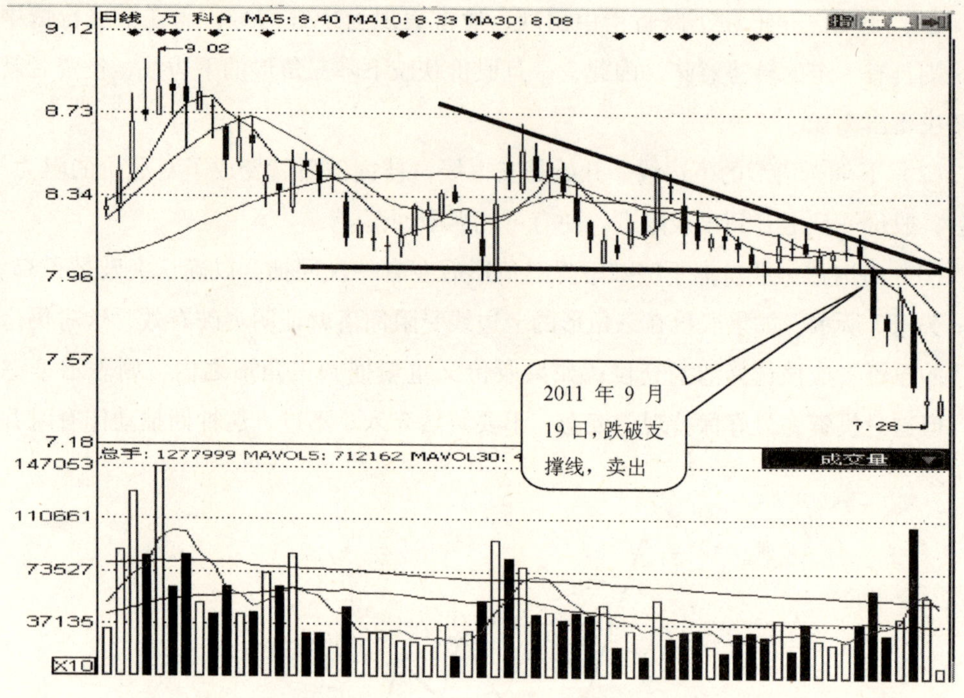

图 5—34 万科 A（000002）日 K 线走势图

2011 年 8 月，处于下跌途中的万科 A 走出了震荡下跌行情。在反复震荡的过程中，股价几乎在同一价位上获得支撑，而反弹所形成的高点却越来越低，说明多方已经有些力不从心了。

2011 年 9 月 19 日，该股低开低走，收出一根光头大阴线。也就在这一天，股价跌破了下降三角形的支撑线。这预示着股价将走向下跌之路，投资者应及时卖出股票。

三、上升楔形：跌破支撑线即卖出

上升楔形，又称上倾楔形，通常出现在下跌行情中，该形态表现为：在股价下跌过程中出现了一小段向上的震荡整理行情，将反弹的高点和回落的低点分别用直线相连，两条直线方向相同且呈收敛状，从而形成一个向上倾斜的楔子形态。如图 5—35 所示。

与三角形形态一样，楔形形态的股价走势同样是逐渐收敛的，所不同的是，楔形的上下两条边界线的方向相同，而三角形的上下两条边界线的方向并不一致。

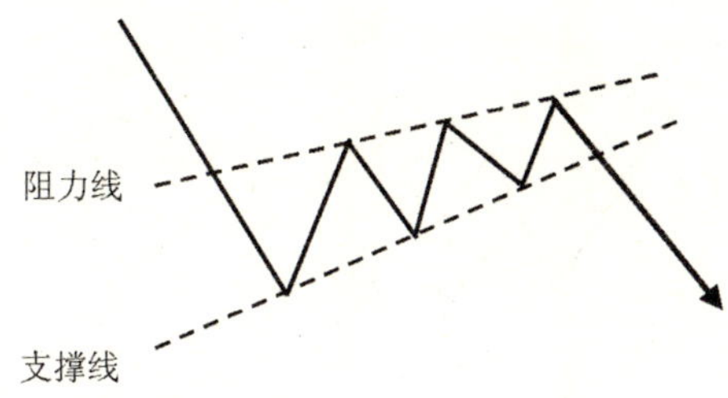

图 5—35　上升楔形

上升楔形虽然是向上倾斜的，似乎是说明上方抛压并不严重，但新的反弹较前面的反弹波幅呈缩小的态势，表示买盘力量正在被消化，同时成交量的逐渐萎缩也有效证明了多方上攻意愿不强。因此，可以认为这种形态只是下跌途中的一种技术性反弹，并没有强力的多头想要抬升股价。

有时候，上升楔形会成为庄家制造诱多陷阱的一种手段。庄家会利用这一形态故意拉高股价诱骗散户投资者买入，以达到出货的目的。

1. 操作要点

在下跌行情中出现上升楔形，一般只是投资者低位补仓或短线操作所致，一般不会影响下跌趋势的发展。因此，该形态通常表现为下跌中继信号。具体操作要点如下：

（1）在上升楔形形成的前半阶段，投资者可以按照楔形的上下边线进行高抛低吸操作，即在股价跌到下边线时买入，而等到股价涨到上边线时再卖出。但是到了后半阶段，波动幅度已经很小，这时投资者最好不要进行波段操作。

（2）当股价逐渐接近顶点，成交量也越来越少，这种价升量减的背离现象说明上涨势头不会持久，看到这种情形，持股的投资者可以考虑逢高卖出股票。

（3）当股价跌破上升楔形的下边线时，表明上升楔形正式完成，投资者应该尽快将手中的股票抛空。

（4）上升楔形完成向下突破后，股价往往会急速下跌，但有时也会出现向上的回抽动作，如图 5—36 所示。出现回抽时，空仓的投资者不宜介入，仍然持股的投资者则应该抓住这一机会将剩余的股票全部卖出。

（5）上升楔形在形成过程中，成交量一般会呈持续萎缩状态。在向下突破时可能会有成交量的配合，也可能不会。如果股价上升的过程中，成交量持续放大，则不能看做是上升楔形，而应该视为反转形态。

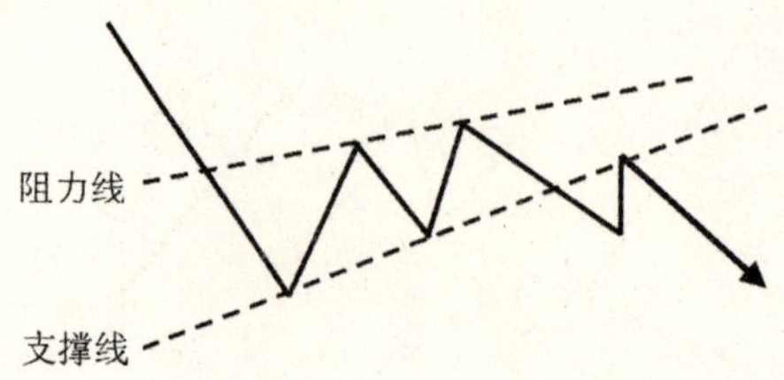

图5—36 上升楔形的扩展形态

2. 实战案例

如图5—37所示，辰州矿业的股价在2010年11月到12月期间，走出上升楔形走势，预示股价将会加速下跌。

2010年11月30日，辰州矿业经过一段时间加速下跌之后，收出一根带有长长下影线的小阳线，股价掉头向上形成第一个低点，接着股价在2010年12月10日、12月20日两次触及这一低点位置后，出现上涨，这两个低点与前一低点均处于同一条直线上。

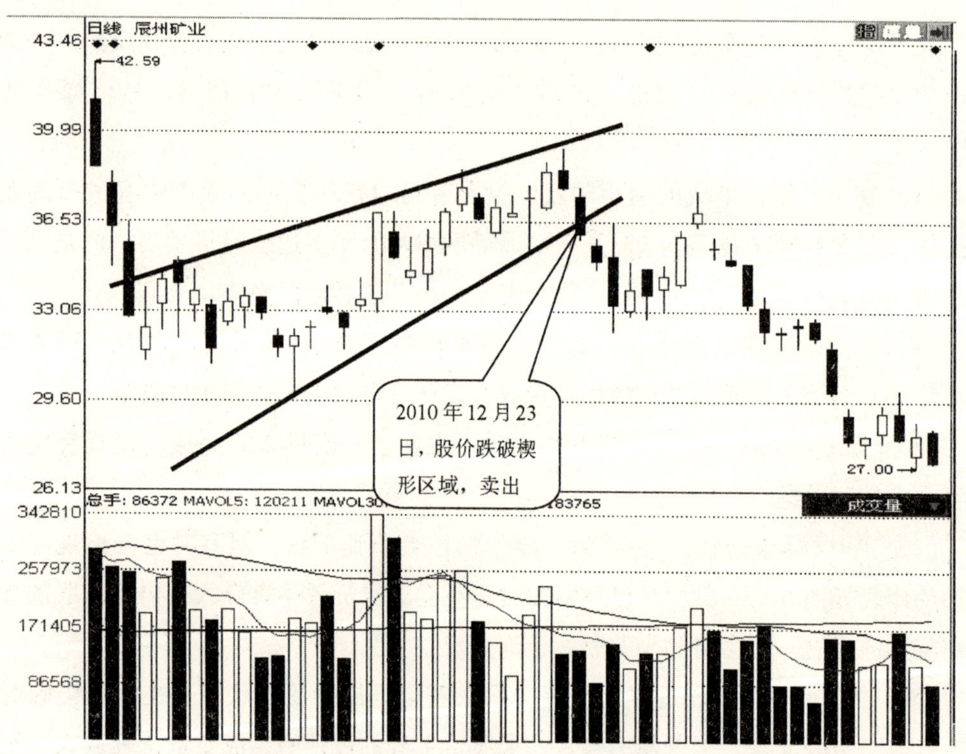

图5—37 辰州矿业（002155）日K线走势图

与此同时，股价在上涨转向下跌过程中形成的高点，却一个比一个高。如果把这些高点用线连接起来就会与低点之间的连线构成一个向上倾斜的楔形。

2010 年 12 月 23 日，辰州矿业股价跳空下跌，并跌破楔形区域，预示股价将开始快速下跌之路。投资者应及时离场，以避免损失。

四、下降楔形：突破阻力线即买入

下降楔形，又称下倾楔形，通常出现在上涨行情中，该形态表现为：在股价上升过程中出现了一小段向下的震荡整理行情，将反弹的高点和回落的低点分别用直线相连，两条直线方向相同且呈收敛状，从而形成一个向下倾斜的楔子形态。如图 5—38 所示。

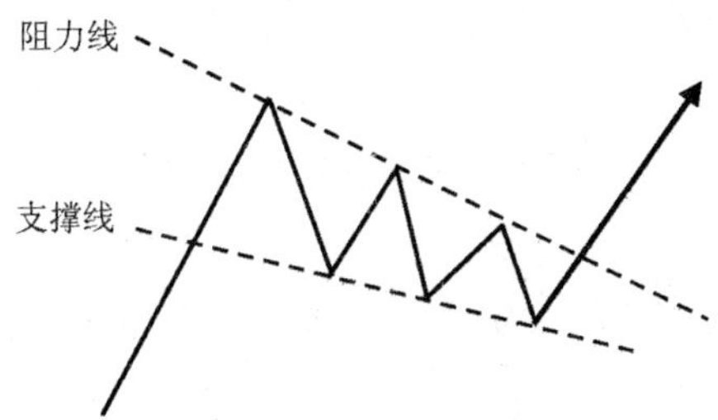

图 5—38　下降楔形

下降楔形虽然是向下倾斜的，似乎是说明市场的承接力不强，但新的回落较前面的回落波幅呈缩小的态势，说明卖盘力量正在被消化，同时成交量的逐渐萎缩也有效证明了上方抛压在减弱。因此，可以认为这种形态只是上涨行情中的获利回吐，并没有强力的空头想要打压股价。

有时候，下降楔形会成为庄家制造诱空陷阱的一种手段。庄家会利用这一形态清洗掉市场中的浮筹，将大部分股票集中在自己手中，以达到为股价大幅上扬夯实基础的目的。

1. 操作要点

在上涨行情中出现下降楔形，一般只是前期获利的投资者的卖出行为所致，一般不会影响上升趋势的发展。因此，该形态通常表现为上涨中继信号。具体操作要点如下：

（1）在下降楔形形成的前半阶段，投资者可以按照楔形的上下边线进行高抛低吸操作，即在股价涨到上边线时卖出，而等到股价跌到下边线时再买入。但是到了后半阶段，波动幅度已经很小，投资者就必须捂牢股票了。

（2）在下降楔形的后半阶段，也就是形态快要完成之前，投资者无论是持股还是持币，都应该保持观望的态度，最好不要轻举妄动。日后，一旦发现股价突破下降楔形的上边线，投资者便可以积极买入。

（3）下降楔形完成向上突破后，可能会出现一次向下回抽，如图5—39所示。如果股价在楔形的上边线获得支撑，则证明突破有效，投资者可再度买入股票。如果股价跌破这一位置，投资者则需要考虑斩仓止损。

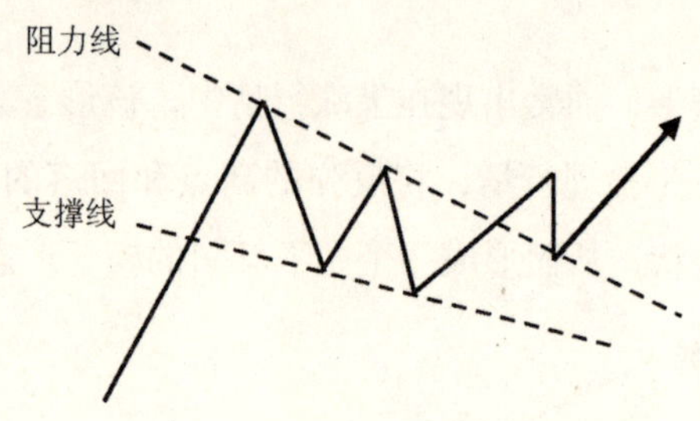

图5—39　下降楔形的扩展形态

（4）参照下降楔形买入股票的投资者，应该将止损位定在楔形的上边线上。

（5）下降楔形在形成过程中，成交量一般会呈持续萎缩状态，但是在突破上涨时，却应该有成交量的放量配合，否则会影响到看涨信号的可靠性。

2. 实战案例

如图5—40所示，新华都的股价在2011年7月到8月期间，走出下降楔形走势，预示股价将会加速上涨。

2011年7月25日，新华都经过一段时间加速上涨之后，收出一根中阴线，股价掉头向下形成第一个高点，接着股价在2011年8月4日再次触及这一高点位置后，出现下跌，这个高点与前一高点均处于同一条直线上。

与此同时，股价在下跌转向上涨过程中形成的低点，却一个比一个低。如果把这些低点用线连接起来就会与高点之间的连线构成一个向下倾斜的楔形。

2011年8月11日，新华都股价低开高走，并突破楔形区域，预示股价将开始快速上涨之路。投资者应及时买入股票，以获得投资收益。

五、矩形整理：突破方向决定买卖

矩形整理，又称箱型整理，是股市中最典型的整理形态，可以出现在任何行情

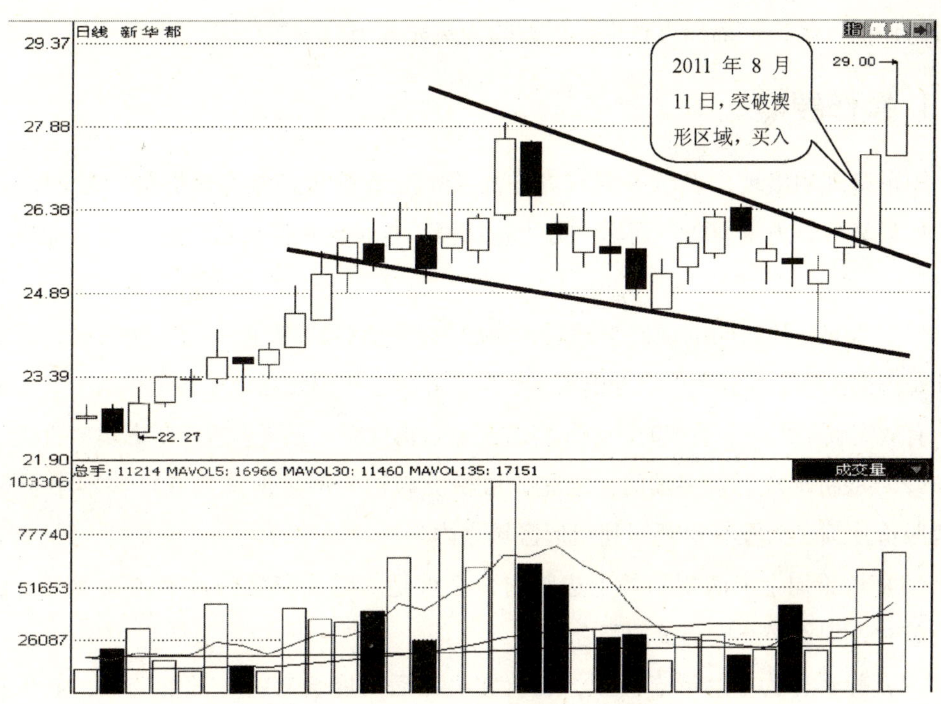

图 5—40 新华都（002264）日 K 线走势图

中，该形态表现为：股价在一定的价位区间内上下波动，将上涨的高点和下跌的低点分别相连，就形成了两条平行的水平直线。如图 5—41 所示。

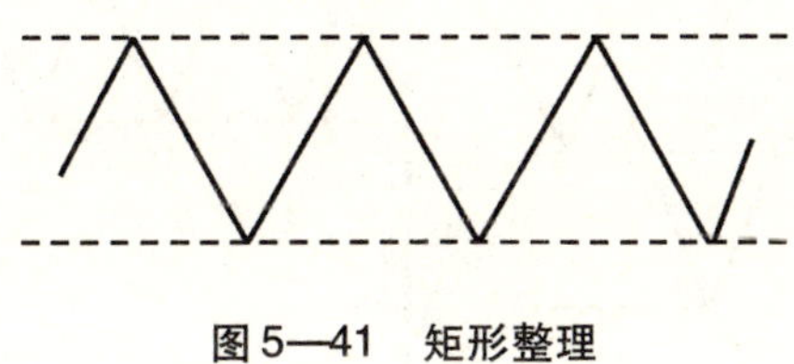

图 5—41 矩形整理

矩形整理的形成经历了这样的过程：股价在上涨或下跌了一段时间之后出现了横向移动。当股价上涨到某一高点时遇到阻力而回落，但下跌到某一低点时获得支撑而回升，然后每次回升到前一个高点附近都会受阻回落，而每次回落到前一个低点附近时又止跌反弹，如此反复，便形成了一条水平的整理通道。

矩形是一种冲突均衡整理形态，显示多空双方虽然互不相让、你争我夺，由于双方实力相当，所以基本在这一范围内达到了均衡状态。当然，出现这种形态有时也可能是庄家为了吸筹或出货在有意控制波动幅度。

矩形的上边线是股价的阻力线，而下边线是股价的支撑线，一旦股价有效突破了其中的任何一条线，都标志着矩形形态的构筑完成。

1. 操作要点

矩形整理的出现，表示多空双方在战斗中互有胜负，保持着势均力敌的僵持局面。如果某一方力量削弱，而另一方力量加强，这种僵局便会被打破。具体操作要点如下：

（1）经过一段时间的横向整理后，当股价向上有效突破矩形的上边线时，表示多方开始占据优势，投资者可以考虑买入股票，并将止损位设在矩形的上边线上；当股价向下有效突破矩形的下边线时，表示空方开始占据优势，投资者应该考虑卖出股票。

（2）股价形成有效突破的标准是，股价突破边界线后的涨幅或跌幅不小于3%，或者股价连续三天没有重新回到矩形区域之内。

（3）股价向上突破矩形的上边线时，必须是伴随成交量的放大才有意义；而向下突破时，则不必有成交量的配合。

（4）矩形作为中继形态出现，股价在突破后可能会有一个回抽动作，如果在回抽过程中，股价没有回到原来的矩形整理区间，则是投资者第二个买入或卖出的机会，如图5—42所示。不过，这一回抽动作有时候并不会出现，所以投资者不能把它作为唯一的买卖点。

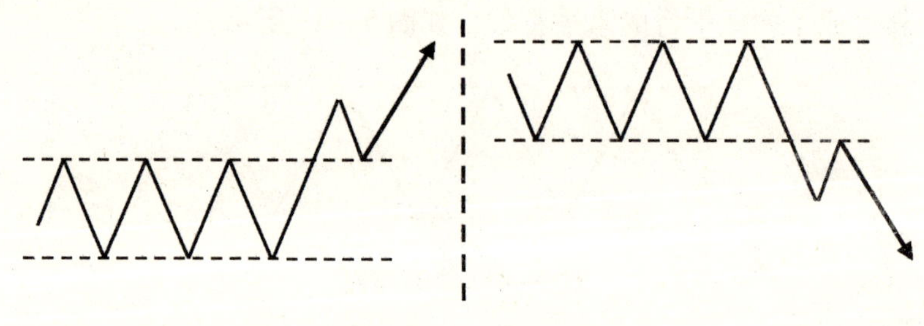

图5—42　矩形整理

2. 实战案例

如图5—43所示，2010年9月—10月，南玻A的日K线图上出现了矩形整理形态。

2010年7月初，南玻A开始了一波上涨行情。2010年9月14日，该股收出一根上影线很长的大阴线，这天的最高价也成为短期内的一个高点。之后该股开始回落并在前期的密集成交区域受到支撑反弹，从而形成一个低点。然后，股价便一直在高点和低点之间的水平通道中运行，形成矩形整理走势。由于矩形的上下边线之间的距离

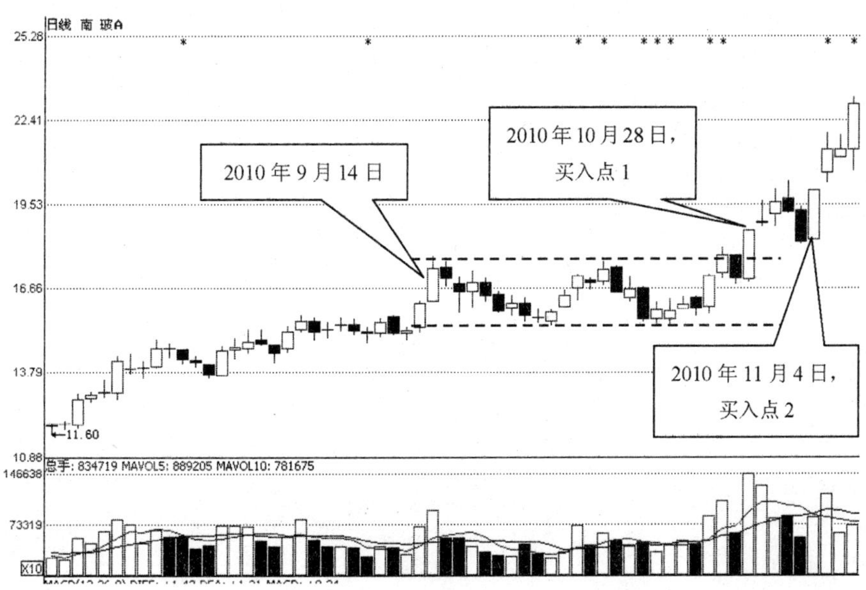

图5—43　南玻A（000012）日K线走势图

较小，所以投资者在此期间应该保持观望态度。

2010年10月28日，该股出现放量突破矩形的上边线，且当天收于涨停位置。此时，投资者可以买入股票、持股待涨。

2010年11月2日、3日，该股股价出现了向下回落。11月4日，该股重新开始上涨，并以涨停的方式收出一根光头光脚大阳线。看到这种回抽确认后，投资者可以加仓买入。

➲ 股海箴言

整理形态是多空双方彼此妥协的产物。一般情况下，股价运行在整理形态当中时，投资者不宜过早对股价的运行趋势作出判断，一定要等多空双方胜负明了，即股价运行方向已经明确时，再采取相应的行动。

第六章

均线形态看盘实操

均线，全称移动平均线，是将一段时间内股票的平均价格连成曲线，用以显示股价趋势的一种技术指标。在定义中的“一段时间”可以由投资者自行设定。我们常用的炒股软件中使用较多的时间段包括5日、10日、30日、60日等，如图6—1所示。

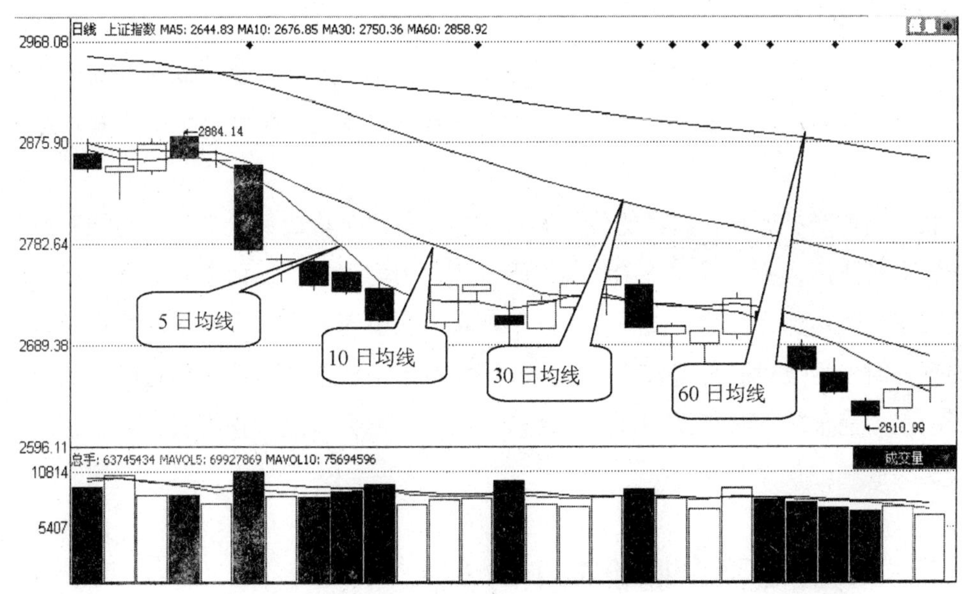

图6—1 上证指数（1A0001）日K线走势图

由于均线指标是反映价格运行趋势的重要指标，其运行趋势一旦形成，将在一段时间内继续保持，趋势运行所形成的高点或低点又分别具有阻挡或支撑作用，因此均线指标所在的点位往往是十分重要的支撑或阻力位，这就提供了买进或卖出的有利时机。

第一节 均线看盘实操

实战看盘

均线大致代表了一段时间的市场平均成本，因此，均线往往对股价有着重要的支撑或阻碍的作用。投资者可以根据股价与均线的位置不同，判断股价的买点与卖点。

股价与均线一般存在这样的位置关系：当股价位于均线的上方时，均线对股价有较强的支撑作用，股价每次回调到均线附近都会因均线的支撑而重新上涨，而一旦股价跌破了均线，那么，这种支撑作用就不存在了，投资者应卖出股票；当股价位于均线的下方时，均线对股价有较强的阻力作用，股价每次上涨到均线附近时，都会因为均线的阻力而重新下跌，而一旦股价突破了均线，那么，阻力作用就不存在了，投资者应买入股票。

一、均线支撑：股价向上时买入

当股价自上而下回落到某条均线处时，如果获得支撑开始回升，那么投资者就可以认定买入信号出现，宜买入股票。

股价处于均线上方，说明市场上大多数的投资者都是赢利的，股价开始回落是因为部分投资者将赢利兑现，进而对股价的上涨造成压力，所以股价才会下跌。由于很多投资者都将均线位置看做一个比较好的买点，当股价回落到均线附近时，由于前期股价上涨时很多追涨并没有成交的买盘开始成交，于是推动股价重新开始上行。均线位置就成了股价的一个重要的支撑点，只要股价不跌破均线，投资者就可以继续持股。

下面以宏达股份的走势为例进行说明。

如图6—2所示，宏达股份在2011年2月25日股价达到一个高点后开始回落，2011年3月22日，在跌到30日均线附近时，股价因受到30日均线的支撑而重新开始上涨；2011年4月15日，股价再次跌到30日均线附近，股价又一次受到30日均线的支撑而上涨，这一次还出现了加速上涨的行情，由此可见，30日均线对股价的支撑作用。

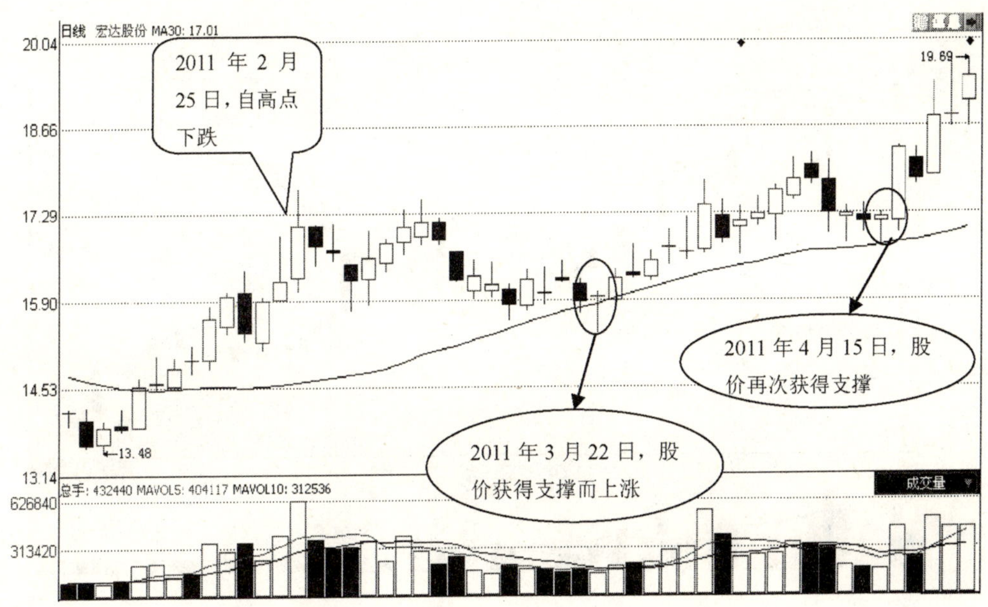

图 6—2 宏达股份（600331）日 K 线走势图

二、均线阻力：股价向下时卖出

当股价自下方回升到某条均线处时，如果遇到阻力开始回落，就意味着卖出信号出现，宜卖出股票。

股价处于均线下方，说明市场上大多数的投资者都是亏损的，股价开始回升是由于市场的买盘开始增加，从而促使股价上涨。由于市场上很多投资者都处于亏损状态，所以很多投资者会将均线位置看做一个比较好的卖点，当股价上升到均线附近时，由于前期股价下跌时很多杀跌并没有成交的卖盘开始成交，于是推动股价重新开始下行。均线位置就成了股价一个重要的阻力点。只要股价不突破均线，投资者就不要买入股票。

下面以东晶电子的走势为例进行说明。

如图 6—3 所示，东晶电子在 2011 年 3 月 29 日股价收出一根大阴线，并跌破了 30 日均线。随后，该股出现震荡反弹的走势，2011 年 5 月 10 日，在上涨到 30 日均线附近时，股价因受到 30 日均线的阻力而重新开始下跌；2011 年 5 月 23 日，股价再次上涨到 30 日均线附近，股价再次受到 30 日均线的阻力而下跌，这一次还出现了加速下跌的行情，由此可见，30 日均线对股价的阻力作用。

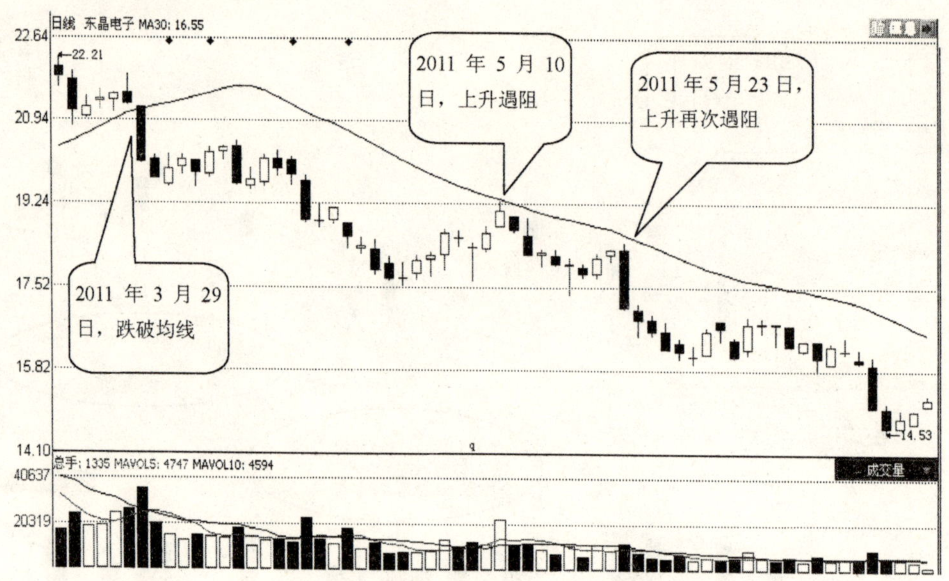

图 6—3 东晶电子（002199）日 K 线走势图

三、均线排列：多头买入空头卖出

均线的排列方式是指各条均线按从上到下或从下到上的排列顺序。各条均线的排列顺序是随着股价的波动而不断发生改变的。周期越短的均线，其位置就越靠上，周期越长的均线，其位置就越靠下。同时，各条均线方向均向上，就可以称之为“多头排列”，即 5 日均线在最上方，其次是 10 日均线、30 日均线、60 日均线，依此类推，周期越长的均线越靠下，如图 6—4 所示。

在图 6—4 中，晋亿实业在 2011 年初的一段时间内连续上涨。在上涨过程中，各条均线呈现“多头排列”，预示着该股后市还将进一步上涨，投资者在看到均线呈多头排列之后，宜迅速跟进买入股票。

均线出现多头排列，说明股价此时的趋势是向上的，而且上涨趋势强烈，之所以会出现多头排列，是因为股价在上涨过程中没有出现幅度较大的回调，最主要的表现是 5 日均线从来没有跌破过 10 日均线，这是很多强势股上涨过程中都会出现的情况。

与“多头排列”相反，如果周期越短的均线，其位置越靠下，周期越长的均线，其位置越靠上，同时，各条均线方向均向下，就可以称之为“空头排列”，即 5 日均线在最下方，其次是 10 日均线、30 日均线、60 日均线，依此类推，周期越长的均线越靠上，如图 6—5 所示。

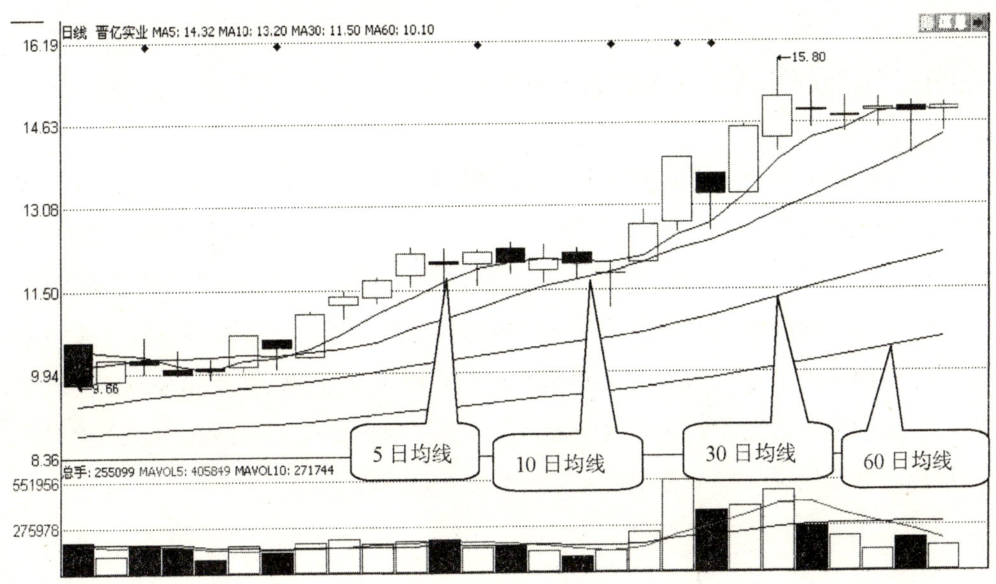

图 6—4 晋亿实业（601002）均线呈多头排列

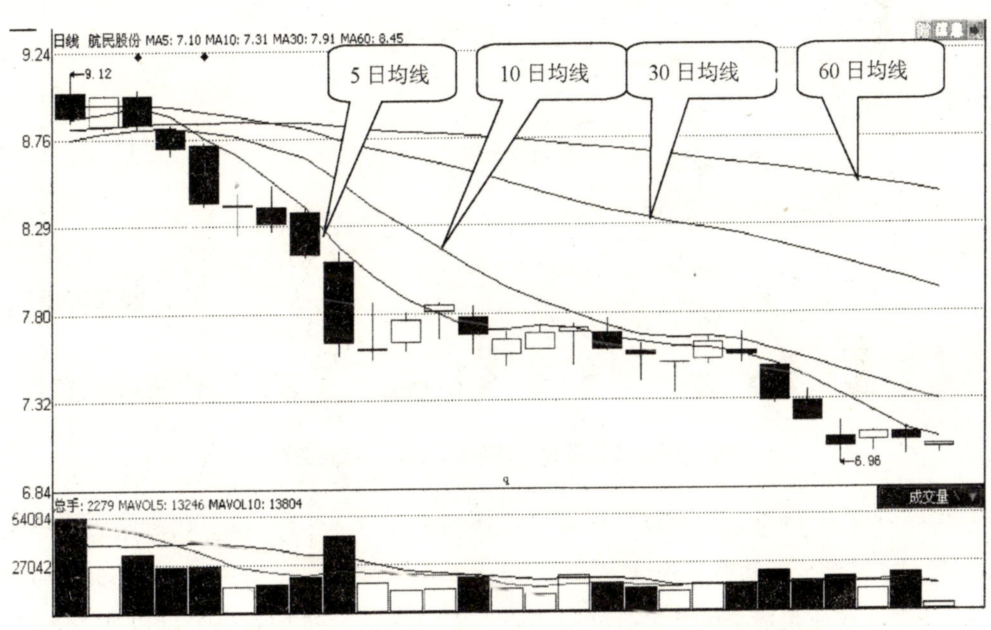

图 6—5 航民股份（600987）均线呈“空头排列”

航民股份在 2011 年 5 月到 6 月的一段时间内连续下跌。在下跌过程中，各条均线呈现“空头排列”，预示着该股后市还将进一步下跌，投资者在看到均线呈“空头排列”之后，宜迅速卖出股票，以防止更大的损失。

四、突破均线：向上突破时买入

当股价自下而上突破某条均线时，预示着股价趋势开始向上，买入信号出现。在这里投资者需要注意两点：一是越是长期的均线，股价对其向上突破时，所发出的交易信号越可靠；而周期很短的均线，例如，3 日均线或 5 日均线，其交易信号的准确度较差。

当股价向上突破某条均线之后，有时还会回落到均线附近，如果获得支撑将继续上涨。这个回落的过程与 K 线突破整理平台后回抽确认相似，也是用来确认突破有效性的。在整个突破过程中包含了两个买点：一是股价突破均线并站在均线之上时；二是股价回落并受均线支撑而重新向上时，如图 6—6 所示。

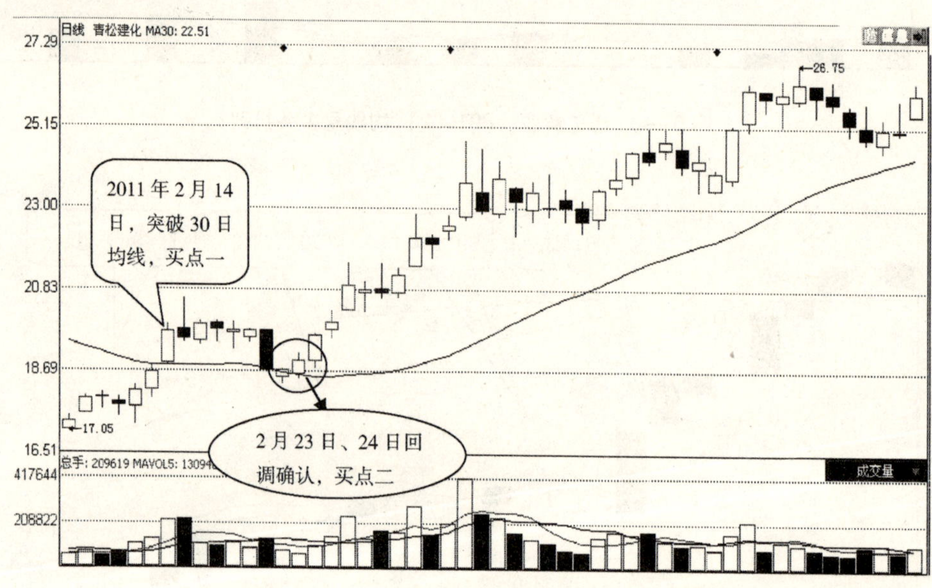

图 6—6 青松建化（600425）日 K 线走势图

2011 年 2 月 14 日，青松建化的股价自下而上突破 30 日均线，此时买点一出现，投资者可以跟进买入股票。2011 年 2 月 23 日、24 日连续两个交易日股价出现回调，并在 30 日均线处获得支撑后重新开始上涨，表明回调确认结束，本次突破有效，此时买点二出现，投资者可以进行加仓操作。

五、跌破均线：向下跌破时卖出

当股价自上而下跌破某条均线时，预示着股价趋势开始向下，卖出信号出现。在这里投资者需要注意两点：一是越是长期的均线，股价对其向下跌破时，所发出的交易信号越可靠；而周期很短的均线，例如，3 日均线或 5 日均线，其交易信号的准确性较差。

当股价向下跌破某条均线后，有时还会反弹到均线附近，如果获得阻力将继续下跌。这个反弹的过程与 K 线突破整理平台后回抽确认相似，也是用来确认跌破有效性的。在整个跌破均线过程中包含了两个卖点：一是股价跌破均线并站在均线之下时；二是股价反弹并受均线阻力而重新向下时，如图 6—7 所示。

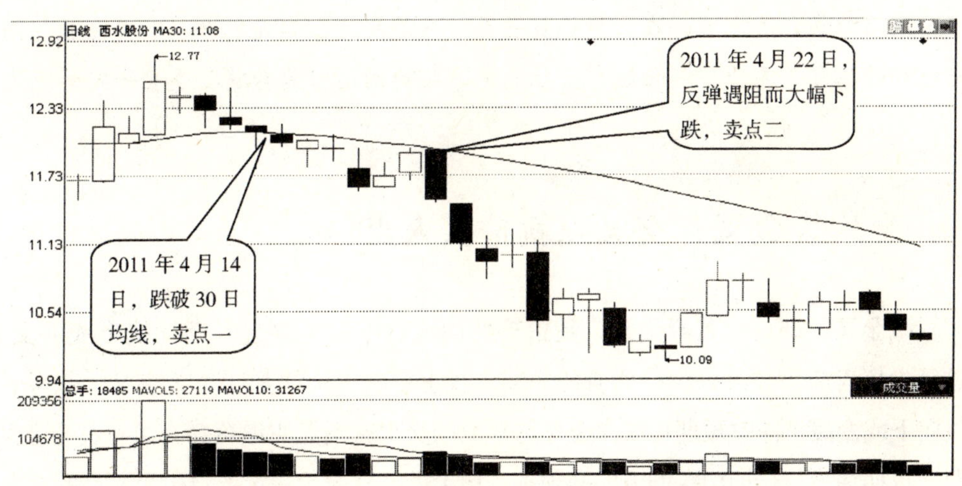

图 6—7 西水股份（600291）日 K 线走势图

2011 年 4 月 14 日，西水股份的股价自上而下跌破 30 日均线，此时卖点一出现，投资者可以迅速卖出股票。2011 年 4 月 22 日股价出现反弹，并在 30 日均线处获得阻力后重新开始下跌，当日跌幅达到 3.52%，表明回调确认结束，本次跌破有效，此时卖点二出现，这时投资者可以全部清仓离场。

股海箴言

均线就是一条股价强弱的分界线。当股价位于均线上方时，说明股价呈强势，投资者可以继续持股或买入；当股价位于均线下方时，说明股价呈弱势，投资者应考虑继续持币或卖出股票。

第二节　均线组合看盘实操

➲ 实战看盘

均线与均线之间主要存在三种位置关系：一是交叉，二是粘合，三是发散。当均线与均线的位置关系出现变化时，往往意味着股价的运行趋势将要发生一定的变化。

一、均线金叉：交叉点就是买入点

均线金叉，即均线黄金交叉，是指短期均线自下而上穿过长期均线形成的交叉。在这里投资者应该注意并不是所有的短期均线上穿长期均线都叫黄金交叉，如果长期均线向下或变缓，同时短期均线向上穿越形成的交叉就不能叫做黄金交叉。黄金交叉形成时，短期均线与长期均线的方向必须都是向上的，且股价一定要位于交叉点的上方。

均线黄金交叉的买点操作要点如下：

1. 中期均线与中长期均线发生黄金交叉时，股价在交叉点上方附近应该买入。如果股价位于交叉点上方太远的地方，则投资者不宜买入，因为股价如果距离均线太远，很可能会出现回调，这一点在前面章节中已经讲过了。

2. 超短期均线与中期或中长期均线形成黄金交叉时，有时往往不是买点而是卖点，特别是在重要的阻力位面前更是如此。由于一些超短期均线反映比较灵敏，如3 日 均线，5 日均线，股价一旦出现波动，就会出现上穿中长期均线的情况，所以，投资者应该特别注意。

3. 黄金交叉发生时，如果成交量能够随之同步放大，那么，将增大股价进一步上涨的概率。如图 6—8 所示。

贵绳股份的 10 日均线和 30 日均线在 2011 年 2 月下旬同时出现掉头向上的情况，且在 2 月 21 日当天，10 日均线自下而上穿越 30 日均线形成黄金交叉，预示股价还将进一步上涨。同时，我们可以看到，股价位于交叉点的上方，而在形成黄金交叉的当天成交量也出现放大的态势，此黄金交叉信号的准确度比较高，投资者宜跟进买入股票。

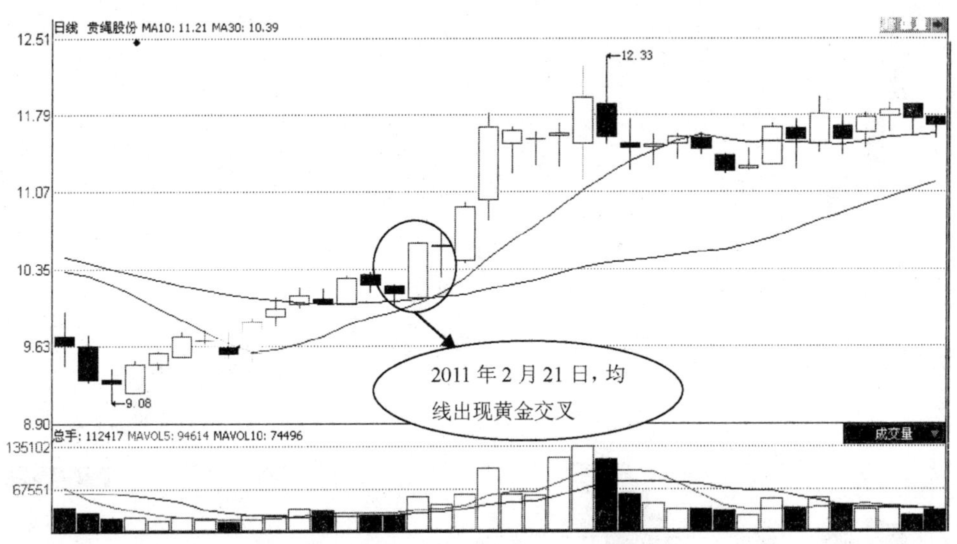

图 6—8　贵绳股份（600922）日 K 线走势图

二、均线死叉：交叉点就是卖出点

均线死叉，即均线死亡交叉，是指短期均线自上而下穿过长期均线形成的交叉。在这里投资者应该注意，并不是所有的短期均线上穿长期均线都叫死亡交叉，如果长期均线向上或变缓，同时短期均线向下穿越形成的交叉就不能叫做死亡交叉。死亡交叉形成时，短期均线与长期均线的方向必须都是向下的，且股价一定要位于交叉点的下方。

均线死亡交叉的卖点操作要点如下：

1. 中期均线与中长期均线发生死亡交叉时，股价在交叉点下方附近应该卖出。如果股价位于交叉点下方很远的地方，则投资者不宜卖出，因为股价如果距离均线太远，很可能会出现回升，这一点在前一节中已经讲过了。

2. 死亡交叉发生时，如果成交量能够随之同步放大，将增大股价进一步下跌的概率。

3. 不同均线的死亡交叉往往会对行情有着不同的指导意义：短期均线出现死叉，而中长期均线依然向上，表示短期阶段上升行情的结束，中期洗盘调整行情已经开始；中期均线出现死叉，而长期均线依然向上，表示中期波段上升行情的结束，波段调整行情已经开始；长期均线出现死叉，短中期均线已经完全在长期均线以下，表示大级别上升行情已经结束，弱势或极弱势行情开始，如图 6—9 所示。

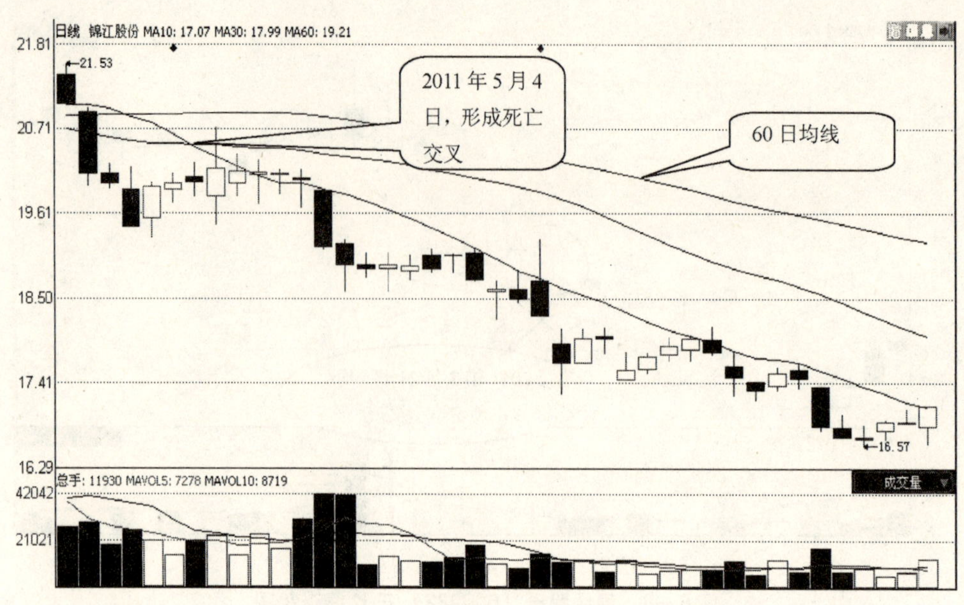

图 6—9 锦江股份（600754）日 K 线走势图

锦江股份的 10 日均线和 30 日均线在 2011 年 4 月底同时出现掉头向下的情况，且在 5 月 4 日当天，10 日均线自上而下穿越 30 日均线形成死亡交叉，预示股价还将进一步下跌。同时，我们可以看到，股价位于交叉点的下方，而在形成死亡交叉的当天 60 日均线正位于交叉点的上方，说明该股中期走势有进一步向坏的可能，这个死亡交叉信号的准确度比较高，投资者宜卖出股票。

三、三线粘合：突破方向定买卖点

均线粘合是指股票的短、中期均线在一段时间内处于相互靠拢和反复交叉的状态，一般至少三条，常用的是 5 日线、10 日线和 30 日线。其波动范围一般在 2% 以内，最多不能超过 5%。均线粘合说明股价开始盘整，一旦均线结束粘合，将对股价的方向产生抉择，上涨或下跌都将持续一段时间。“三线粘合”形态的操作要点包括如下几点：

1. 均线结束粘合后，出现拐头向上形态，且均线呈多头排列，往往意味着股价将出现一段上涨行情，投资者宜买入股票；

2. 均线粘合结束后，出现拐头向下形态，且均线呈空头排列，往往意味着股价将出现加速下跌的行情，投资者宜赶紧卖出股票。

3. 均线粘合结束时，如果均线方向向上，能有成交量放大相配合，那么后期上涨的可能性加大；如果均线方向向下时，有成交量放大相配合，那么后期下跌的可能性较大，如图6—10所示。

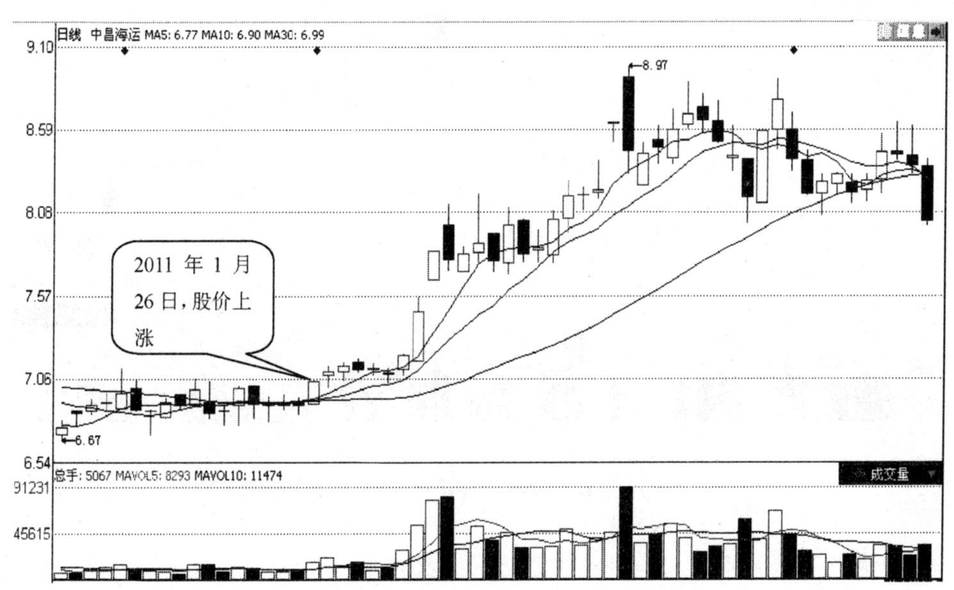

图6—10 中昌海运（600242）日K线走势图

中昌海运的股价在2011年初开始一段整理行情，5日线、10日线和30日线呈粘合状态。2011年1月26日，股价出现上涨行情，均线由粘合变成发散，且均线呈多头排列，与此同时，成交量呈放大的态势。投资者此时宜及时买入股票，以获得后期股票上涨带来的利润。

下面再来看一下均线粘合后下跌的案例，如图6—11所示。

国阳能源的股价在2011年3月底到4月初开始一段整理行情，5日线、10日线和30日线呈粘合状态。2011年4月14日，股价出现下跌行情，均线由粘合变成发散，且均线呈空头排列。投资者此时宜及时卖出股票。

四、三线开花：交叉点就是买入点

三线开花中的三条均线分别为20日线、120线、250线。这三条均线经过形成金叉穿越后，像开喇叭花一样，形成极度分离的多头排列的特殊技术形态，这就叫三线开花。三线开花形态主要可以分为三种类型：一是并线三线开花，二是顺向三线开

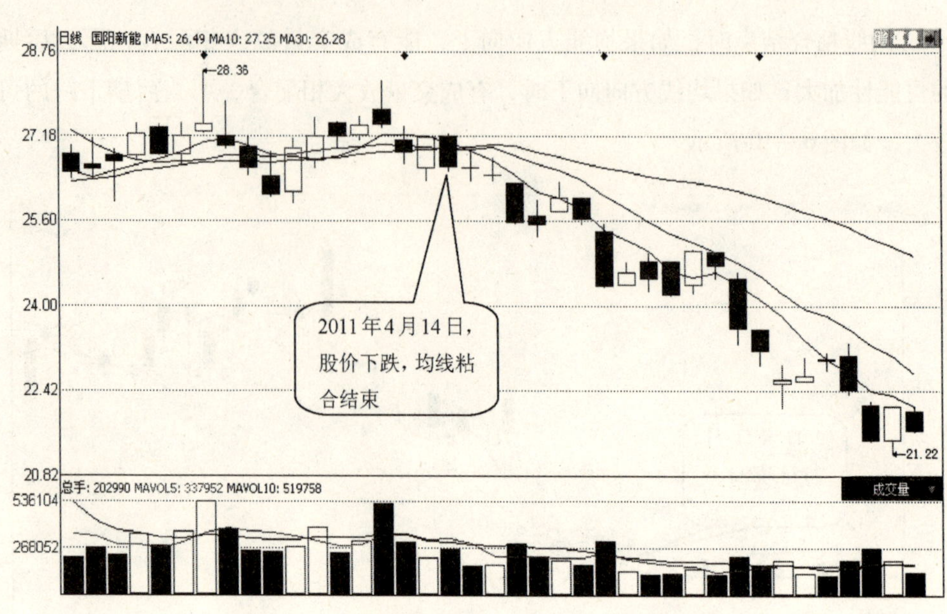

图 6—11 国阳能源（600348）日 K 线走势图

花，三是逆向三线开花。这三种技术走势形态都是十分有效的预测股票价格走势的技术形态。

1. 并线三线开花

并线三线开花是指股价在运行过程中，120 日均线与 250 日均线是处于极度接近的平行状态，此时 20 日均线从下向上穿越这两条均线的技术走势，形成均线的金叉穿越。其主要操作要点如下：

第一，如果股价出现上涨行情，成交量呈放大态势，预示并线三线开花走势成立，后期走势看好；

第二，并线三线开花要求 20 均线、120 日均线、250 日均线三条均线的方向呈向上的状态，如图 6—12 所示。

如图 6—12 所示，新华医疗的股价从 2010 年 8 月起展开了一段上涨走势后，开始了几个交易日的调整走势。2010 年 8 月 30 日，股价持续了前期上涨走势，20 日均线上穿 120 日线和 250 日线，形成黄金交叉形态，与此同时，120 日线和 250 日线接近平行状态，表明并线三线开花形态形成，预示后期股价将会有较大的上涨空间。

2. 顺向三线开花

顺向三线开花的形态成立也会有一定的上涨空间。120 日均线与 250 日均线是顺

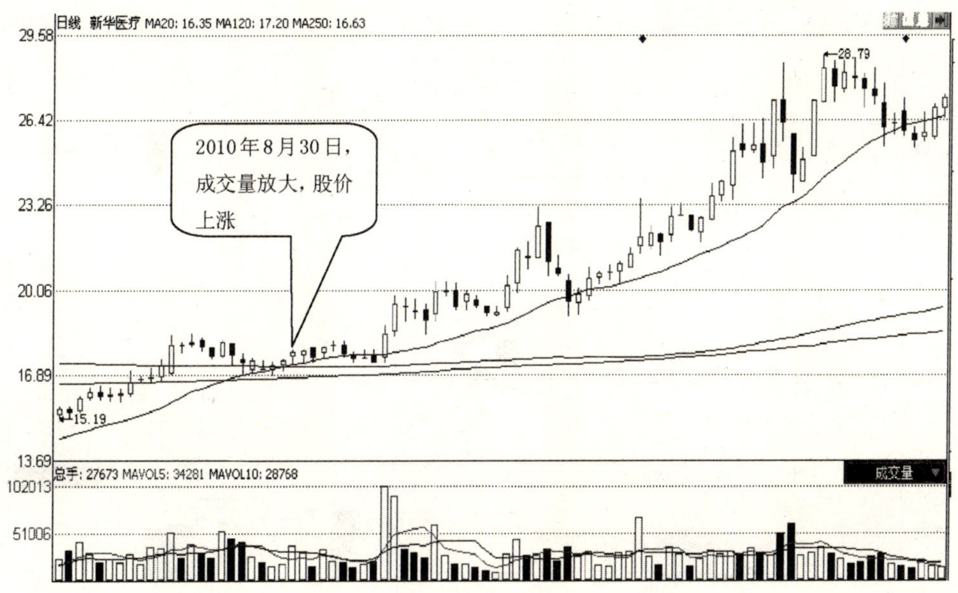

图 6—12　新华医疗（600587）日 K 线走势图

向交叉的状态，即 120 日均线从下向上穿越 250 日均线，形成两条长期均线的黄金交叉，此时 20 日均线从下向上穿越这两条均线交叉点的技术走势形态，此时，20 日均线、120 日均线、250 日均线呈多头排列。其主要操作要点如下：

第一，如果股价出现上涨行情时，成交量呈放大态势，预示顺向三线开花走势成立，后期走势看好；

第二，顺向三线开花形态中，20 日线自下向上与 120 日线、250 日线相交叉的交点就是最好的买入时机，如图 6—13 所示。

多伦股份的股价经过了一段时间的上涨之后，开始了一段调整走势，2011 年 3 月 4 日，股价重回升势，20 日均线自下向上穿越 120 日线与 250 日线的交叉点，此形态说明顺向三线开花形态成立，后市看涨，投资者宜积极买入该股，以博取后市带来的利润。

3. 逆向三线开花

逆向三线开花预示后市将会有一定的上涨空间。逆向三线开花是指 120 日均线与 250 日均线形成死亡交叉，即 120 日均线下穿 250 日均线，此时 20 日均线由下向上穿越这个交叉点的技术走势形态。其主要操作要点如下：

第一，逆向三线开花形态，预示股票将要走牛，但在 20 日均线穿越 120 日均线和 250 日线交叉点时，应有成交量有效放大的支持，这样逆向三线开花形态才成立；

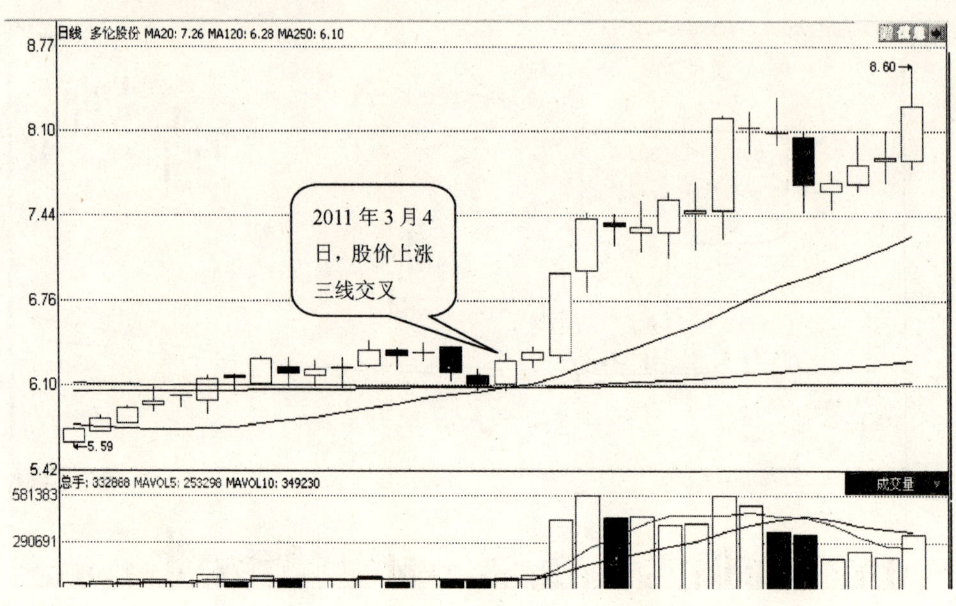

图 6—13 多伦股份（600696）日 K 线走势图

第二，当 20 日均线穿越 120 日均线与 250 日均线交叉点时，如果股价已经上涨到高位，则此时只能看成一个卖点，如图 6—14 所示。

华域汽车的股价从 2010 年 7 月份开始了一波上涨走势，到了 2010 年 8 月 9 日，股价持续了上涨走势，与此同时，120 日线由上向下穿越 250 日线，形成死亡交叉，

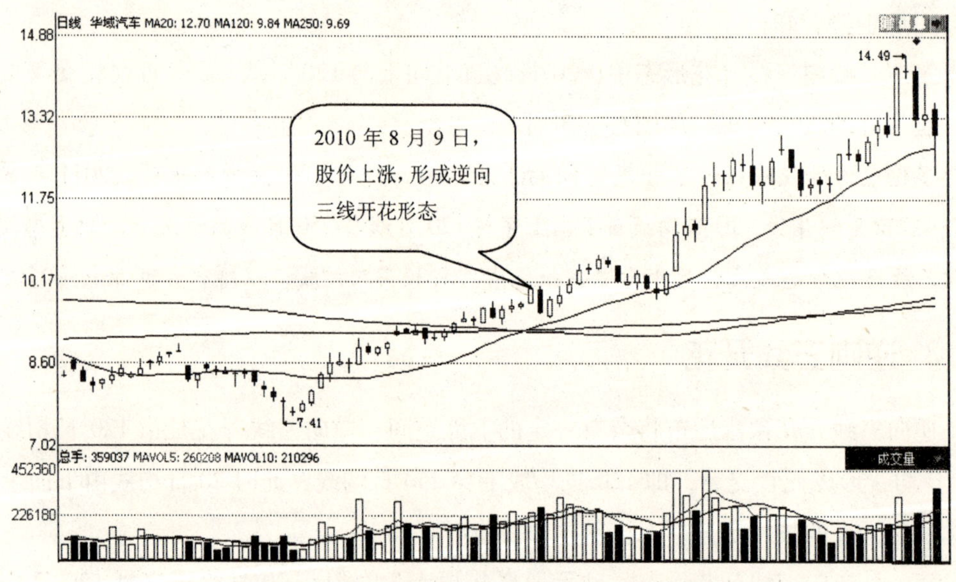

图 6—14 华域汽车（600741）日 K 线走势图

同时，20 日线向上穿越了 120 日线与 250 日线的交叉点，预示逆向三线开花形态形成，后市看涨。

➲ 股海箴言

当均线发生交叉时，股价的运动趋势一般都是由短期均线的运行方向决定。也就是说，如果短期均线自上而下穿越中长期均线，股价下跌的可能性就非常大；反之，如果短期均线自下而上穿越中长期均线，股价上涨的可能性就比较大。

第七章

技术指标看盘实操

技术指标就是通过数学公式计算得出的一系列的股票数据的集合。指标的每一次波动都是股价变动造成的。通过对技术指标波动的研判可以分析股价下一步的运动方向。每一个技术指标都有其特定的计算方法，判断股价运行趋势的方法也不尽相同。当技术指标达到某一位置时，往往股价正处于底部区域；相反，当技术指标达到另一位置时，股价正处于顶部区域，因而，人们通过对历史经验的总结，得出了一系列的经验，如指标超卖，则可执行买入操作；指标超买，则可执行卖出操作等。

看技术指标到底看什么？其实，大多数时间里，技术指标都在正常的区间波动，这时技术指标几乎没有多大的参考价值。但是，当股价将要发生剧烈波动时，技术指标往往会先于股价出现异动，这些异动对于我们研判股价的运行方向有重要作用。例如，当股价运行到顶部时，KDJ 指标出现了死叉或者发出超买信号就是告诉投资者股价将要下跌。

第一节　MACD 指标看盘实操

➲ 实战看盘

MACD 指标全称是指数平滑异同移动平均线，是由 DIF 线和 DEA 线两条曲线与 MACD 柱状线共同组成的（如图 7—1 所示）。该指标的金叉与死叉、顶背离与底背离对判断股价趋势有着重要的指导作用。

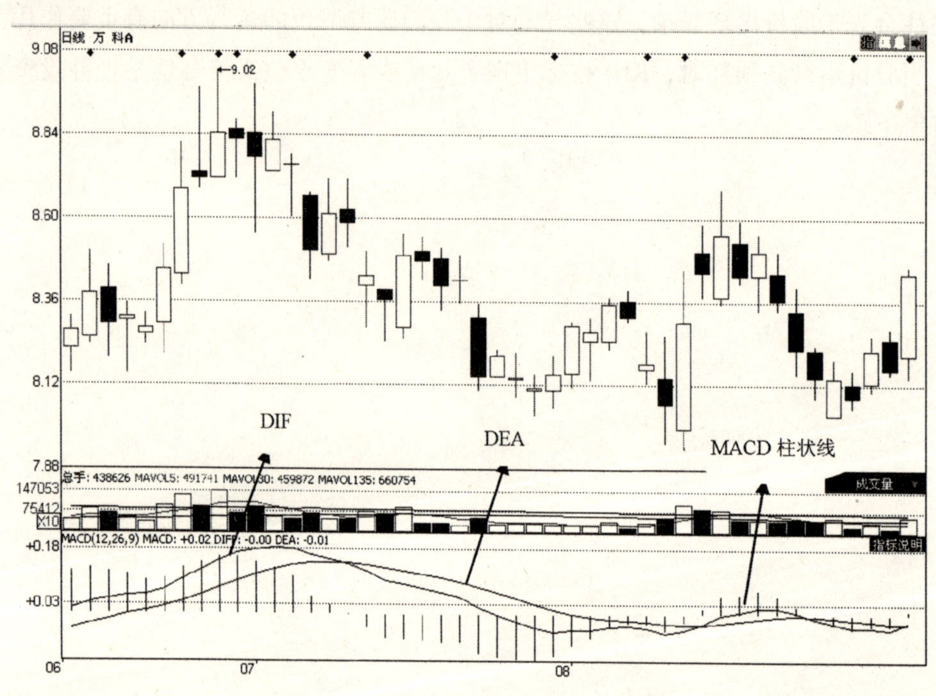

图 7—1　万科 A（000002）日 K 线走势图

MACD 指标在应用过程中一般遵守如下几个原则：

第一，当 DIF 线和 DEA 线处于 0 轴以上时，属于多头市场，投资者可执行买入股票操作，DIF 线自下而上穿越 DEA 线时是买入信号。DIF 线自上而下穿越 DEA 线时，如果两条线还处于 0 轴以上运行，仅仅只能视为一次短暂的回落，而不能确定趋势转折，此时是否卖出还需要借助其他指标来综合判断。

第二，当 DIF 线和 DEA 线处于 0 轴以下时，属于空头市场，投资者应该持币或执行卖出操作，DIF 线自上而下穿越 DEA 线时是卖出信号。DIF 线自下而上穿越 DEA 线时，如果两线值还处于 0 轴以下运行，仅仅只能视为一次短暂的反弹，而不能确定趋势转折，此时是否买入还需要借助其他指标来综合判断。

第三，柱状线收缩和放大。一般来说，柱状线的持续收缩表明趋势运行的强度正在逐渐减弱，当柱状线颜色发生改变时，趋势确定转折。

一、MACD 指标金叉：买入

MACD 指标金叉是指快速平均线 DIF 线自下而上穿过慢速平均线 DEA 线所形成的交叉，与此同时，必须保证 DIF 线与 DEA 线的方向同步向上。一般情况下，交叉位置的不同，其信号的指示作用也不尽相同。其操作要点如下：

1. 当金叉发生在 0 轴上方时，预示股价将继续走强，是买入信号。

2. 当金叉发生在 0 轴下方时，股价发出的是由弱转强的信号，投资者不应立即入场，而应等待明确的买入信号。如果短期内出现第二次金叉，且第二次金叉的位置高于第一次金叉的位置，则买入的指示作用更加强烈。

3. 当股价在底部小幅上升，并经过了一段时间的横盘整理，然后向上突破，同时，MACD 指标的 DIF 线与 DEA 线在 0 轴附近出现金叉，则是非常明确的买入信号。如图 7—2 所示。

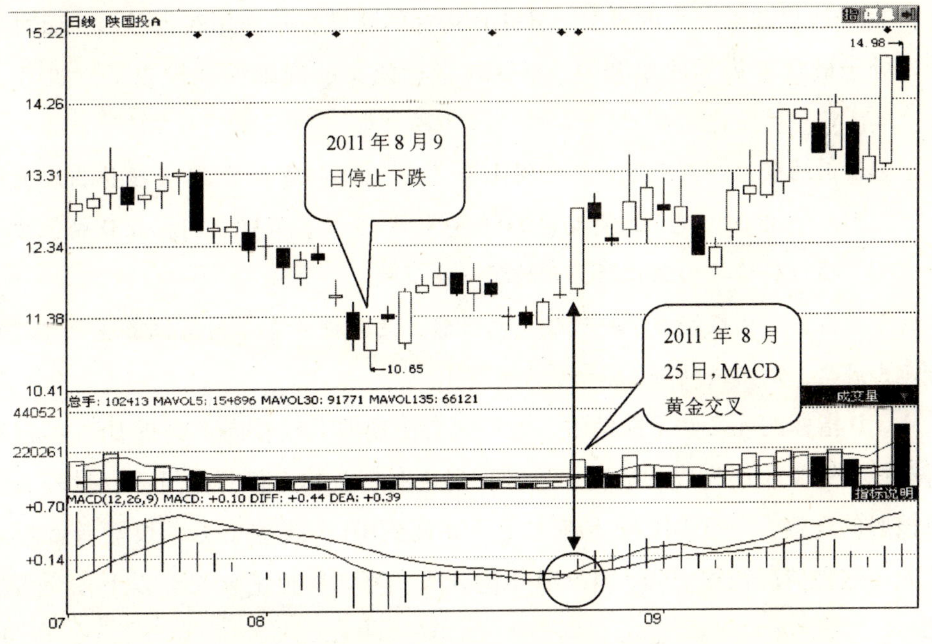

图 7—2 陕国投 A（000563）日 K 线走势图

陕国投 A 的股价经历了一波盘整下跌之后，于 2011 年 8 月 9 日开始止跌上涨，DIF 线与 DEA 线下跌走势趋于平缓。2011 年 8 月 25 日，股价在经历了几个交易日的调整之后，重新开始上涨，与此同时，DIF 线与 DEA 线在 0 轴附近形成黄金交叉，且此时 DIF 线与 DEA 线的方向同步向上，预示该股后面还有一段较大的涨幅。投资者看到此种形态，应果断买入股票，以博取未来股价上涨所带来的收益。

二、MACD 指标死叉：卖出

MACD 指标死叉是指快速平均线 DIF 线自上而下穿过慢速平均线 DEA 线所形成的交叉。一般情况下，当 MACD 指标出现死亡交叉时，往往意味着股价将会有一段下跌行情，投资者应及时卖出股票，以免股价下跌造成损失。MACD 指标的死叉操作要点如下：

1. 当死叉发生在 0 轴的上方，预示股价短期内将进入一个下跌调整的过程，短线投资者可以卖出股票以减少风险；中长线投资者可以等待更明显的卖出信号出现，再采取行动。

2. 当死叉发生在 0 轴下方时，预示股价将继续走弱，发出的是卖出信号。但是如果死叉发生的位置已经距离 0 轴很远了，或者股价已经经历了很长一段时间的下跌了，则此时卖出信号的指示作用就会变弱。

3. 对于股价波动较大的股票，MACD 指标的死叉指示作用较为强烈，而对于一些长期处于横盘走势的股票来说，MACD 指标死叉的准确性就较差了，如图 7—3 所示。

韶钢松山的股价在经历了一段时间上涨之后，2011 年 4 月 22 日股价出现大幅下跌，随即 MACD 指标出现下跌走势，2011 年 4 月 26 日，MACD 指标在 0 轴上方出现死亡交叉，预示股价将由强转弱，开始了一波下跌。

由于此前该股已经经历了一波较大的上涨，此时投资者见到高位出现死叉就应该暂时卖出股票，以回避风险。

MACD 指标的死叉是下跌信号，但有时会出现 DIF 线在向下穿越 DEA 线过程中获得支撑，死叉不能完成的情况，这种行情说明有新的力量开始进入，投资者宜保持对该股的观察，一旦 DIF 线重新向上，并回到 DEA 线的上方，投资者就应该积极介入。这种情况被称之为，MACD 拒绝死叉。MACD 拒绝死叉有以下几个明显的特征：

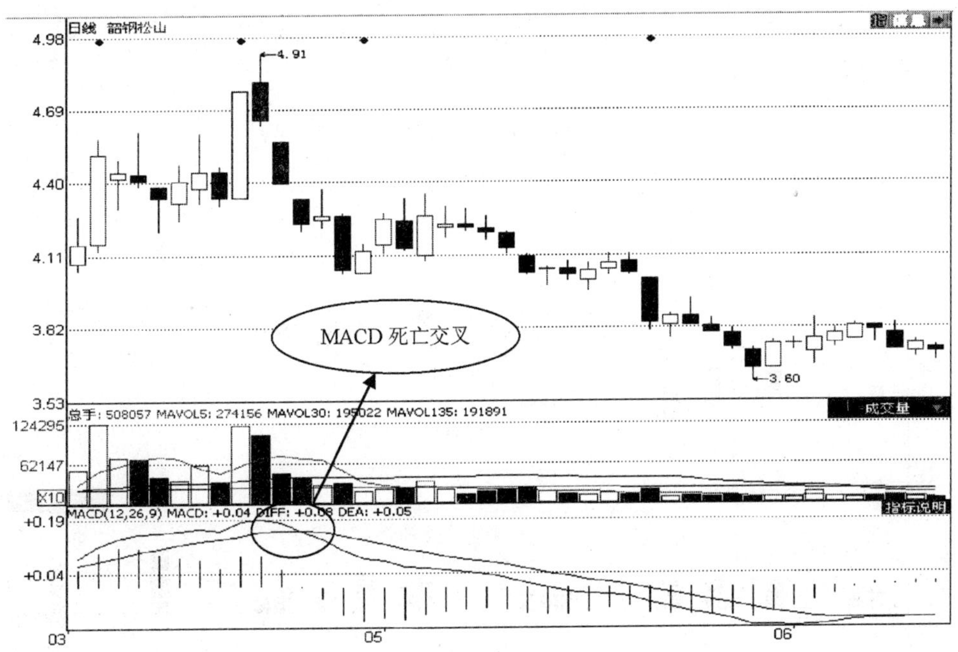

图 7—3 韶钢松山（000717）山日 K 线走势图

1. DIF 线下跌到 DEA 线附近时获得支撑，迟迟没有出现死叉；

2. 股价回调的同时成交量不断缩小，并在一些重要点位（10 日均线、30 日均线等）获得支撑；

3. DIF 线没有跌破 DEA 线或者仅跌破不久便反身向上，红柱再次出现，成交量再次放大，如图 7—4 所示。

2011 年 2 月 17 日新兴铸管的股价到达一个阶段高点后开始向下调整，与此同时，MACD 指标同步向下，DIF 线向下运行，在穿越 DEA 线的过程中受到支撑，迟迟没有形成死叉。

2011 年 3 月 7 日，新兴铸管的股价出现放量大涨，DIF 线重新开始向上运行，这说明 MACD 指标拒绝死叉形态成立，此时，投资者宜跟进买入股票。

三、MACD 指标 W 底：买入

MACD 指标中的柱线也是很重要的一种分析工具，如果柱线出现 W 底时，投资者应该特别注意。W 底有以下几个特点：

1. DIF 线和 DEA 线在 0 轴附近徘徊，DIF 线在 DEA 线下方，柱状线为绿色；

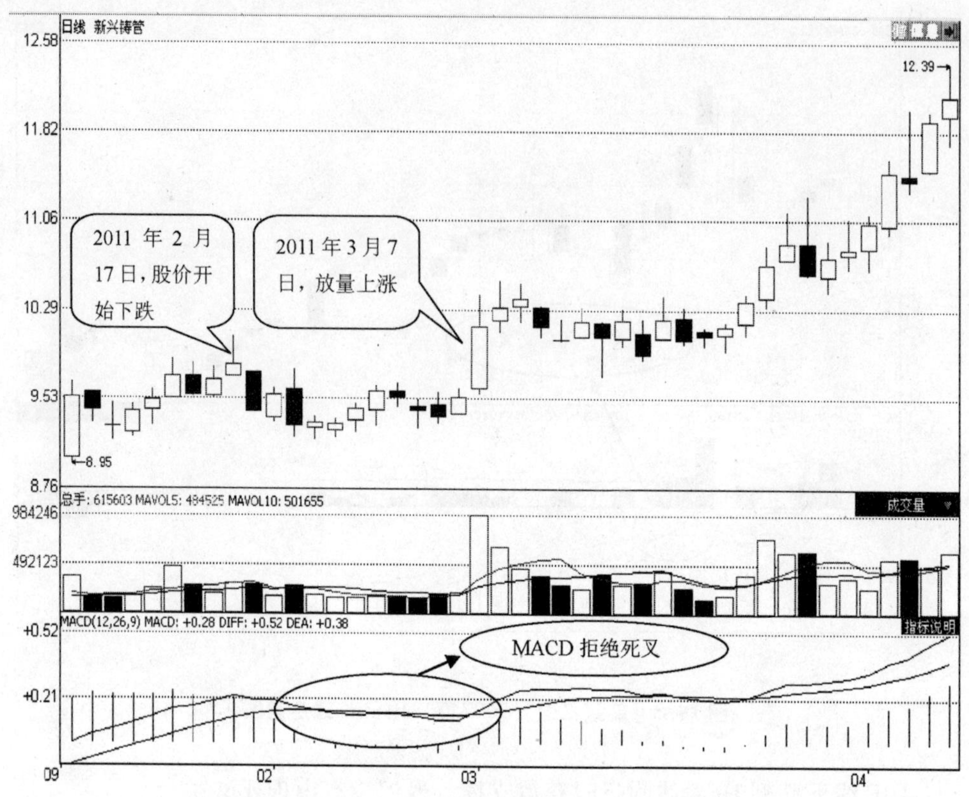

图 7—4 新兴铸管（000778）日 K 线走势图

2. 绿色柱状线出现 W 底或三重底形态，且一底比一底高；

3. 在 W 底形成过程中，成交量逐步缩小。

W 底形态表明，市场虽然仍处于下跌行情中，但驱动市场下跌的力量已经明显不足，多方开始逐步回复元气，随时准备反攻，一旦市场成交量出现放大的态势，那么，股价的走势很有可能出现上涨，如图 7—5 所示。

2010 年 12 月 27 日，海通集团的股价自高点回落，与此同时，MACD 指标出现死亡交叉形态，预示后面股价还将继续下跌。在海通集团股价下跌过程中，成交量逐步缩小，DIF 线与 DEA 线运行在 0 轴附近，在两条曲线回调期间，MACD 柱线出现 W 底形态，且一底更比一底高。在 W 底形成过程中，DIF 线与 DEA 线开始转向，并在 0 轴下方出现黄金交叉，这预示后市将逐渐转好。

2011 年 2 月 10 日，海通集团的股价出现放量上涨行情，与此同时，MACD 柱线的 W 底形态刚刚完成，MACD 指标的黄金交叉也刚刚完成，这预示后市将向好的方向发展，投资者宜买入股票。

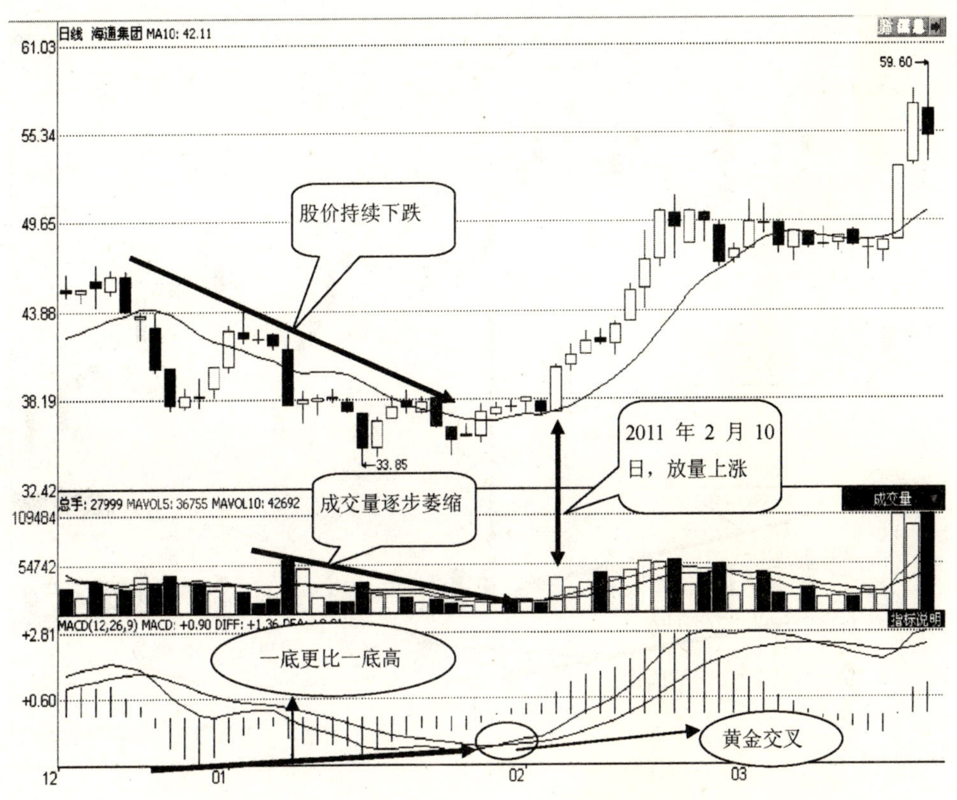

图 7—5 海通集团（600537）日 K 线走势图

四、MACD 指标 M 顶：卖出

与 W 底形态相对应的是 M 顶形态。M 顶形态具有如下几个特点：

1. DIF 线和 DEA 线在 0 轴附近徘徊，DIF 线在 DEA 线上方，柱状线为红色；

2. 红色柱状线出现 M 顶或三重顶形态，且一顶比一顶低；

3. 在 M 顶形成过程中，成交量逐步缩小。

M 顶形态表明，市场虽然仍处于上涨行情当中，但驱动市场上涨的动能已经明显不足，空方开始逐步回复元气，随时准备反攻，一旦市场成交量出现放大的态势，很可能是资金出逃，股价就很有可能下跌，如图 7—6 所示。

从 2011 年 2 月 15 日开始，一汽夏利的股价开始震荡调整走势，成交量逐步萎缩，与此同时，MACD 指标的柱状线走出 M 顶形态，且第二峰的高度要远远低于第一峰的高度。

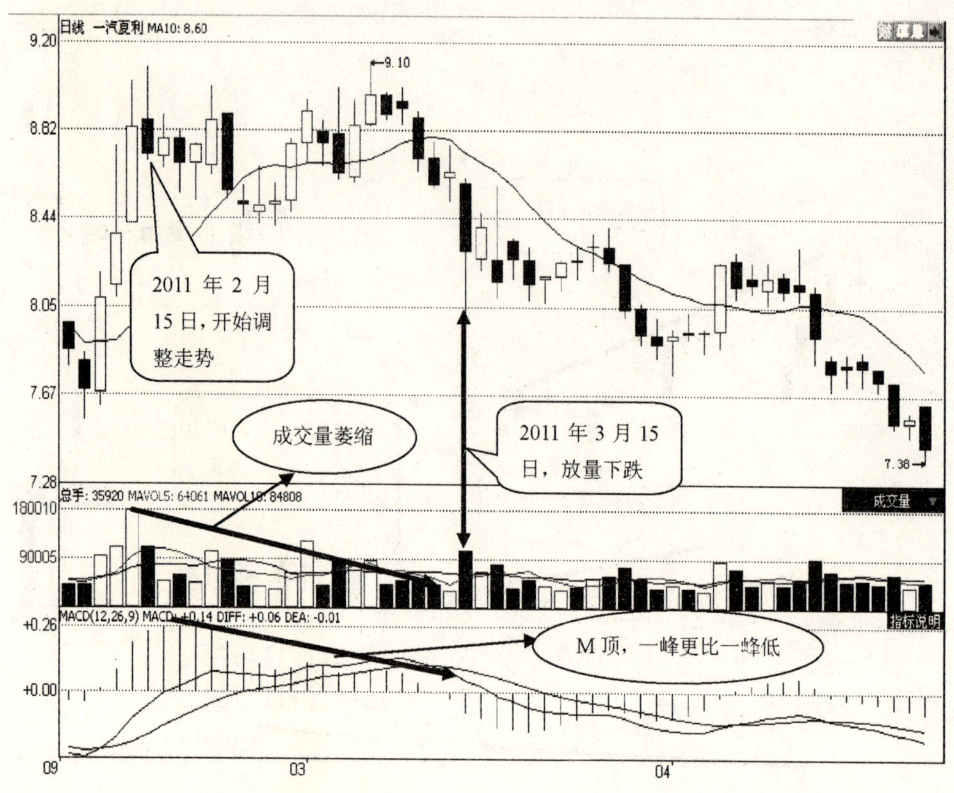

图 7—6 一汽夏利（000927）日 K 线走势图

2011 年 3 月 15 日，一汽夏利的股价出现大幅下跌，并伴随成交量的放大，这说明市场有大量资金出逃，投资者宜卖出手中的股票。

五、MACD 指标顶背离：卖出

MACD 指标的顶背离是指当股价一波又一波走出新高时，MACD 指标的两条曲线，DIF 线与 DEA 线却出现逐波走低的情形。顶背离发出的是股价见顶的信号，发生的背离次数越多，信号的可靠性也就越强。MACD 指标的顶背离操作要点如下：

1. 顶背离出现时，MACD 指标如果能够同时出现死亡交叉的情况，那么，将增强该信号的准确程度。

2. 一般情况下，发生顶背离后，股价都会有一定的下跌，但并不意味着股价运行趋势一定会发生根本性的逆转，如图 7—7 所示。

安纳达股价 2011 年 3 月从 16.60 元左右开始上涨，到 3 月 24 日上涨到 26.99 元，

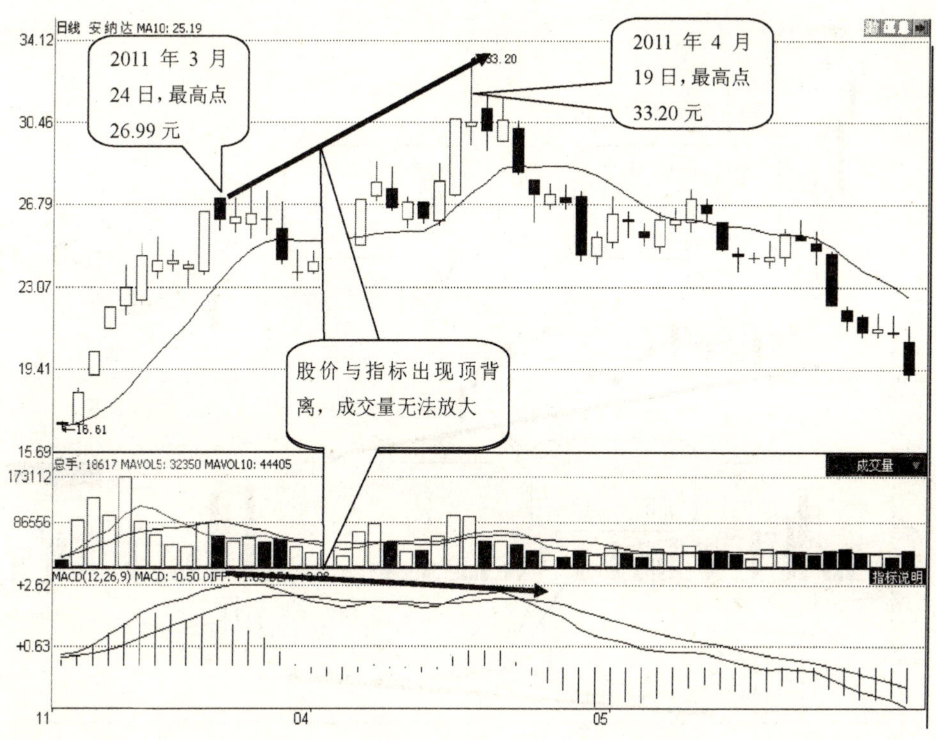

图 7—7 安纳达（002136）日 K 线走势图

MACD 指标的 DIF 线与 DEA 线也达到了高点，接下来，股价经过震荡整理后，又创下了 33.20 元的高价，但与此同时，MACD 指标并没有上涨而是出现了下跌走势，顶背离形成，卖点出现。

该股股价后期的走势印证了顶背离形态卖出指示作用，该股股价一路下跌，最大降幅超过 40%。

六、MACD 指标底背离：买入

MACD 指标的底背离是指当股价一波又一波走出新低时，MACD 指标的两条曲线，DIF 线与 DEA 线却出现逐波走高的情形。底背离发出的是股价见底的信号，发生的背离次数越多，买入信号的可靠性也就越高。MACD 指标的底背离操作要点如下：

1. 如果底背离出现时，MACD 指标能够同时出现黄金交叉的情况，那么，将增大该信号的准确程度。

2. 当 MACD 指标出现底背离时，最好能够综合其他技术指标综合研判。如果其他技术指标也发出买入信号，将增加该信号的准确性，如图 7—8 所示。

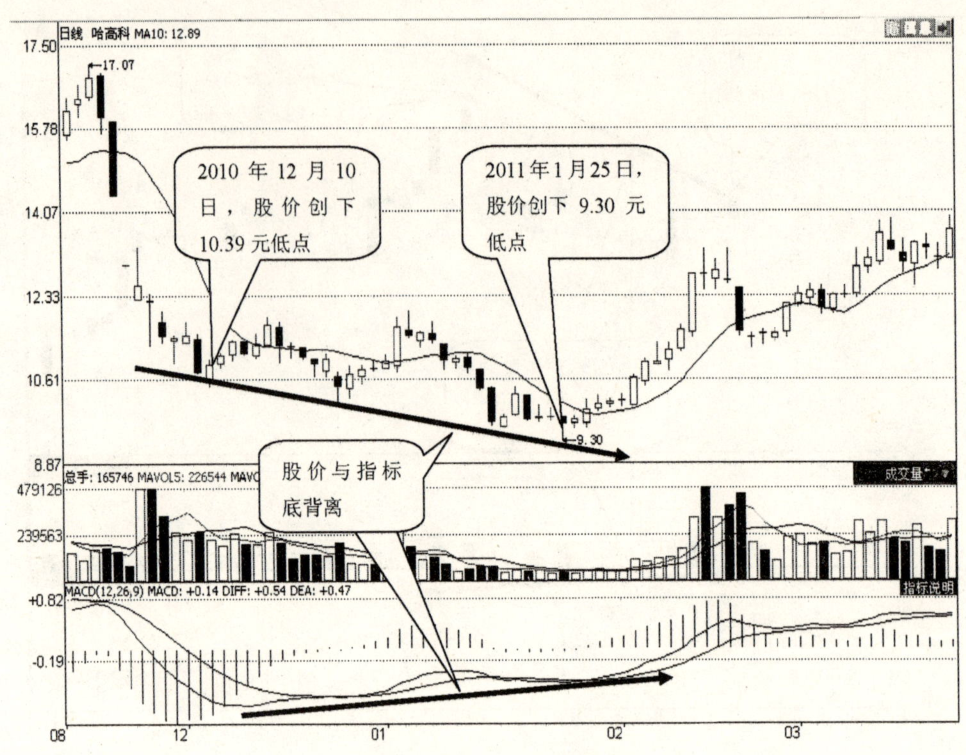

图7—8 哈高科日K线走势图

哈高科股价从2010年11月底开始一路下行，MACD指标也随之下行，2010年12月10日，股价创下10.39元低点后，股价虽然继续下行，到了2011年1月25日，股价再创9.30元新低，与此同时，MACD指标却出现上升的势头，底背离出现，发出见底信号。

投资者此时可以密切观察股价走势，一旦股价开始上涨，就可买入股票。该股后期走势也印证了底背离发出买入信号的准确性。

股海箴言

MACD指标是均线指标的变形，是对均线指标的修正，因此，MACD指标发出买入或卖出信号的指示作用要比均线指标更加准确。MACD指标的金叉与死叉对股价上涨或下跌有重要的指导作用，如果MACD指标在发生金叉或死叉时，能有成交量相配合，则会大大加强此信号的可靠性。

第二节　KDJ 指标看盘实操

➲ 实战看盘

KDJ 指标全称是随机摆动指标，是用于判断股价短期走势的技术指标。该指标的金叉与死叉、顶背离与底背离对判断股价趋势有着重要的指导作用。

KDJ 指标是以一个周期内的最高价、最低价及收盘价为基本数据进行计算，得出 K 值、D 值和 J 值，然后将 K 值、D 值和 J 值在坐标上对应的点连接在一起形成的三条不同的可以研判股价趋势的曲线，是用于判断股价短期走势的技术指标。该指标的金叉与死叉、顶背离与底背离对判断股价趋势有着重要的指导作用。

一、KDJ 指标金叉：买入

当指标线 K 向上穿过指标线 D 时，形成的交叉就为黄金交叉，是一种买入信号。KDJ 指标中指标线 K 和指标线 D 的金叉是 KDJ 指标线应用最多的形态。KDJ 指标线金叉的指导作用要强于 MACD 指标金叉，其操作要点如下：

1. 指标线 K 如果在超卖区（K 值小于 10 或 D 值小于 20）开始回升，并且上穿指标线 D 形成黄金交叉，此时发出的买入信号较为强烈，投资者可以大胆买入股票。

2. 指标线 K 如果没到超卖区就开始回升，并且上穿指标线 D 形成黄金交叉，此时，发出的虽然也是买入信号，但该信号强度较弱，投资者应该继续观察股价的走势；若 KDJ 指标再次出现黄金交叉，投资者就可以大胆买入了。

3. 实战中，当指标线 K，指标线 D 在 20 以下交叉向上，此时的短期买入信号较为准确；如果 K 值在 50 以下，由下往上接连两次上穿 D 值，形成右底比左底高的“W 底”形态时，后市股价可能会有相当的涨幅，如图 7—9 所示。

梅花伞的股价在 2010 年 12 月下旬经过了一番盘整之后，从 2011 年 1 月底走出一波急速下跌的走势。

与此同时，KDJ 指标也逐步走低。2011 年 1 月 25 日，当股价创下一段时间以来

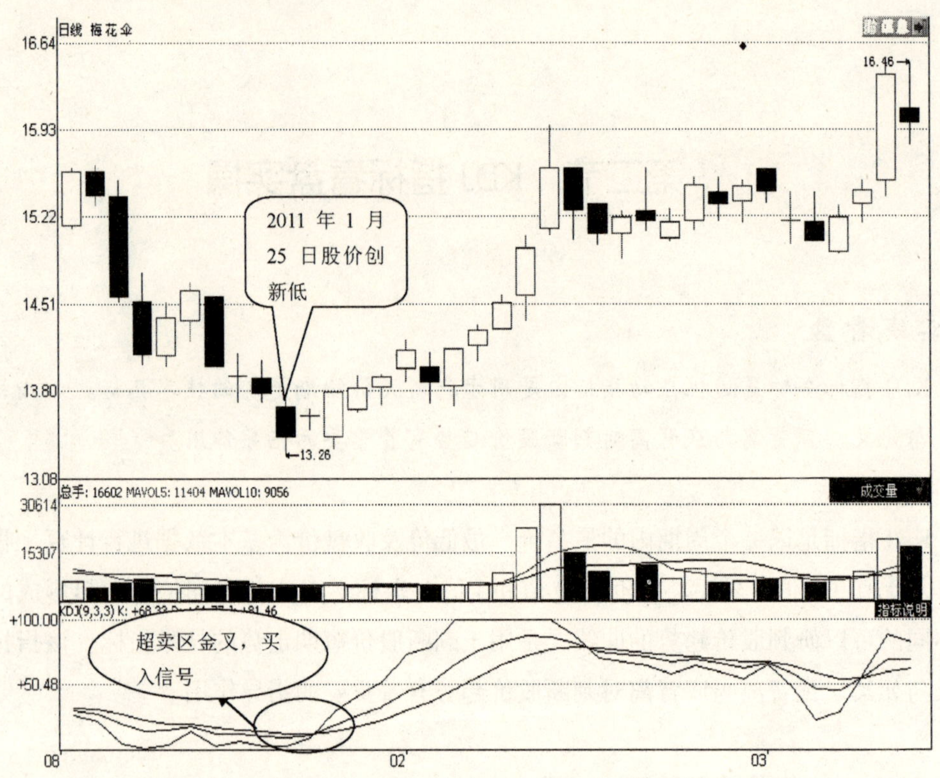

图 7—9 梅花伞（002174）日 K 线走势图

的最低点时，KDJ 指标却出现了回升势头，K 线、J 线先后上穿 D 线，形成黄金交叉形态，而且指标线 K、指标线 D、指标线 J 的数值全部位于 50 以下，指标线 K、指标线 D 又全部从超卖区域开始回升。由此可见，买入信号非常明确，后市看涨。

投资者如果能在 KDJ 指标形成黄金交叉之时买入股票，就能把握住股价后续上涨带来的收益。

二、KDJ 指标死叉：卖出

当指标线 K 向下穿过指标线 D 时，形成的交叉就为死亡交叉，是一种卖出信号。当 KDJ 指标中指标线 K 和指标线 D 出现死叉时，往往意味着后市将会出现一段下跌行情，其操作要点如下：

1. 指标线 K 如果在超买区（K 值大于 90 或 D 值大于 80）开始下跌，并且向下穿过指标线 D 形成死亡交叉，此时发出的卖出信号较为强烈。

2. 指标线 K 如果没到超买区就开始下跌，并且向下穿过指标线 D 形成死亡交叉，此时，发出的虽然也是卖出信号，但该信号强度较弱，投资者应该继续观察股价的走势，如图 7—10 所示。

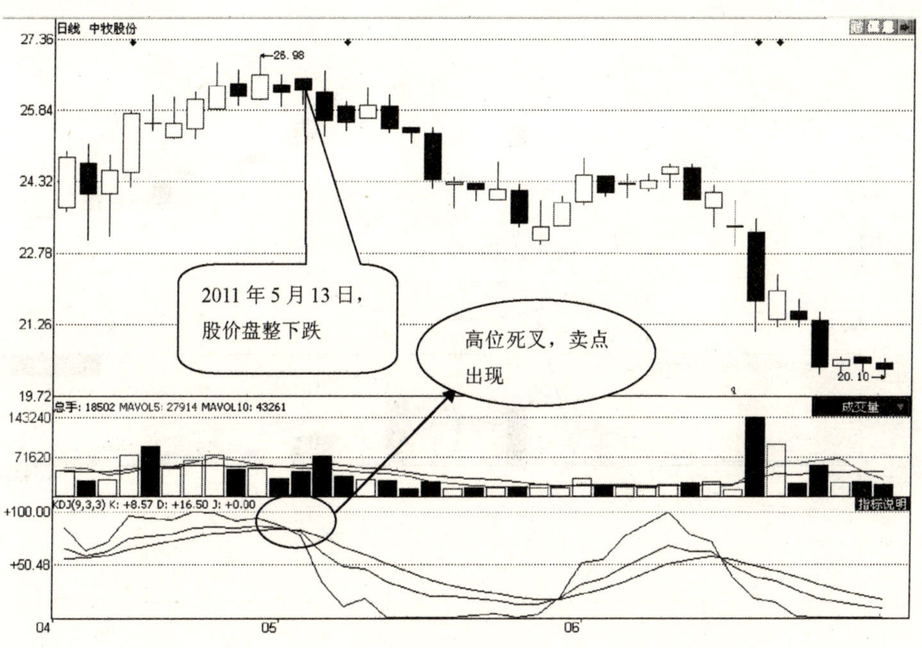

图 7—10 中牧股份（600195）日 K 线走势图

中牧股份的股价从 2011 年 4 月底开始了一波上涨的走势，到了 2011 年 5 月 13 日，股价以小阴线收盘，股价已经较前两个交易日有所下跌，且指标线 K、指标线 D 同时自超买区域下跌，形成死叉，预示股价将会出现一波下跌走势。该股后期走势一路下跌，印证了这一判断。

三、KDJ 指标超买：卖出

KDJ 指标超买是指当市场上投资者纷纷买入股票，买方力量逐渐加强，后来，股价进入超过买方实力的区域，股价即将转入下跌。当 KDJ 指标中的指标线 K 的数值大于 90 时，意味着指标线 K 已经进入超买区间；当指标线 D 的数值大于 80 时，意味着指标线 D 也进入超买区间了。其操作要点如下：

1. 由于指标线 J 过于灵敏，常常出现高位钝化现象，而指标线 D 又过于迟缓，所以，指标线 K 发出的超买信号较为准确、及时。

2. 当指标线 J 值达到 100 后，如果能够连续 5 天，一般都会形成短期的顶部，投资者应该随时准备卖出股票，如图 7—11 所示。

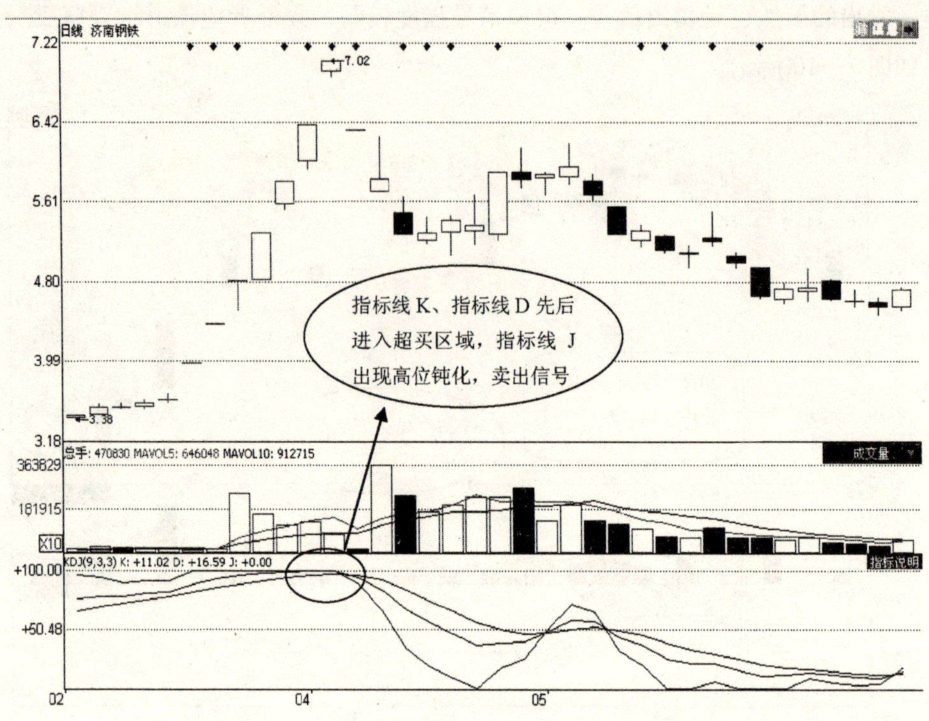

图 7—11 济南钢铁（600022）日 K 线走势图

济南钢铁在2011 年2 月中旬开始经历了一波大幅上涨之后，指标线J 数值率先达到 100，并出现高位钝化现象，随后，指标线 K、指标线 D 先后进入超买区间，预示股价将会出现一波下跌走势。与此同时，指标线 K 与指标线 D 形成高位死叉，这也预示后市股价将会下跌。

四、KDJ 指标超卖：买入

KDJ 指标超卖是指当市场上投资者纷纷卖出股票，卖方力量逐渐加强，后来，股价进入超过卖方实力的区域，股价即将转入上涨。当 KDJ 指标中指标线 K 的数值小于 10 时，意味着指标线 K 已经进入超卖区间；当指标线 D 的数值小于 20 时，意味着指标线 D 也进入超卖区间了。其操作要点如下：

1. 当指标线 J 数值连续几个交易日为 0 时，说明短期底部即将到来，投资者应仔细观察，寻找买入信号。

2. 投资者在观察 KDJ 指标超卖时，应将注意力集中在指标线 K 上，一旦指标线 K 发出超卖信号，投资者就可以买入了，如图 7—12 所示。

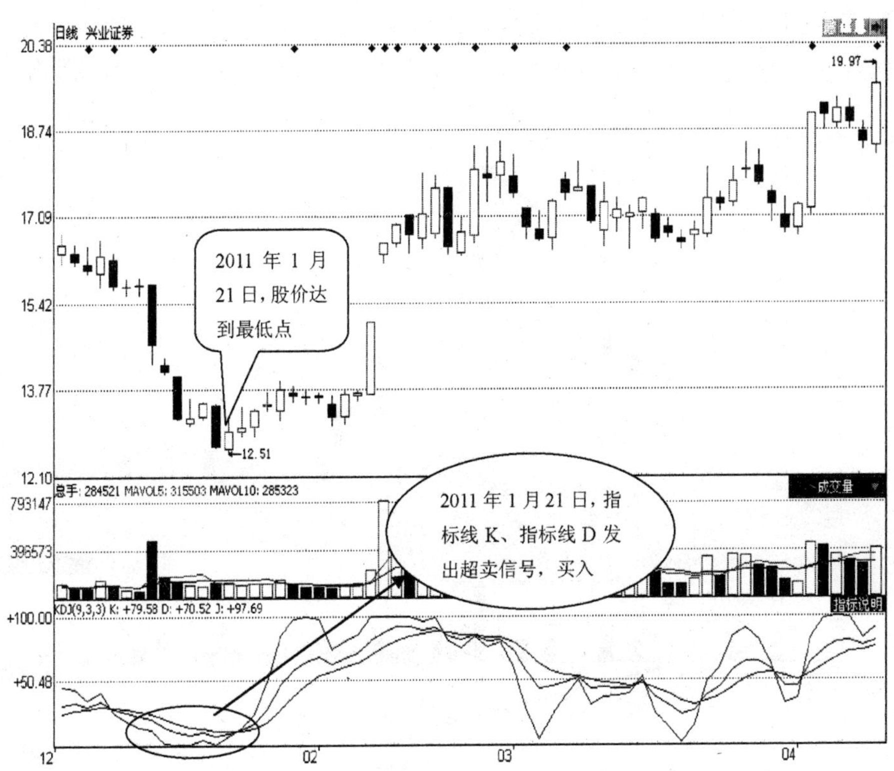

图 7—12 兴业证券（601377）日 K 线走势图

兴业证券的股价在 2011 年 1 月经历了一波下跌走势，到了 2011 年 1 月 21 日，股价达到最低点。指标线 K、指标线 D 同时发出超卖信号，预示股价在短期内将出现上涨的走势，投资者应密切关注该股的后续走势，一旦结束下跌，就可以买入该股了。与此同时，指标线 K、指标线 D 形成地位黄金交叉形态，这也印证了股价后期将开始上涨的走势。

五、KDJ 指标顶背离：卖出

KDJ 指标的顶背离是指股票的价位走势一波高过一波，而与此同时，KDJ 指标的三条曲线却出现一波低于一波的走势，即价位走势与 KDJ 曲线走势出现顶背离。KDJ 指标出现顶背离形态，预示股价的上涨趋势将结束，新一轮的下跌将要开始。KDJ 指标的顶背离形态操作要点如下：

1. KDJ 指标中的三条曲线自高位回落，与价位走势形成顶背离后，如果指标线 K、指标线 D 的数值都回落到 50 以下，股价下跌的可能性就会更大。

2. 当 KDJ 指标线走势与股价走势形成顶背离后，KDJ 指标曲线重新上升，且突破前期高点，则可认为顶背离无效，投资者可以继续持有股票，如图 7—13 所示。

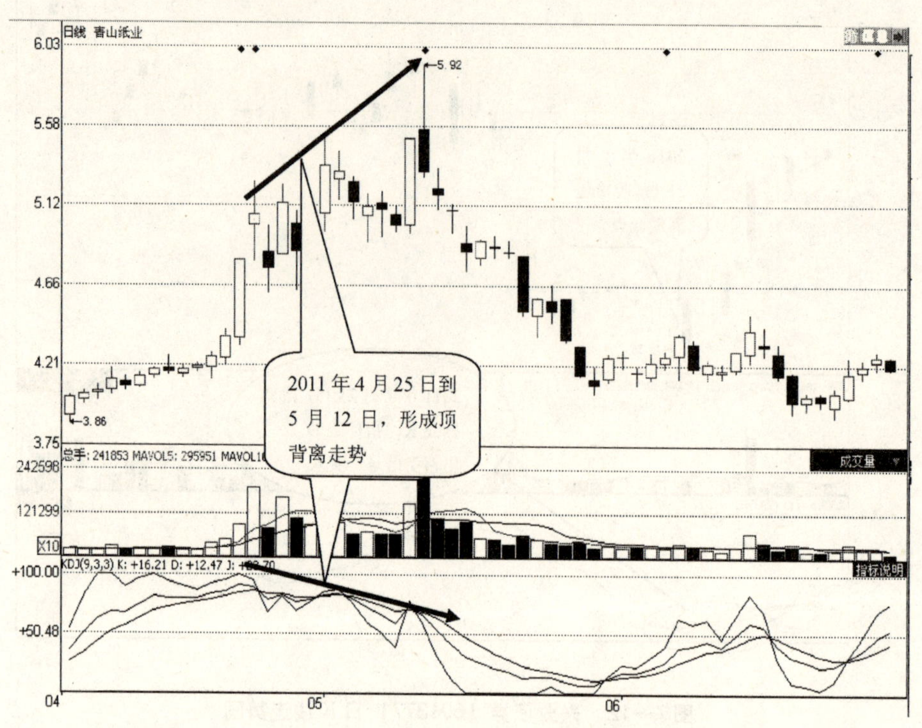

图 7—13 青山纸业（600103）日 K 线走势图

青山纸业在 2011 年 4 月 25 日到 5 月 12 日期间经历了一波上涨，但是，从 4 月 25 日开始，股价走势与 KDJ 指标的走势出现了顶背离。即随着股价的一步步创出新高，KDJ 指标却出现下行走势。股价走势与 KDJ 指标的背离说明股价将会有一波下跌的过程，投资者需要卖出股票，以回避风险。

六、KDJ 指标底背离：买入

KDJ 指标的底背离是指股票的价位走势一波比一波低，而与此同时，KDJ 指标的三条曲线却出现一波高于一波的走势，即价位走势与 KDJ 曲线走势出现底背离。KDJ 指标出现底背离形态，预示股价的下跌趋势将结束，新一轮的上涨将要开始。KDJ 指标底背离的操作要点如下：

1. KDJ 指标的底背离需要经过反复几次才能确认，投资者不能看到底背离就买入股票，而应等待更为明显的止跌回稳迹象。

2. 投资者在使用底背离分析股价运行趋势时，最好能结合其他技术分析指标进行综合研判，一旦各个指标都发出买入信号时，投资者就可以买入股票了，如图 7—14 所示。

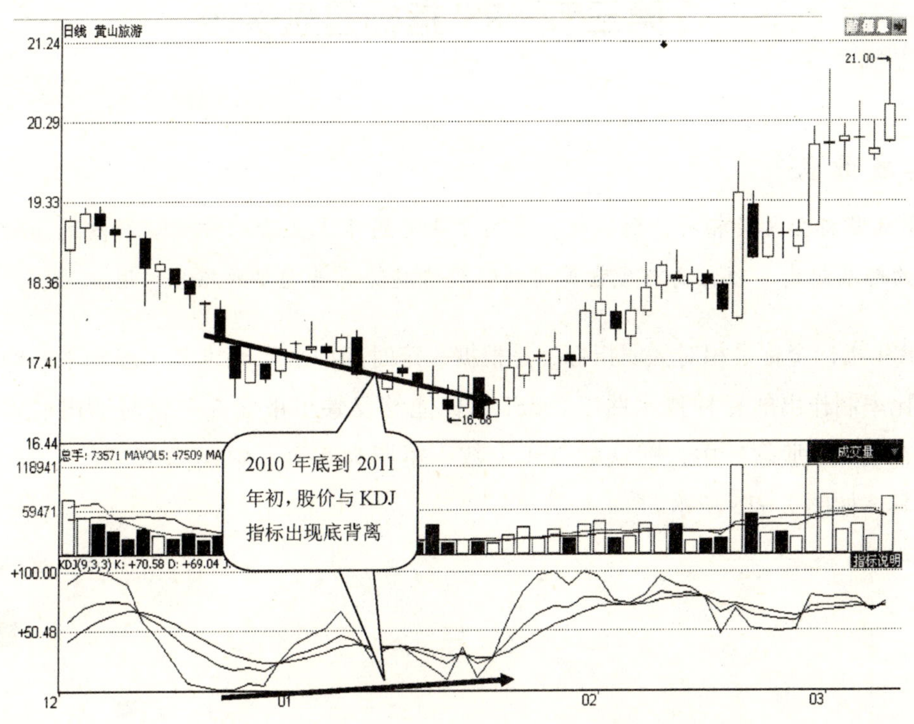

图 7—14 黄山旅游（600054）日 K 线走势图

黄山旅游股价从 2010 年底开始一路下跌，进入 2011 年 1 月，股价仍没有止跌回稳的迹象，但是 KDJ 指标却从 2011 年 1 月下旬开始不再下跌，而且还出现了上升的势头，与股价走势形成了底背离，预示股价下跌将要到尽头，后市看涨。

股海箴言

KDJ 指标就是通过当前股价在近阶段股价分布中的相对位置来预测可能发生的趋势反转的指标。它主要是利用价格波动的真实波幅来反映价格走势的强弱和超买超卖现象，在价格尚未上升或下降之前发出买卖信号。它最先用于期货市场的分析，后被广泛用于股市的中短期趋势分析，是期货和股票市场上最常用的技术分析工具。

第三节 RSI 指标看盘实操

实战看盘

RSI 指标全称是相对强弱指标，是用于衡量股市上买卖双方强弱程度的指标。该指标的超买超卖、顶背离与底背离对判断股价趋势有着重要的指导作用。

RSI 指标全称是相对强弱指标，是根据一定时期内上涨幅度与上涨和下跌幅度之和的比率制作出的一种技术曲线。RSI 指标能够反映出市场在一定时期内的景气程度。在很多炒股软件中，默认的 RSI 天数：短期为 6 天、中期为 12 天、长期为 24 天，具体如图 7—15 所示。

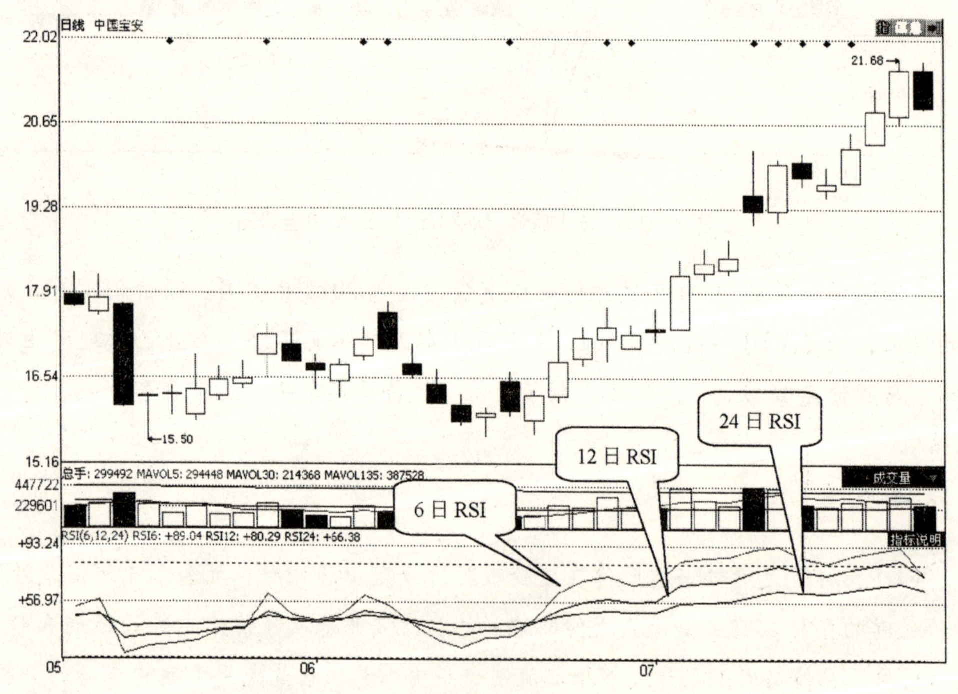

图 7—15 中国宝安（000009）的 RSI 指标

RSI 指标的取值范围永远在 0～100 之间。当统计期间内股价一直下跌，没有一天上涨时，RSI 值为 0；相反，当统计期间内股价一直上涨，没有一天下跌时，RSI 值为 100。

一、RSI 指标超买：卖出

当买方占据着绝对优势，股价持续上涨之后，一旦股价上涨的幅度已经超出了买家的实力，就会出现盛极而衰的情形，股价也会因为上涨过快而导致下跌，这就是超买。一般情况下，RSI 指标的合理取值范围在 20～80 之间，如果 RSI 指标超过 80 则属于进入了超买区间；反之，当 RSI 指标低于 20 则进入了超卖区间。RSI 指标超买的操作要点如下：

1. 当 RSI 指标超过 80 时，就意味着股价进入了超买区间，这时如果 RSI 指标出现拐头向下的情形，投资者就需要快速卖出股票了。

2. 一般情况下，中小盘品种或者热门品种，RSI 指标超过 80 为超买；而一些冷门品种，超过 70 就可以认为进入超买区间了。

3. 在单边强势的市场中，RSI 指标会出现钝化的情况，这时 RSI 指标所发出的超买或超卖信号就没有意义了，如图 7—16 所示。

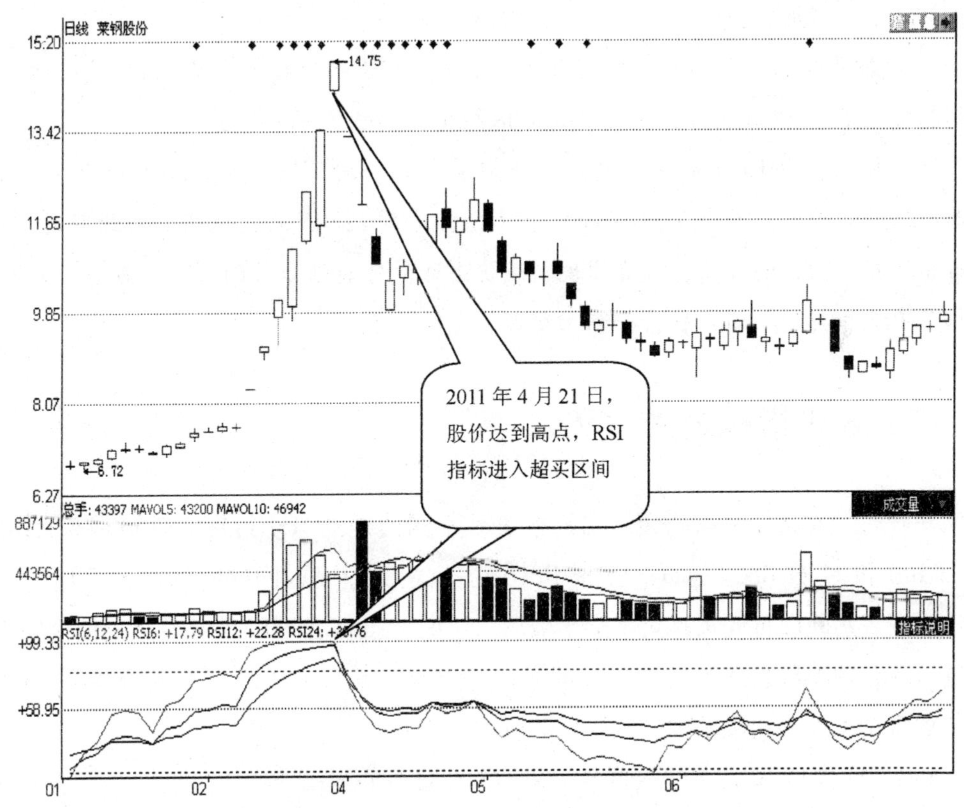

图 7—16　莱钢股份（600102）日 K 线走势图

莱钢股份股价在经过了2010年底到2011年初的一番盘整之后，在2011年2月中下旬开始了一波上涨攻势。2011年4月21日，莱钢股份股价创出一个新的高点，与此同时，RSI指标进入超买区间，尤其是6日RSI并创出100点的新高后，在一段时间内出现钝化，接着拐头向下，说明股价见顶迹象明显，后期股价很有可能会出现下跌的走势。当投资者看到RSI指标进入超买区域后，需要密切注意RSI指标的走势，一旦RSI指标出现拐头迹象，则需要立刻卖出股票。

二、RSI指标超卖：买入

当卖方占据着绝对优势，股价持续下跌之后，一旦股价下跌的幅度已经超出了卖家的实力，股价就会因为下跌过快而导致报复性上涨，这就是超卖。一般情况下，RSI指标的合理取值范围在20～80之间，如果RSI指标低于20则属于进入了超卖区间。RSI指标超卖的操作要点如下：

1. 当RSI指标低于20时，就意味着股价进入了超卖区间，这时如果RSI指标出现拐头向上的情形，投资者就可以买入股票了。

2. 一般情况下，中小盘品种或者热门品种，RSI指标超低于20为超卖；而一些冷门品种，低于30就可以认为进入超卖区间了，如图7—17所示。

江西长运在2010年4月底到6月中旬展开了一波下跌走势，2010年7月2日，江西长运的股价创下新低7.90元时，RSI指标达到12.05的最低值。与此同时，RSI指标出现拐头向上的迹象，买点出现，股价上涨的可能性非常的大。后期股价走势也印证了RSI指标的判断，股价一路上行。

三、RSI指标金叉：买入

一般的炒股软件中系统会给出三根表示不同周期的RSI指标，分别是6日RSI、12日RSI和24日RSI。这样，三根RSI线进入超买超卖区间的时间会各不相同，这就给投资者判断股价超买超卖制造了障碍。这时，投资者可以考虑通过快慢两条RSI线进行综合判断股价运行的方向，即通过一条快线6日RSI线和一条慢线12日RSI线的黄金交叉来寻找股票的最佳买入时机。

6日RSI线与12日RSI线黄金交叉的操作要点如下：

1. 当6日RSI线自30以下的超卖区向上成功穿越12日RSI线形成的交叉，可以

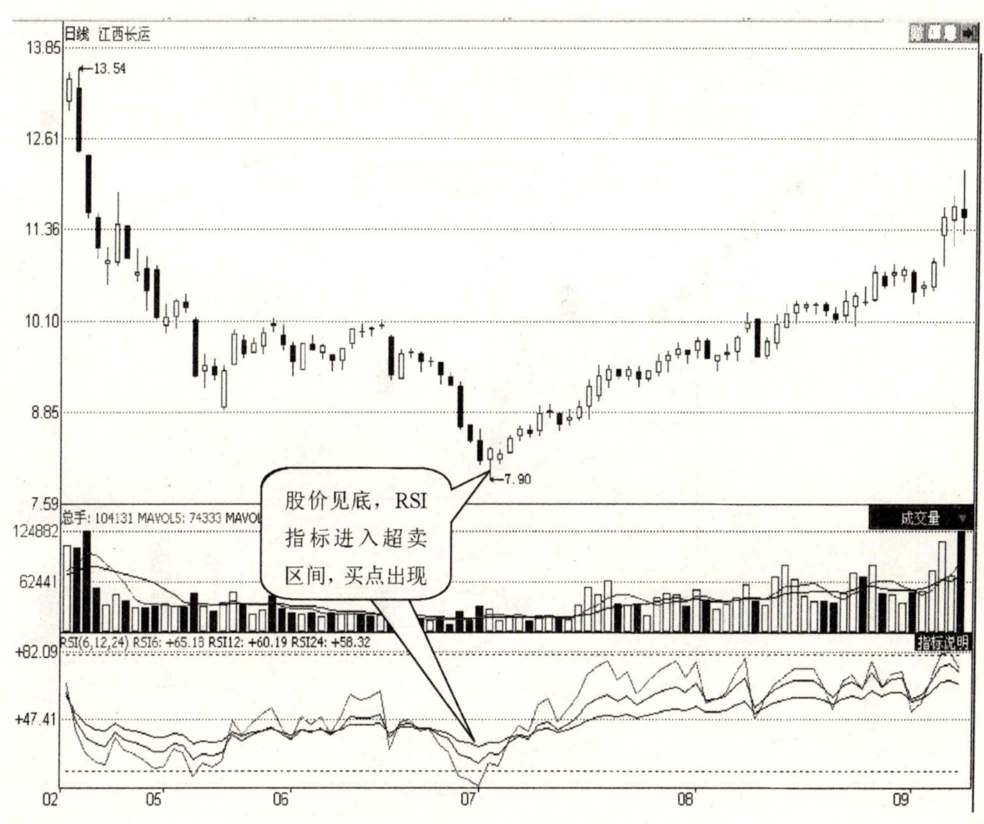

图 7—17 江西长运（600561）日 K 线走势图

称之为黄金交叉，预示市场行情正在好转，是买入信号；

2. 如果 6 日 RSI 线与 12 日 RSI 线形成交叉的位置较高，如在 70 以上，则可以认定此交叉非黄金交叉，也不能说明后市向好；

3. 如果 6 日 RSI 线与 12 日 RSI 线形成黄金交叉时，成交量能够同步放大，则更加能说明后市股价将向上涨的方向发展，如图 7—18 所示。

航天动力的股价随大盘在 2011 年初的一段时间展开了一段下跌的走势，在下跌途中，经历了几个交易日的盘整之后，股价开始加速下跌，与此相对应，RSI 指标也下降到超卖区域，这说明股价下跌的走势即将结束。

2011 年 1 月 26 日，股价在下跌过程中收出一根倒锤头线，成交量开始放大，这说明股价下跌过程即将结束。2011 年 1 月 27 日，股价又收出一根中阳线，与此同时，RSI 指标的快线自下而上穿过慢线，形成交叉，而交点位置仍在 30 以下，说明此交叉为黄金交叉，后市看涨。

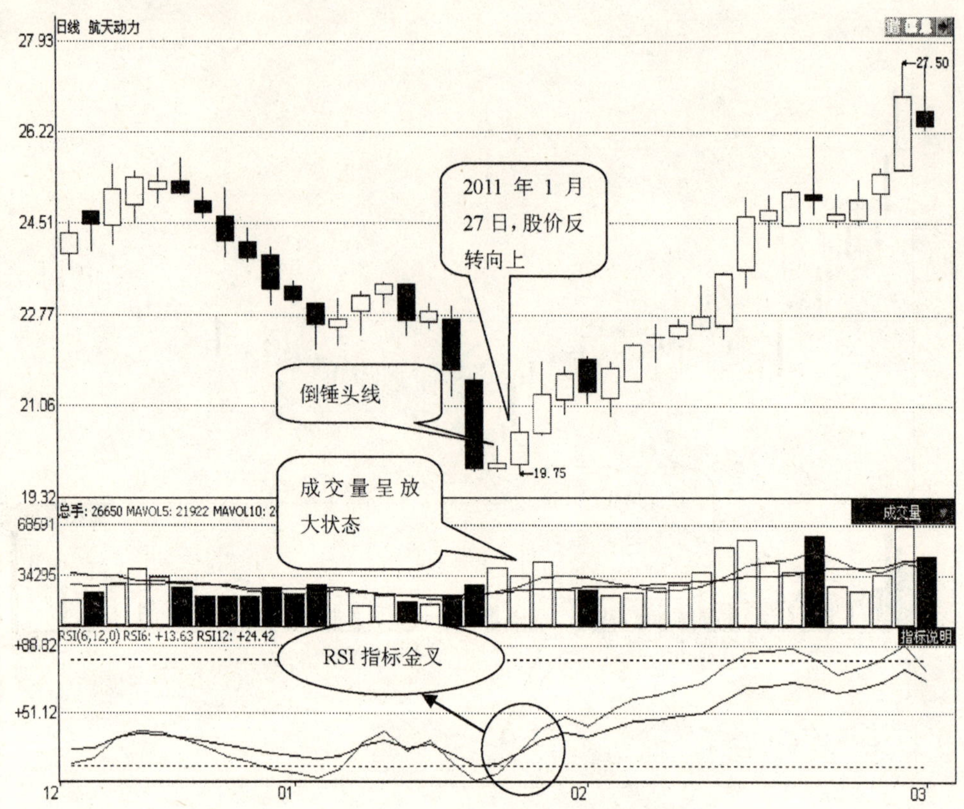

图 7—18 航天动力（600343）日 K 线走势图

四、RSI 指标死叉：卖出

RSI 指标的死叉是与 RSI 指标金叉相对应的一种形态。RSI 指标死叉是指 6 日 RSI 线在 70 以上的位置自上向下穿过 12 日 RSI 线的过程，即在超买区域快线成功穿越慢线的过程，这一交叉被称之为死亡交叉。

6 日 RSI 线与 12 日 RSI 线死亡交叉的操作要点如下：

1. 当 6 日 RSI 线自 70 以上的超买区向下成功穿越 12 日 RSI 线形成的交叉，可以称之为死亡交叉，预示市场行情正在向坏，是卖出信号；

2. 如果 6 日 RSI 线与 12 日 RSI 线形成交叉的位置较低，如在 30 以下，则可以认定此交叉非死亡交叉，也不能说明后市向坏；

3. 如果 6 日 RSI 线与 12 日 RSI 线形成死亡交叉时，成交量能够同步放大，则更加能说明后市股价将向下跌的方向发展，如图 7—19 所示。

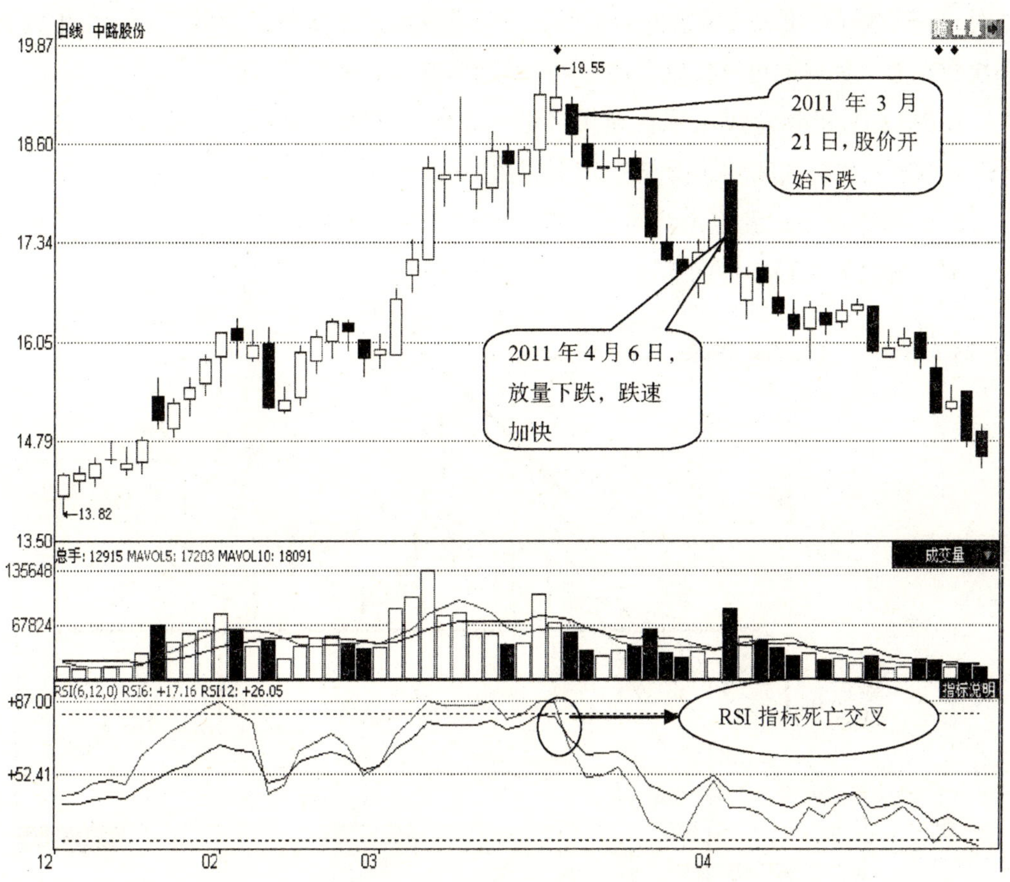

图 7—19 中路股份日 K 线走势图

中路股份的股价从 2011 年 1 月 26 日开始，展开了一波上涨的走势，股价屡创新高，RSI 指标的快线与慢线也先后到达超买区间，预示股价有见顶的可能。2011 年 3 月 21 日，股价在前一交易日到达阶段高点后，开始下跌，与此同时，RSI 指标的快线从超买区域自上而下穿越 RSI 指标的慢线，形成交叉，此交叉点位置位于 70 以上，这说明此交叉为死亡交叉，之后股价还将有一波下跌走势。

随后股价开始了一波下跌，2011 年 4 月 6 日，股价高开低走，放量下跌，预示后面该股的下跌还将加速，投资者赶紧卖出该股。

五、RSI 指标顶背离：卖出

RSI 指标的顶背离与 MACD 指标的顶背离相同，也是指当股价一波又一波走出新高时，RSI 指标却出现逐波走低的情形。顶背离发出的是股价见顶的信号，发生的背离次数越多，信号的可靠性就越高。RSI 指标顶背离的操作要点如下：

1. RSI 指标的顶背离出现在超买区域，股价反转向下的可能性较大，因此，当 RSI 指标进入超买区域后，投资者应保持密切关注。

2. 一般情况下，发生顶背离后，股价都会有一定的下跌，但并不意味着股价运行趋势一定会发生根本性的逆转，如图 7—20 所示。

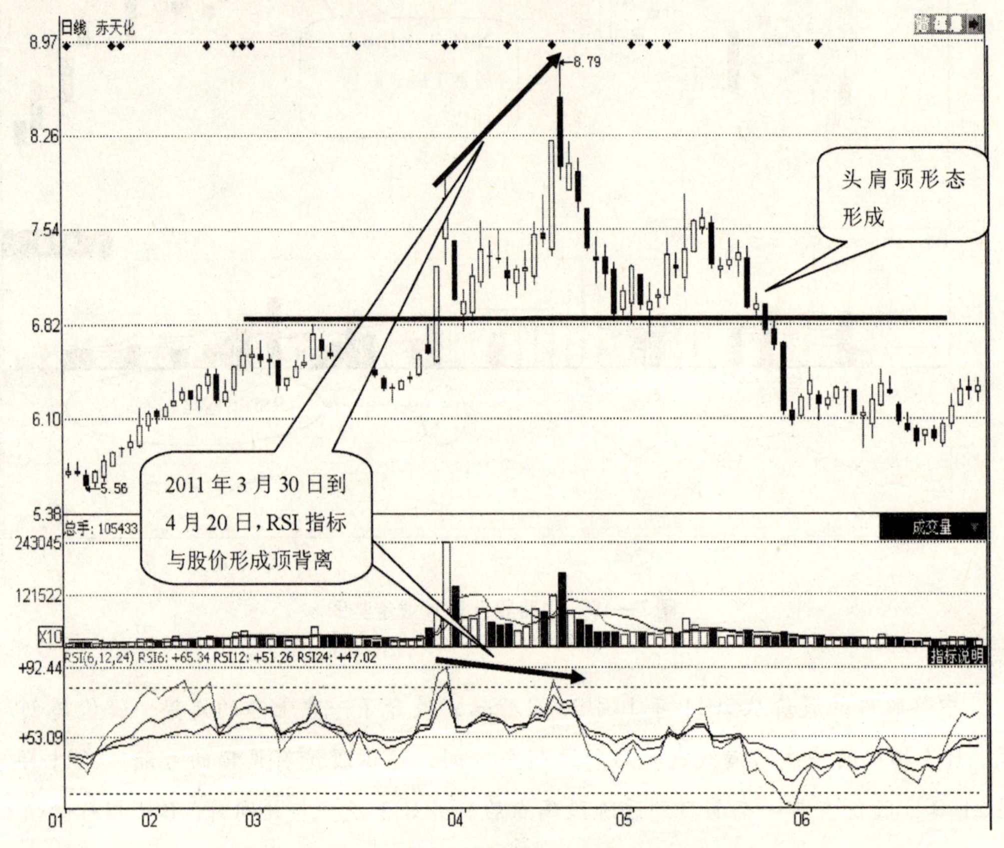

图 7—20 赤天化（600227）日 K 线走势图

赤天化在 2011 年 3 月 30 日创下第一个高点的同时，RSI 指标也到达了超买区域，随后，股价再创新高，但是 RSI 指标却一路下行，与上涨的股价形成顶背离，预示股价将开始一波下跌走势。

同时，赤天化股价的 K 线 2011 年 3 月到 2011 年 5 月期间走出头肩顶形态，这也预示着股价将下跌。

六、RSI 指标底背离：买入

RSI 指标的底背离与 MACD 指标的底背离相同，也是指当股价一波又一波创出新低时，RSI 指标却出现逐波走高的情形。底背离发出的是股价见底的信号，发生背离的次数越多，信号的可靠性也就越高。RSI 指标底背离的操作要点如下：

1. 当股价位于低位，RSI 指标也在低位出现底背离时，一般要反复出现几次背离才能确认行情向好。

2. 底背离出现在 RSI 指标值低于 20 的位置时，反转向上的可能性较大，因此，当 RSI 指标进入超卖区域后，投资者应保持密切关注，如图 7—21 所示。

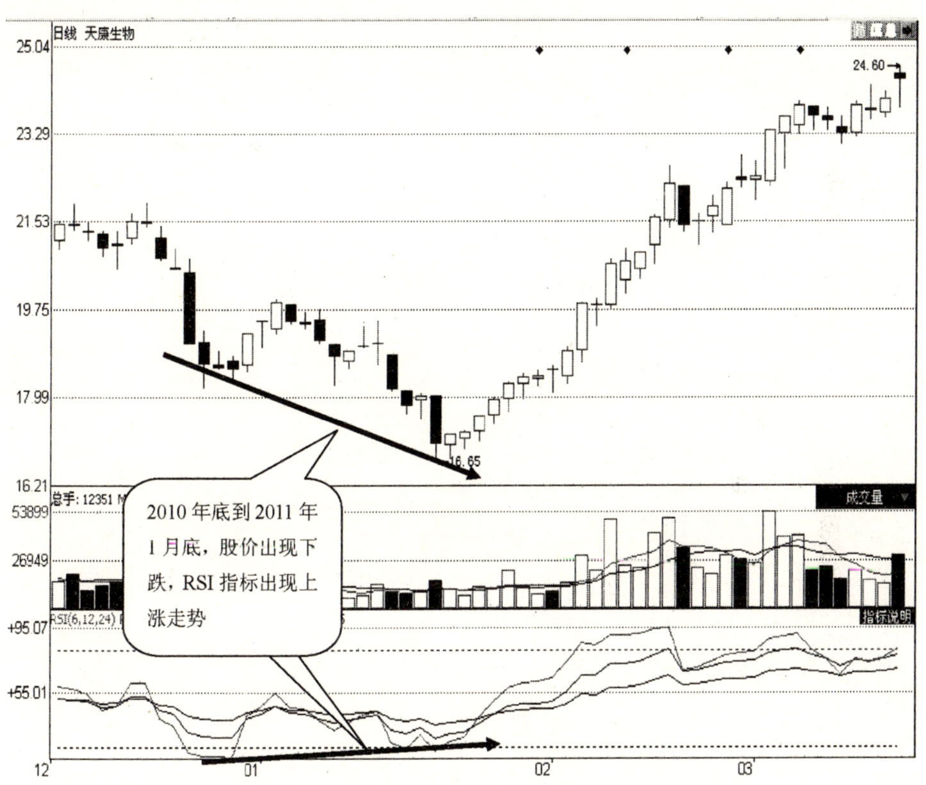

图 7—21 天康生物（002100）日 K 线走势图

天康生物从 2010 年 12 月开始了一波下跌走势，2011 年 1 月初，天康生物在小幅反弹之后，又创出了一个新低。

但与此同时，RSI 指标的数值却出现横盘向上运行的趋势，从而与股价形成底背离走势，预示股价将开启一波上涨行情。

➲ 股海箴言

RSI 指标是被投资者应用最广泛的技术指标之一。投资者的买卖行为是各种因素综合结果的反映。行情的变化最终取决于供求关系，而 RSI 指标正是根据供求平衡的原理，通过测量某一个期间内股价上涨总幅度占股价变化总幅度平均值的百分比，来评估多空力量的强弱程度，进而提示具体操作的。

第四节　CCI 指标看盘实操

➲ 实战看盘

CCI 指标全称是顺势指标，是一种判断股价超买超卖的指标。该指标的超买超卖、顶背离与底背离对判断股价趋势有着重要的指导作用。

CCI 指标全称顺势指标，是一个比较特殊的趋势类指标。它的波动范围没有界限，从正无穷到负无穷。CCI 指标非常简单，仅由一根指标线构成，如图 7—22 所示。

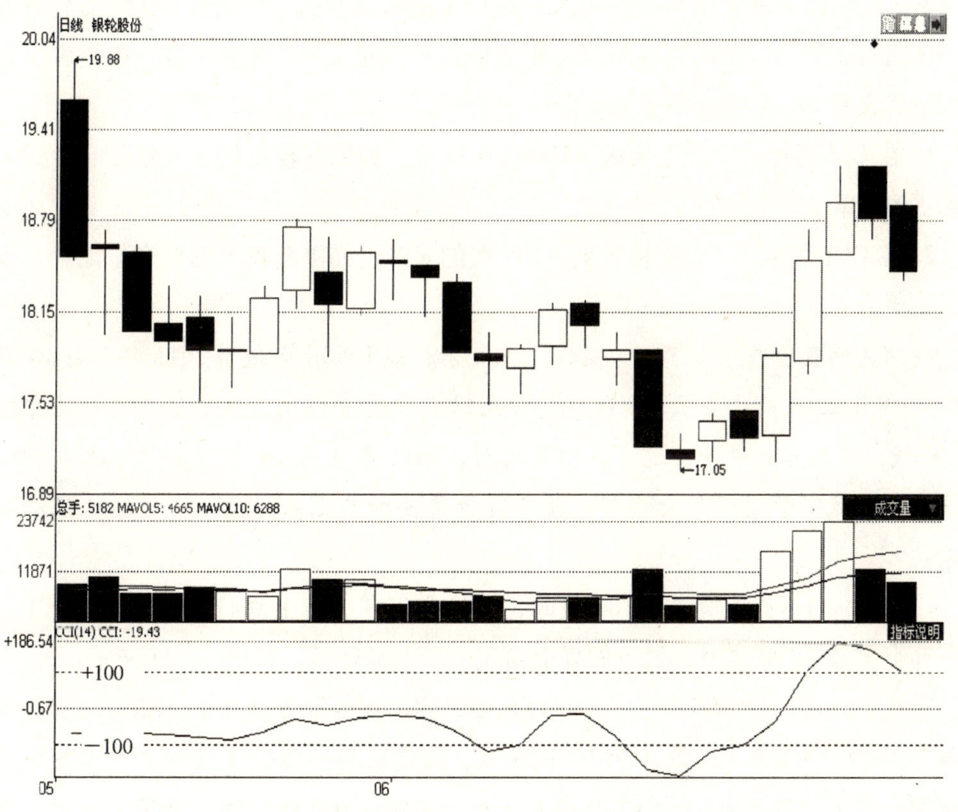

图 7—22　银轮股份（002126）的 CCI 指标

CCI 指标以 +100 和 -100 作为研判标准，指标超过 +100 和低于 -100 时，表示股价进入了一个非常态，当指标值在 +100 和 -100 之间时为震荡区，在震荡区指标基本处于无效状态。

CCI 指标对 +100 和 -100 两条线的穿越均会发出不同的交易信号。无论是 CCI 指标突破 +100，还是跌破 -100 都表示股价已经进入了非正常状态，投资者需要密切关注股价的动向，以寻找交易信号。

CCI 指标在实战中主要有两项指示作用：一是当股价穿越 ±100 线时，发出的买卖点指示信号；二是当股价与 CCI 指标线运行的轨迹出现背离时，发出的买入或卖出信号。

一、CCI 指标自下而上穿越 ±100：买入

当 CCI 指标自下而上突破 +100 线而进入非常态区间时，表明股价脱离常态而进入异常波动阶段，中短线应及时买入；当 CCI 指标自下而上突破 -100 线而重新进入常态区间时，表明股价的探底阶段可能结束，又将进入一个盘整阶段，投资者可以逢低少量买入股票。其操作要点如下：

1. 在 CCI 指标自下而上突破 +100 线的同时，如果有较大的成交量配合，买入信号则更为可靠；

2. 在 CCI 指标自下而上标突破 -100 线的同时，如果有较大的成交量配合，买入信号则更为可靠，如图 7—23 所示。

安纳达的股价在经历了一番缓慢上涨之后，CCI 指标率先于 2011 年 2 月 10 日和 2011 年 2 月 22 日两次突破 +100 线，但此时成交量并没有放大，CCI 指标随即跌破 +100 线。安纳达的股价经过一番调整之后，2011 年 3 月 10 日，股价突破 +100 线，与此同时，成交量呈现放大态势，预示股价将会加速上涨，投资者宜迅速跟进买入股票。

CCI 指标自下而上突破 +100 线时，股价会出现一定上涨行情，同样，CCI 指标自下而上突破 -100 线时，股价同样会出现一段上涨行情，如图 7—24 所示。

宁波银行的股价在经历了一番下跌之后，CCI 指标却出现开始上涨的趋势，预示股价下跌行情将要结束。2010 年 9 月 29 日，股价收出一根倒 T 字形，预示股价反转时机即将到来，与此同时，CCI 指标自下而上突破 -100 线，成交量同步放大，预示股价马上将出现反转向上的行情。投资者宜迅速跟进买入股票。

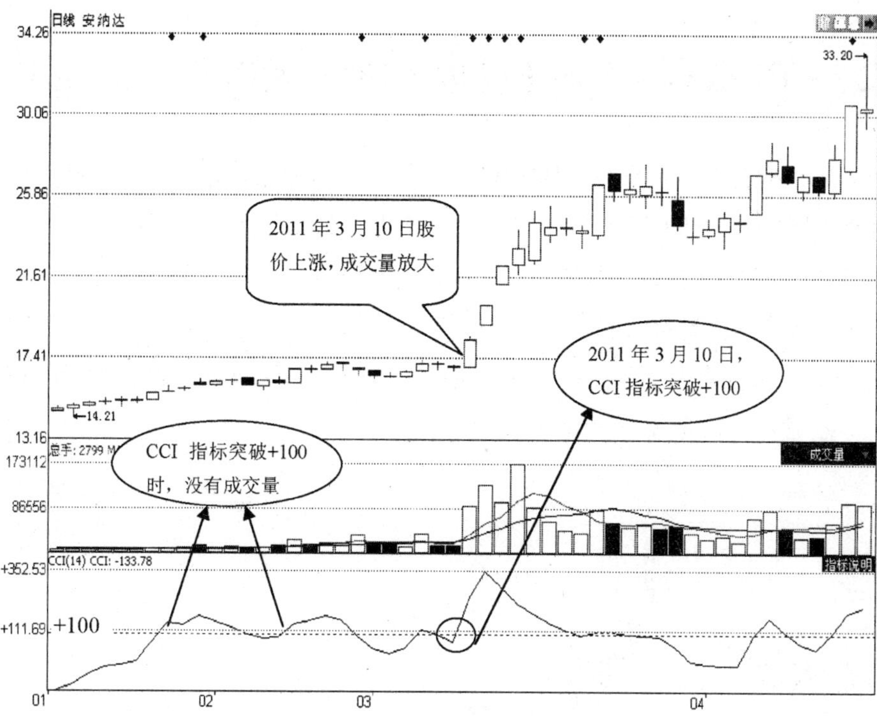

图7—23 安纳达（002136）日K线走势图

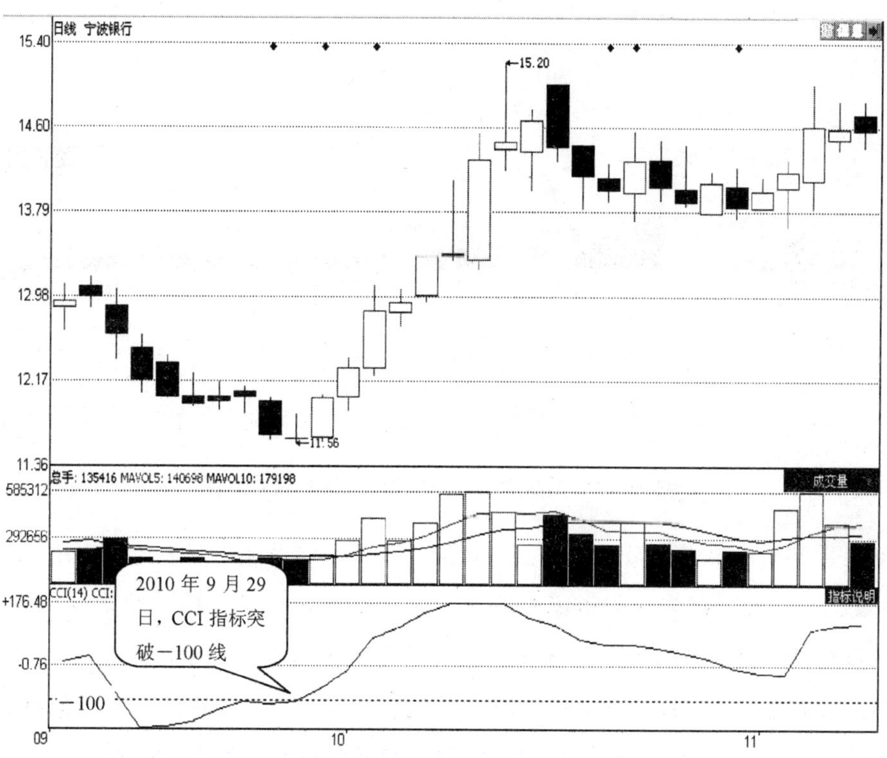

图7—24 宁波银行（002142）日K线走势图

二、CCI 指标自上而下跌破 ±100：卖出

当 CCI 指标自上而下穿越 ±100 线时，预示股价买盘不济，卖盘旺盛，投资者应该择时卖出股票，以防止给自己带来更大的损失。其操作要点如下：

1. 当 CCI 指标自上而下跌破 +100 线而进入震荡区间时，表明股价上涨趋势可能结束，投资者应考虑逢高减持。

2. 当 CCI 指标自上而下跌破 -100 线而进入非常态区间时，表明股价的跌势有可能加速，投资者不宜介入，如图 7—25 所示。

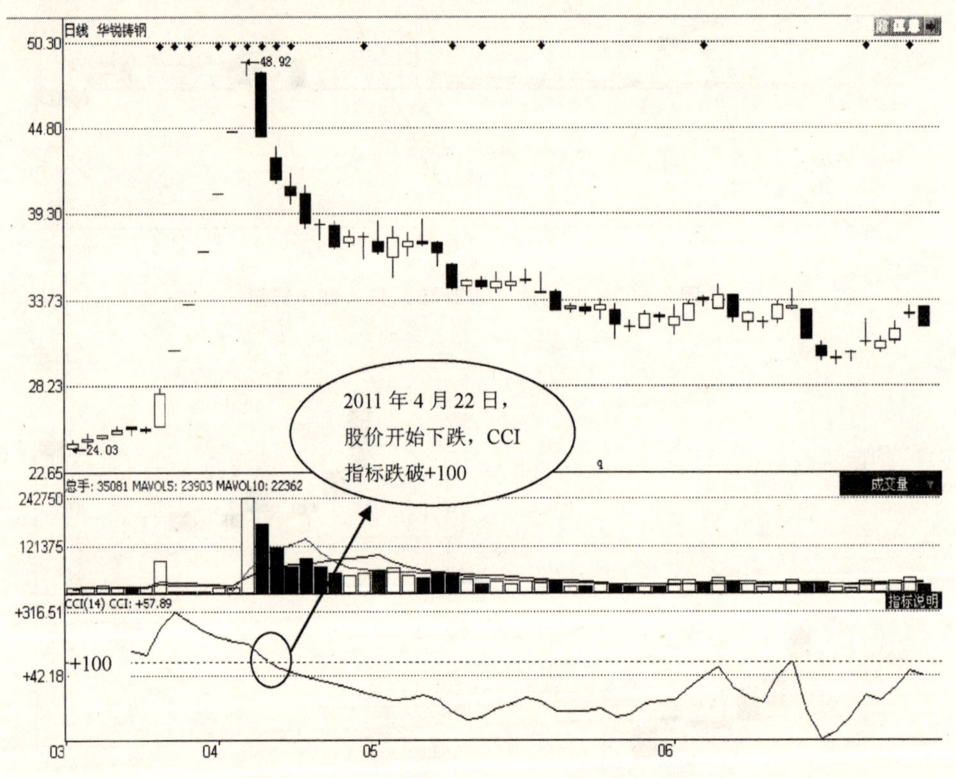

图 7—25 华锐铸钢（002204）日 K 线走势图

华锐铸钢的股价在经历了一番上涨之后，CCI 指标率先于 2011 年 4 月 22 日跌破 +100 线，预示股价短期内会出现回调。接着，股价开始了一轮下跌走势。此种形态预示股价还将持续一段时间的下跌走势，投资者宜迅速卖出手中股票。

CCI 指标自上而下跌破 +100 线时，股价会出现一定下跌行情，同样，CCI 指标自上而下跌破 -100 线时，股价同样会出现一段下跌行情，如图 7—26 所示。

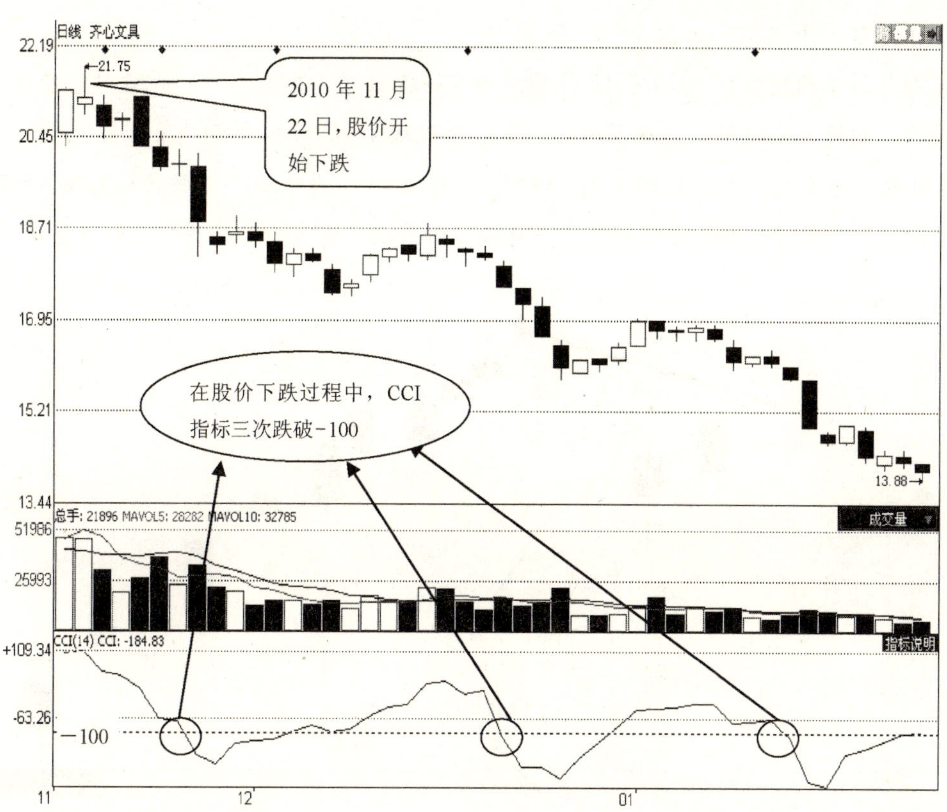

图7—26 齐心文具（002301）日K线走势图

齐心文具的股价在2010年11月22日达到阶段高点21.75元后开始下跌。股价从高点下跌后，CCI指标的指标线也从高点下跌，且在股价下跌过程中，CCI指标线三次跌破-100线，预示股价后期还将继续下跌走势。投资者宜迅速卖出股票，以防自己遭受损失。

三、CCI指标顶背离：卖出

CCI指标的顶背离是指股票的价位走势一波高过一波，而与此同时，CCI指标曲线却出现一波低于一波的走势，即价位走势与CCI曲线走势出现顶背离。CCI指标出现顶背离预示股价的上涨趋势将结束，新一轮的下跌将要开始。其操作要点如下：

1. CCI指标顶背离发生在当CCI指标值已经超过+100线后，且股价继续创出新高时，这时CCI指标出现下跌的走势。

2. CCI指标顶背离发出的是股价见顶的提前预警信号，一般这种信号都出现在股价真正反转向下之前，如图7—27所示。

东方园林的股价在2010年12月初经历了一轮上涨。2010年12月20日，股价创出新高后，出现小幅调整，与此同时，CCI指标也从+100线以上的高点回落。但是，经过了小幅调整之后，股价继续走高，并于12月31日，再创新高，股价达到138.99元，而此时，CCI指标并没有再创新高，而是与股价出现顶背离走势，预示股价将会下跌。

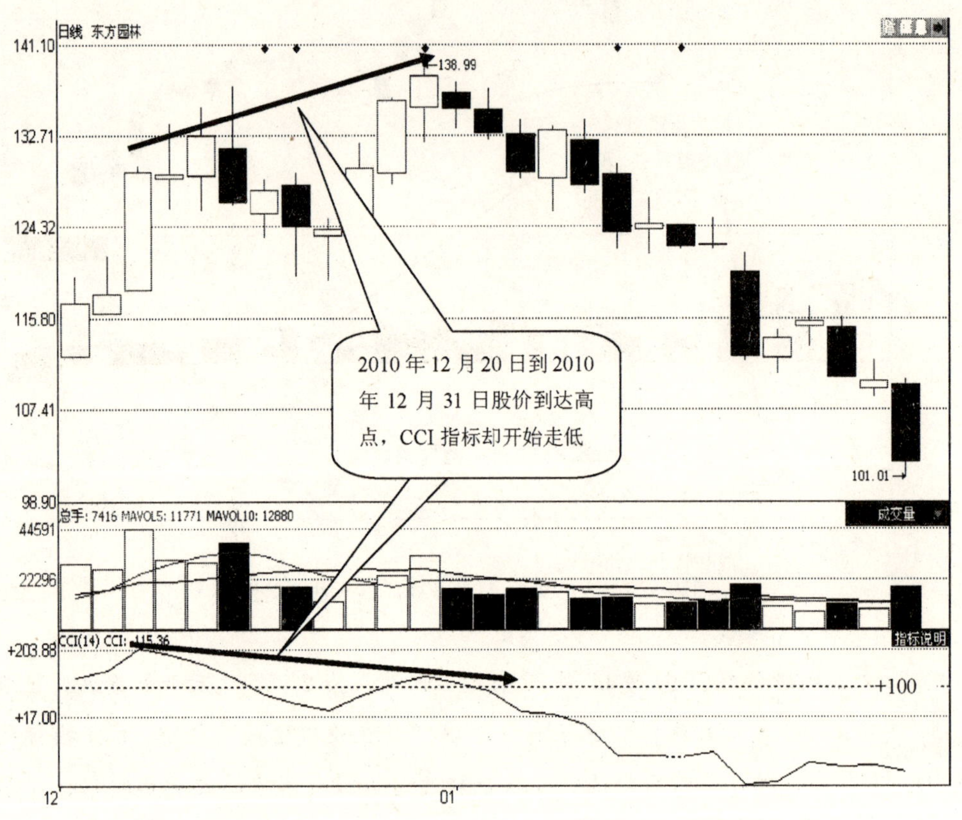

图7—27　东方园林（002310）日K线走势图

四、CCI指标底背离：买入

CCI指标底背离是指股票的价位走势一波比一波低，而与此同时，CCI指标曲线却出现一波高于一波的走势，即价位走势与CCI曲线走势出现底背离。CCI指标出现底背离预示股价的下跌趋势将结束，新一轮的上涨将要开始。其操作要点如下：

1. CCI的底背离一般是出现在远离-100线以下的低位区，如果出现在震荡区则背离形态将失去指示作用。

2. CCI 在低位区出现底背离时，一般要反复出现几次底背离才能确认，并且投资者只能做战略建仓或做短期投资。

如图 7—28 所示，久立特材的股价在 2010 年 12 月期间走出了震荡下行的趋势，2010 年 12 月 29 日达到一个阶段低点，与此同时，CCI 指标下跌到 -100 线以下。从 2010 年 12 月 29 日开始，股价震荡走高几个交易日之后重回跌势，并于 2011 年 1 月 21 日创下新低，同时 CCI 指标却出现上涨的态势，由此可见，CCI 指标与股价形成底背离，预示股价近期将结束下跌，开始一波反弹走势。

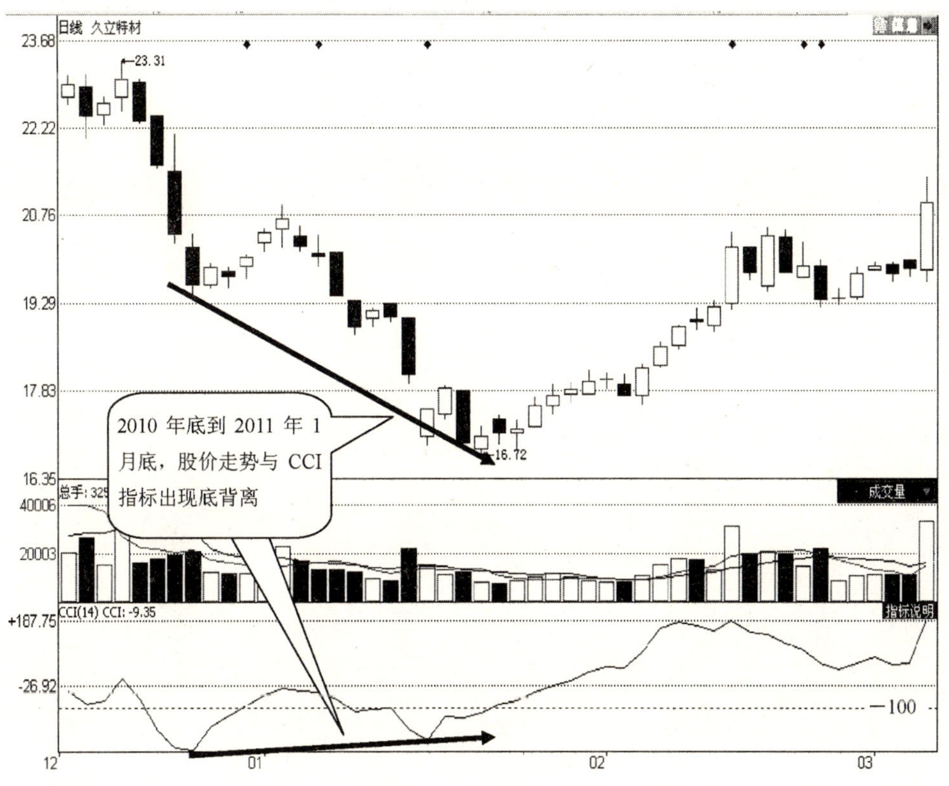

图 7—28　久立特材（002318）日 K 线走势图

➲ 股海箴言

CCI 指标专门测量股价是否已超出常态分布范围，属于超买超卖类指标中较特殊的一种，波动于正无限大和负无限小之间，但是，又不需要以 0 为中轴线，这一点也和波动于正无限大和负无限小的指标不同。

第八章

量价关系看盘实操

第一节　基本量价组合看盘实操

➲ 实战看盘

股价与成交量的关系归纳起来有两种：一是价量配合；二是价量背离。每一种价量关系对股价后期走势都有不同的预示意义。投资者可以通过分析这些价量关系，研判股价后市的变动趋势。

一、价升量增：量价健康积极买

价升量增，是指随着股价的不断攀升，成交量也在同步放大。一般称这种价量关系为“量价齐升”，这是最理想的价量关系，表明随着股价的上升，上升动力也在不断增强，预示着股价还将进一步走高，投资者可以积极买入股票。我们根据股价处于走势阶段的不同，可以将价升量增情况分成两种：一是底部回升时的价量齐升；二是上涨走势中的价量齐升。

1. 底部回升时的“价量齐升”

当股价经过长期大幅度下跌之后，此时出现这种“价量齐升”的情况，往往是股价见底的标志，表明资金开始持续进场，投资者应注意把握抄底买入时机。投资者在底部回升阶段运用“价量齐升”法买入股票时，应注意以下几点：

第一，“价量齐升”之前，股价已经有了明显的筑底情形，如技术指标进入超卖区间、技术指标与股价出现底背离等情况。

第二，“价量齐升”之时，如果K线图上发出了明显的反转信号，将大大增加“价量齐升”信号的可信度，如出现早晨之星、旭日东升等形态。

下面看一下西藏发展的案例，如图8—1所示。

西藏发展的股价从2010年12月份开始了一波震荡走低行情。股价在2011年1月底开始停止下跌，股价出现筑底行情，尤其是2011年1月26日到2月1日，股价出

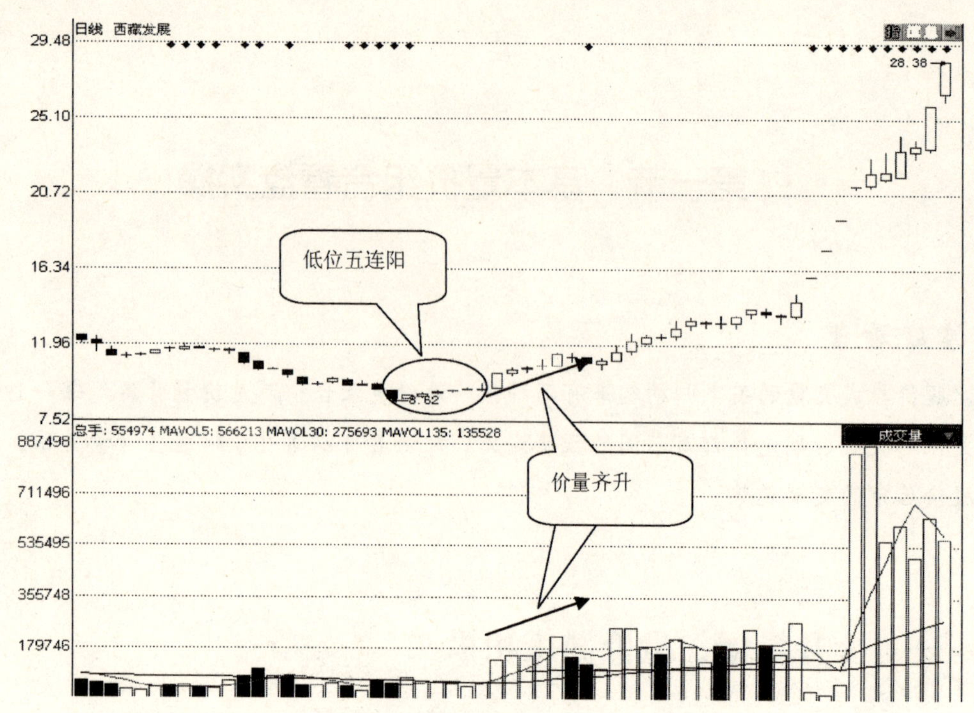

图 8—1　西藏发展（000752）日 K 线走势图

现低位五连阳，预示股价将要开始启动上涨行情。

随后，西藏发展的股价从 2011 年 2 月 10 日开始，出现了一波“价量齐升”行情，由于此前 K 线图上已经出现了低位五连阳，证明该股买入时机已到，投资者可以于此时买入该股。

2. 上涨趋势中的价量齐升

在上涨初期或上涨途中出现量增价涨，说明市场上多方力量强劲，投资者可及时跟进、大胆追涨。在这个过程中，股价的每次回调都是投资者较好的入场机会。投资者在股价上涨阶段运用“价量齐升”法买入股票时，应注意以下几点：

第一，“价量齐升”之时，相关的技术指标的数值都处于正常值范围内，没有出现超买的情况。

第二，“价量齐升”之时，如果 K 线图上发出了明显的持续信号，将大大增加“价量齐升”信号的可信度，如出现红三兵、上升三法等形态。

如图 8—2 所示，金瑞矿业的股价从 2011 年 1 月底开始了一波震荡上涨行情，股价在上证过程中，成交量不断攀升，尤其是 2 月底到 3 月初一段时间表现的更为明

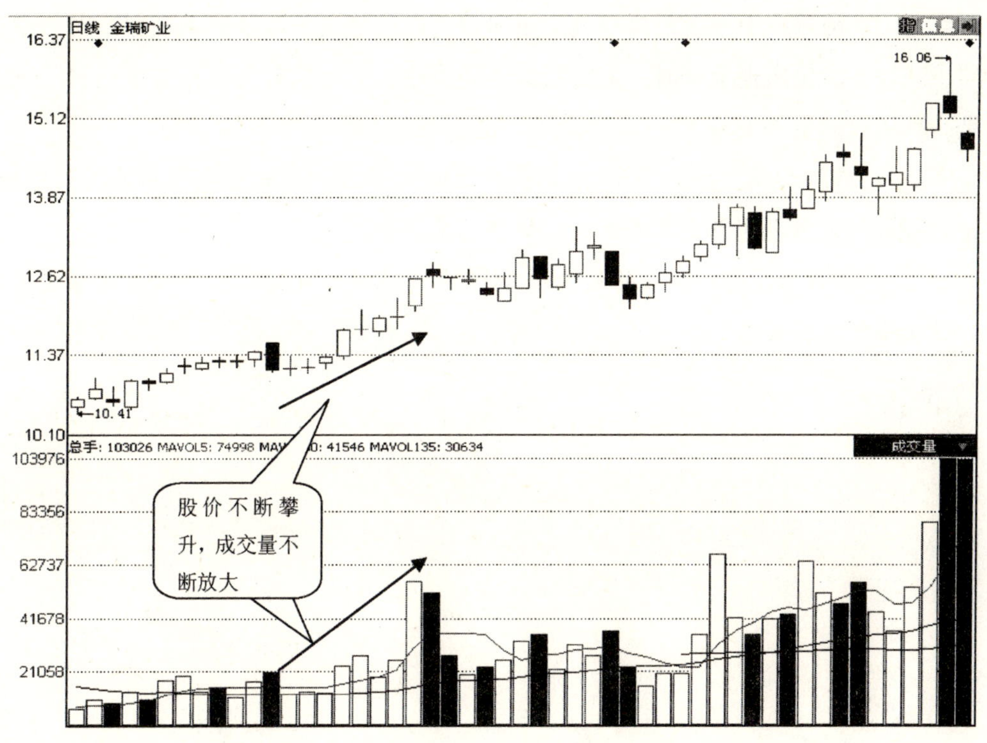

图8—2 金瑞矿业（600714）日K线走势图

显。这种走势说明该股价量关系比较健康，股价未来还将进一步上涨。投资者可以在股价出现回调时买入该股。

二、价跌量减：涨市买入跌市卖

量缩价跌，又称价量齐跌、缩量下跌，是指在成交量萎缩的同时，股价也同步出现下跌的量价配合现象。量缩价跌多出现在下跌行情中，也可能出现在上涨行情的回调过程中。

1. 上涨过程中的“价跌量减”

当股价上涨到某一阻力位后，会出现暂时的缩量回落现象，而之后的量价关系理顺后，股价通常会继续稳步上升。因此，可以认为这种量缩价跌是对前期上涨的一个短暂的回调和消化。看到该走势后，持股者可继续持股，持币者可以考虑逢低买入。上涨过程中出现价跌量减时，还应注意以下几点：

第一，上涨过程中股价应该与成交量保持这样的状态，即股价出现回调时，成交量同步减少；股价出现上涨时，成交量又会同步放大。也就是说，只有量价同步升降才是一种健康的量价关系。

第二，投资者不能看到上涨过程中，股价出现下跌，且成交量萎缩就买入股票，一定要等到股价出现回升时再买入，以免自己被深套其中。

如图8—3所示，青岛碱业的股价从2011年3月下旬开始展开了一波震荡上涨行情，股价不断创出新高。

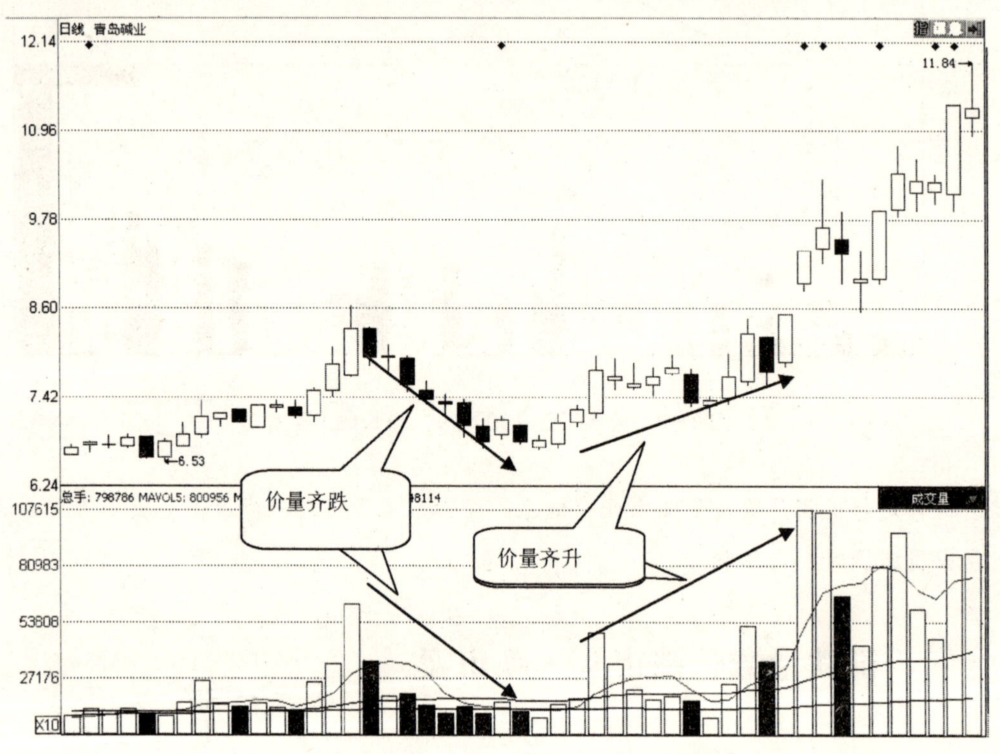

图8—3 青岛碱业（600229）日K线走势图

2011年4月20日，该股在上涨的途中出现调整，股价连续走低，成交量也同步出现萎缩，这说明此时很有可能属于庄家的洗盘行为，如果庄家出货，成交量应该出现放大。因而，投资者此时应密切关注K线图，一旦股价结束下跌，开始重新上涨，投资者就应第一时间选择买入该股。

其后，股价又与成交量出现同步上涨，这说明该股又延续了之前的上涨走势，投资者可以继续持有该股。

2. 下跌过程中的“价跌量减”

在下跌初期或途中，如果股价走势因成交量的递减而下跌，是十分正常的现象，表示股价将持续下跌，通常在下跌之后，上方卖压减轻，股价会进入短暂的反弹周期，但是整体向下的趋势基本是确定的。所以，看到这种走势后，投资者最好选择离场观望。下跌过程中出现价跌量减时，还应注意以下几点：

第一，股价在下跌过程中，不断在K线图上留下预示行情下跌的K线组合，如黑三兵、高位五连阴等，这更说明了该股下跌的可能性非常大，投资者应尽早离场。

第二，股价在下跌过程中，偶尔也会出现几次反弹，但投资者应注意，如果该股没有发出明显的到底信号，就不要过早地买入股票，以免被套在半山腰。

如图8—4所示，亚星化学在2011年7月15日创下10.15元的高点后出现了震荡下跌的走势。随着股价的下跌，成交量也同步出现萎缩的态势。这说明该股后市继续走跌的可能性非常大。投资者应迅速卖出该股。

2011年7月底到8月初期间，该股在下跌途中出现了一波反弹走势，但在反弹过

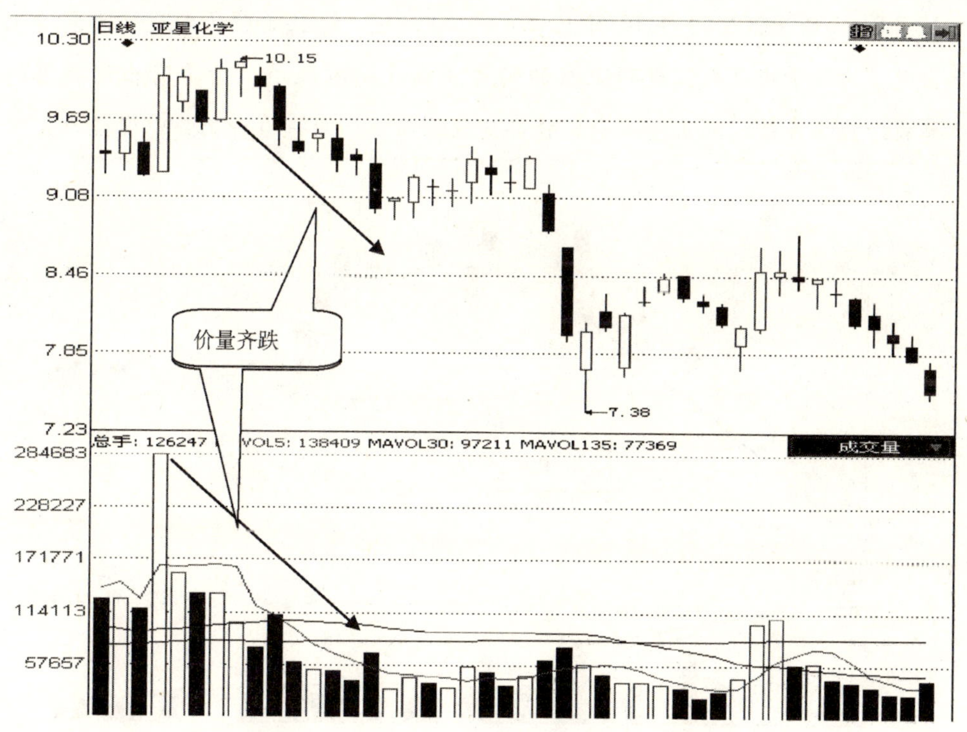

图8—4 亚星化学（600319）日K线走势图

程中，成交量并未出现放大，且该股也没有下跌到底的迹象，这说明此次反弹只能是昙花一现，并不能持续很久，投资者不要轻易买入该股。

三、价涨量减：期初买入期末卖

价涨量减，又称量缩价涨、缩量上涨，是指在成交量萎缩的情况下，股价反而出现较大涨幅的量价背离现象。量缩价涨大多会出现在一段上涨行情之后，有时也会出现在下跌行情的反弹过程中。在大幅上涨或大幅下跌之后出现了量缩价涨，很有可能是潜在的反转信号，投资者就应该注意行情是否有变盘的可能。

1. 长时间上涨之后的价涨量减

在一段较长时间的上涨之后，股价往往已经处于了高价位区间，此时，如果股价不断创出新高，而成交量却未能跟上，那么就在技术面上形成了价涨量减的背离现象。这通常是行情难以持续的反转信号，投资者应保持警觉。投资者最适宜的操作是趁势减仓，如果由于贪心而死捂着股票不放，则很有可能被套在顶峰上。

如图 8—5 所示，2010 年 10 月 12 日—26 日，兖州煤业的股价经过一番急速上涨之后出现了价涨量减现象，说明上涨的动力正在逐渐被耗尽，后市有出现回落的可能。持股者应该在此期间主动减仓，将部分获利回吐；而持币者仍应以观望为宜。

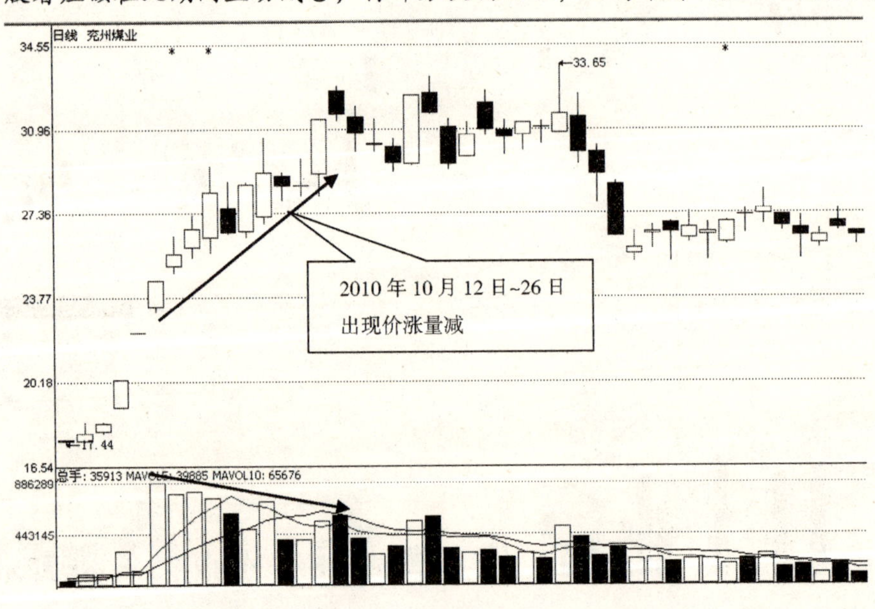

图 8—5 兖州煤业（600188）日 K 线走势图

2. 底部启动时的价涨量减

如果股价处于低价位区域或阶段性底部，这时出现价涨量减现象，则说明多空双方都看好后市，因此市面上抛盘较少，多方只好高价求货。如果接下来成交量温和放大，则上涨趋势基本确立，投资者可以果断买入。

如图8—6所示，2010年7月2日—6日，万科A（000002）的日K线图上出现了价涨量减走势。此时的万科A经过了一轮较大的跌势之后，正处低价位区间，持股者捂盘不忍割肉，因而成交量在上涨时不仅没有放大反而是缩减了。由于后市不明，所以投资者不必急于买卖。之后股价开始放大，上涨的势头基本确立，这时投资者就可以考虑买进了。

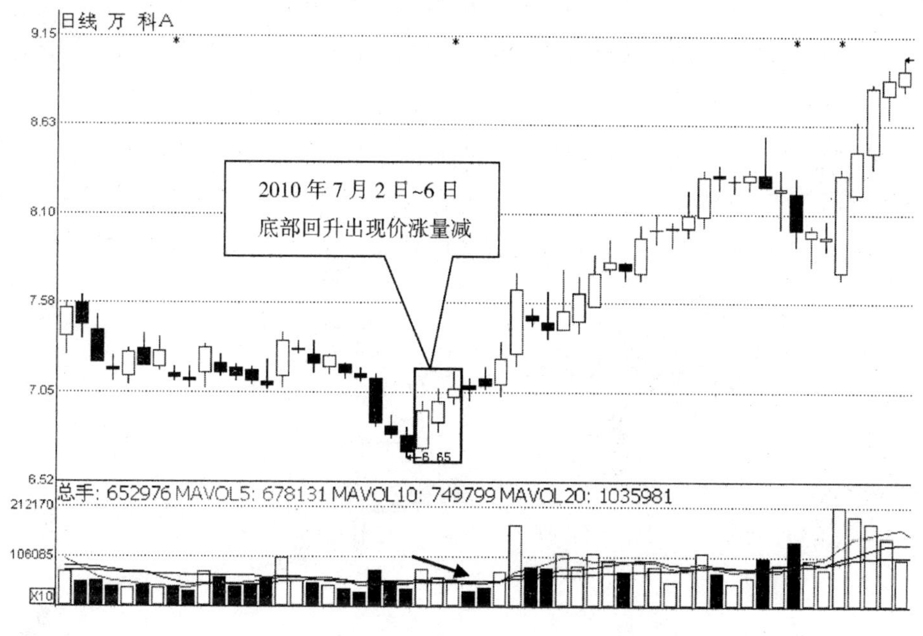

图8—6 万科A（000002）日K线走势图

四、价跌量增：期初卖出期末买

价跌量增，又称放量下跌，是指在成交量放大的同时，股价反而出现较大幅度下跌的量价背离现象。这种走势一般出现在下跌行情中，其中大多出现在下跌行情的早期，有时候也会出现在上涨途中。价跌量增的出现可能是由多种因素造成的，一般说明空方对后期的悲观预测超过了多方的乐观估计，因而纷纷加入抛售的行列，不过也可能是庄家在故意制造陷阱进行吸筹。所以，对后市的判断必须结合该现象的走势形态和所处位置来进行。

1. 下跌初期的价跌量增

在下跌行情的初期出现价跌量增，表示经过一段较大的上涨之后，股价已经处于高价位区域，市场上的获利筹码也越来越多，于是投资者纷纷抛出股票将获利回吐，股价开始下跌。这是强烈的卖出信号，投资者最好及时清空仓位。下跌初期出现价跌量增时，投资者还应注意观察以下几点：

第一，K 线形态。下跌初期出现价跌量增时，K 线图上往往会留下中阴线或大阴线的痕迹，这说明空头力量比较强大，投资者宜避而远之。

第二，均线形态。下跌初期出现价跌量增时，均线往往会出现死亡交叉，这也预示该股其后会有一段下跌之路。

如图 8—7 所示，京山轻机的股价在 2011 年 8 月 10 日达到短期高点之后，股价出现见顶迹象，随后，2011 年 8 月 15 日，股价开始出现下跌，且股价在下跌过程中，成交量却出现了放大迹象，这说明该股后市下跌的速度可能要加快。

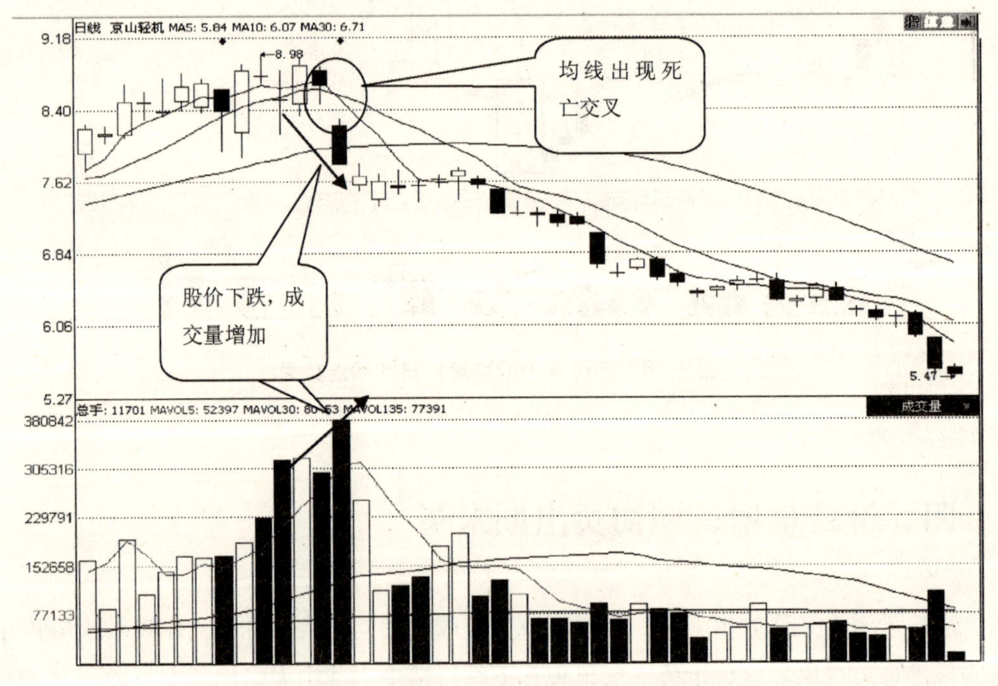

图 8—7 京山轻机（000821）日 K 线走势图

下面再看一下该股的K线走势图，从图8—7中可以看出，当该股K线图上出现中阴线时，均线也正好走出死亡交叉形态，这也印证了该股以后将会下跌的判断。

2. 下跌末期的价跌量增

股价在深度下跌之后，正处于低价位区域，这时出现了价跌量增，表明股价离真正的底部已经不远了，是一种潜在的反转信号。下跌末期出现价跌量增时，投资者还应注意观察以下几点：

第一，观察K线形态。如果K线出现了明显的反转形态，如早晨之星、曙光初现等，将增大该股出现反转的可能性。

第二，技术指标，如果股价在低位区域出现了价跌量增情况，此时KDJ等指标处于超卖区间，则可增大该股其后反转的可能性。

如图8—8所示，经过一波较大幅度的跌势之后，2011年6月24日—29日，华仪电气的日K线图上出现了价跌量增走势。在这三个连续的交易日中，下跌速度越来越快，而成交量却温和放大，这有可能是庄家在底部吸筹，行情即将抵达阶段性底部。此时，投资者无论是持币还是持股都应该以观望为主。不久之后该股开始止跌回升，投资者可以在涨势基本确立后进行建仓或补仓。

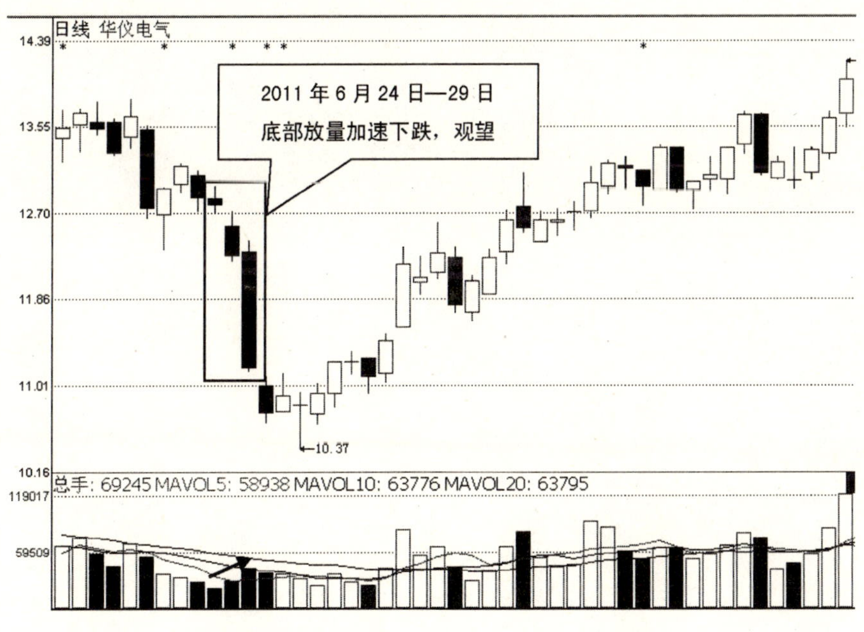

图8—8 华仪电气（600290）日K线走势图

股海箴言

每一种量价组合，在不同的阶段都有不同的意义。同样的量价组合，出现在上涨阶段应该卖出股票，而出现在下跌阶段也许就该买入股票了。

投资者最好不要只根据量价关系来判断买入股票的时机，因为，通过量价关系判断的买入时机往往是一个阶段，而投资者要想确定具体的买入时间点，还需要结合其他分析方法。

第二节 特殊量价形态看盘实操

➲ 实战看盘

凡事都有特例，股价与成交量的关系也不例外。当股价处于特定位置时，成交量出现的各种异常形态，往往又会预示股价将会出现某种特定的变化。正因如此，投资者通过对这些特殊量价形态的研判，就可以预测股价的变动趋势了。

对于投资者来说，股价处于低位和处于高位时，是尤其需要注意的两个阶段，因而，我们在研究特殊的量价形态时，也将股价处于低位和高位作为重点。我们本节主要研究当股价处于低位或高位时，成交量出现的异常变化对后市股价的影响。

一、天量创出天价：卖出

所谓天量，是指某一只股票的成交量在一定时间内达到了一个极大值。股市中，评判某只股票成交量的大小一般通过换手率来衡量。一只股票的换手率在10%以上，那么，可以称之为巨量；如果一只股票的换手率达到15%或20%以上，且是一段时间内的最大成交量，那么就可以称之为天量了。

股价在放出天量的同时，如果还创出了天价，那么，很有可能是股票经过一段时间的上涨之后，庄家通过最后一冲完成最后的派发任务，接下来股价走低的可能性非常的大。下面来看一下天量创出天价的操作要点：

1. “天量见天价”是股票市场的一个普遍性规律，但是“天量”的判断却非常困难，原因是成交量没有封顶，当成交量创出新高时，往往还有更高的成交量出现。这时，投资者就需要综合考虑股价所处的位置，如果股价已经出现过高涨幅，那么，投资者一旦发现成交量不能继续放大时，就需要选择卖出股票了。

2. “天量见天价”往往会形成一个阶段性的顶部，而这个顶部还会对后来股价的上涨造成一定的压力，因此，当股价上涨到“天量见天价”位置时，投资者需要特别谨慎。

3. 当股价形成一个“天量见天价”的短期顶部之后，如果股价继续上涨，成交量超过原来的“天量”，则股价还会出现一波上涨行情。

如图8—9所示，青山纸业的股价从2010年底开始了一波震荡上涨行情，从2011年4月下旬开始，股价出现了加速上涨迹象。

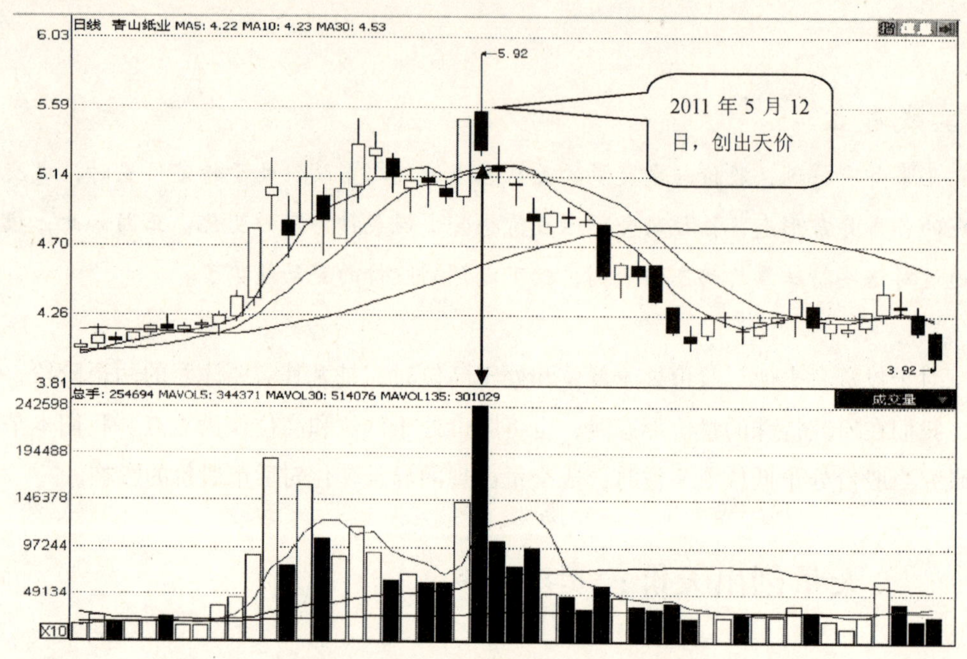

图8—9 青山纸业（600103）日K线走势图

青山纸业的股价在被拉升之后，经过了几个交易日的盘整，于2011年5月12日创出这一波上涨以来的最高价，也就是通常所说的“天价”。再看一下该股当天的成交量情况。该股当日换手率达到24.85%，且创出了一波上涨以来的最高值，这说明该股成交量也达到了“天量”水平，至此，我们可以认定，该股出现了“天量创出天价”形态，此时，股价下跌的可能性非常大，如果下一个交易日股价和成交量不能继续创出新高，投资者就应该卖出手中的股票。

在图8—9中的案例中，“天量”与“天价”出现在了同一个交易日，事实上，很多时候，“天量”与“天价”并不会在同一天出现。有时，“天量”出现一两个交易日以后，“天价”才会出现，这时，仍然不影响“天量创出天价”形态的成立。

下面来看一下凯乐科技的案例，如图8—10所示。

凯乐科技的股价从2011年1月底开始了一波上涨行情，股价不断创出新高。2011年5月4日，该股换手率达到10.71%，这是该股近一段时间以来成交量的最高

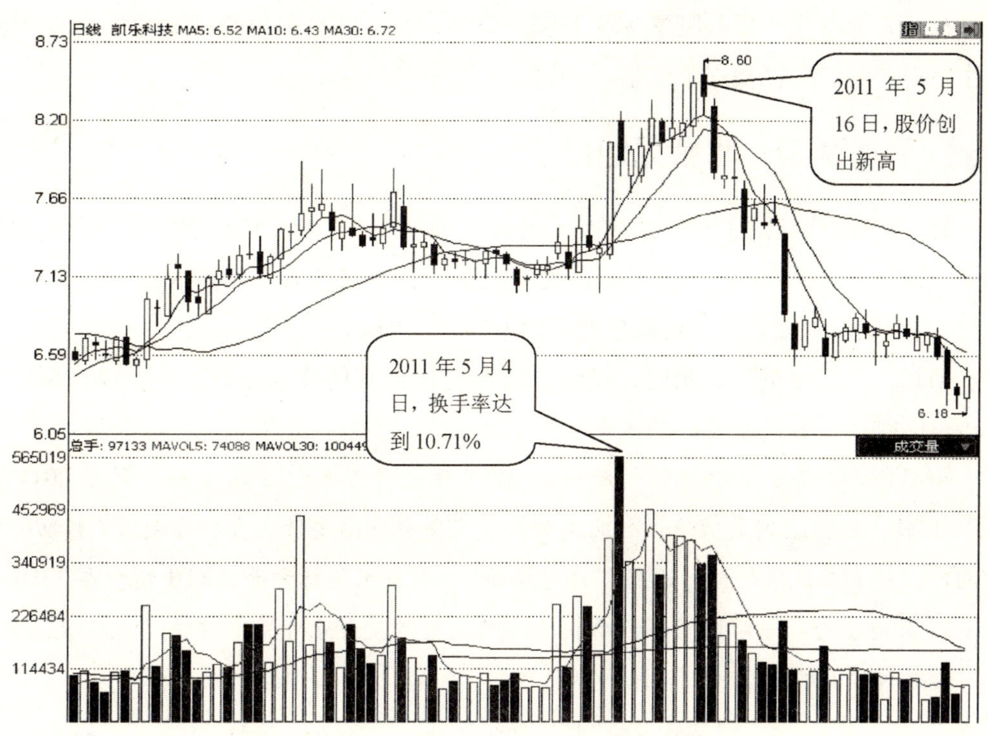

图 8—10 凯乐科技（600260）日 K 线走势图

点，也可以看成一个“天量”。此时，该股股价也创出了一个新高。

其后，该股股价经过了几个交易日调整之后，继续创出新高，投资者需要持续关注该股，一旦股价出现下跌，就应该果断卖出股票。2011 年 5 月 16 日，股价创出最高点之后，开始走低，投资者应于此交易日卖出股票。

这时，投资者如果观察该股成交量与股价形态就会发现，此时，成交量与股价走势出现了明显的背离，即股价创出一波新高，而成交量却出现走低的态势，这预示着股价即将见顶。该股后期的走势印证了这一判断。

二、地量创出地价：买入

地量，是股市中比较常见的一种成交情况。地量分为两种情况：一是绝对地量，即一只股票某个交易日的成交量创下了上市以来的历史最低值；二是相对地量，即一只股票在某一时间段内创下了成交量最低值。

“地量见地价”是指当地量出现时，往往意味着一个阶段性或全局性底部的来临，投资者可以选择买入股票等待上涨。但是，在下跌途中出现“地量”与在上涨途中出现“地量”的操作手法是不同的。

1. 下跌途中，地量见地价

第一，在下跌过程的末端，经常会出现“地量”，这时，往往意味着该股底部的到来，投资者宜买入该股。但是，出现“地量”并不意味着一定进入了下跌的末端，有时，“地量”只能意味着阶段性低点的来临。

第二，当“地量”出现时，投资者还需要综合其他技术分析方法，以判断价格是否也同时达到了“地价”的水平。

如图 8—11 所示，伊力特的股价从 2011 年 3 月开始，一路下行，到了 2011 年 6 月 20 日，股价达到最低值，与此同时，成交量也逐渐走低，在 6 月底到 7 月初一段时间内，一直在低位徘徊，达到“地量水平”。在技术指标方面，KDJ 指标在 2010 年 6 月 20 日前后进入超卖区间，预示股价将触底反弹，由此可见，该股“地量见地价”的可能性较高，投资者可以跟进买入该股。

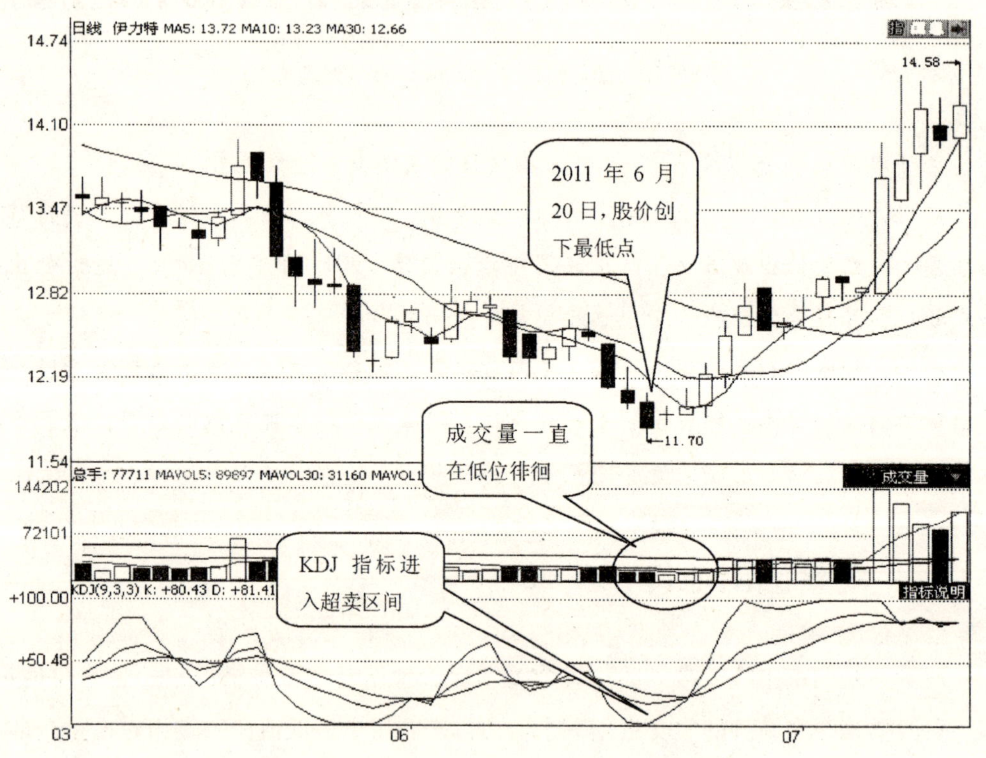

图 8—11 伊力特（600197）日 K 线走势图

2. 上涨途中，地量见地价

第一，股价上涨过程中，所谓的“地量”指的都是相对地量，而非绝对的地量。投资者应注意对股价变化的比较。

第二，股价上涨过程中，出现“地量”的情况，往往都是上涨回调中的缩量情形，这种时候往往是投资者加仓的最好时机。在股价上涨过程中，股价一旦出现缩量回调，投资者应及时买入股票。

如图8—12所示，海南海药的股价从2011年6月开始，一路上涨，走出一波上涨行情，在2011年7月底到8月初期间，该股股价出现回调，与此同时，该股的成交量也出现显著的下降，一度达到一段时间以来的最低值。投资者可以逐步跟进买入股票，以博取未来股价上涨带来的收益。

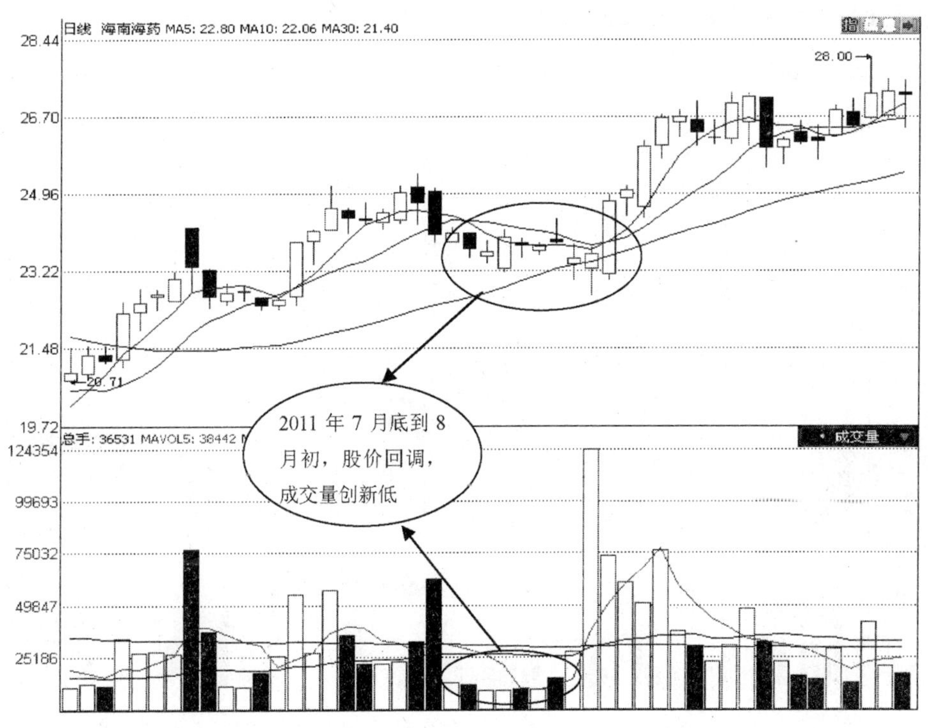

图8—12 海南海药（000566）日K线走势图

三、低位放出巨量：买入

所谓的巨量是相对于最近一段时间内的成交量而言的。一般来说，能够放出巨量都是与庄家的操作相关，要么是庄家集中建仓，要么是庄家集中出货。由于已经经过了一段时间的下跌，庄家出货已经接近完毕，所以，低位能放出巨量，就说明股票在低位有大量资金的介入，后期一定会有可观的涨势。低位放出巨量的操作要点如下：

1. 如果股价在低位放出巨量，且股价突破一系列的阻力线（如30日均线、60日均线等），则说明股价已经开始启动，投资者应该及时跟进。

2. 投资者在跟进买入股票时，应该设立一个止损位（一般可以把股价启动前的低点设为止损位），如果股价跌破这一止损位，投资者应该卖出股票止损。

3. 股票放量上涨时的位置很重要，如果股价仍处于低位，那么，投资者可以放心介入，而一旦股价已经有了一定的涨幅之后，投资者就需要慎重了。

如图8—13所示，四方股份股价在经历了一系列低位盘整之后，2011年6月23日突然出现放量大涨行情，量价齐升，而且股价一直在低位盘整，说明股价未来上涨的可能性较大。投资者应该及时跟进买入，以获得未来的投资收益。

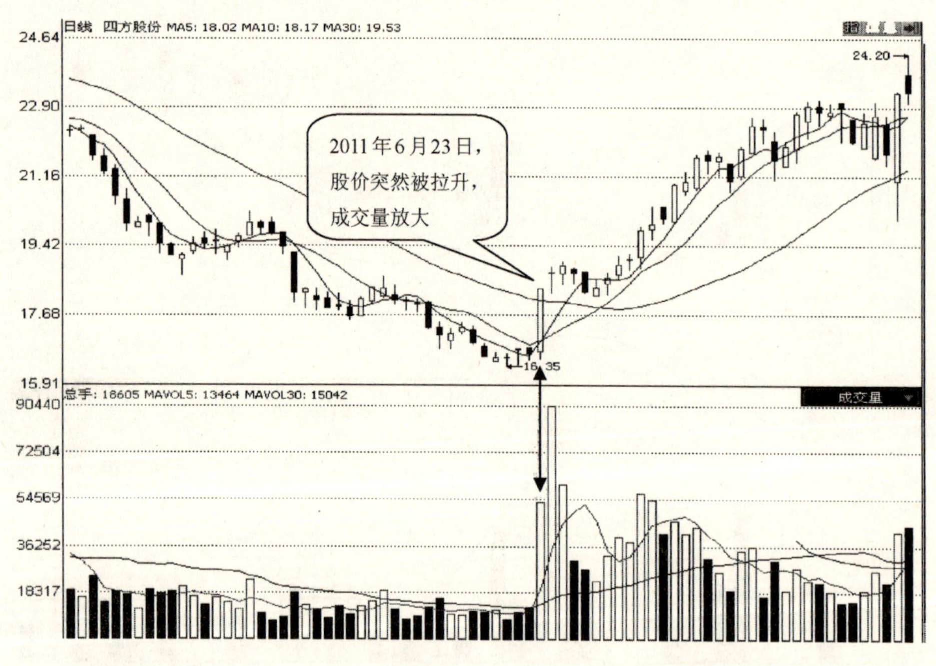

图8—13 四方股份（601126）日K线走势图

四、巨量打开涨停板：卖出

当一只股票封住涨停板时，如果其成交量很小，则下一交易日很可能会继续上涨；反之，如果成交量较大，则继续上涨的可能性就会很小。因此，如果一只股票在涨停后，遭到巨量资金打压，进而打开涨停板，那么，该股的后续走势下跌的可能性非常大。某只股票出现巨量打开涨停板的操作要点如下：

1. 一般情况下，如果一只股票开盘半小时以内即封住涨停，则后续上涨的可能性就会很大；反之，封住涨停板的时间越晚，后续走势下跌的可能性也就越大。

2. 当一只股票的涨停板被巨量卖单砸开，意味着庄家已经开始大规模出货，卖方力量开始强于买方力量，后期走势堪忧。

下面以航天科技在2010年10月到2010年12月的走势为例进行说明，如图8—14所示。

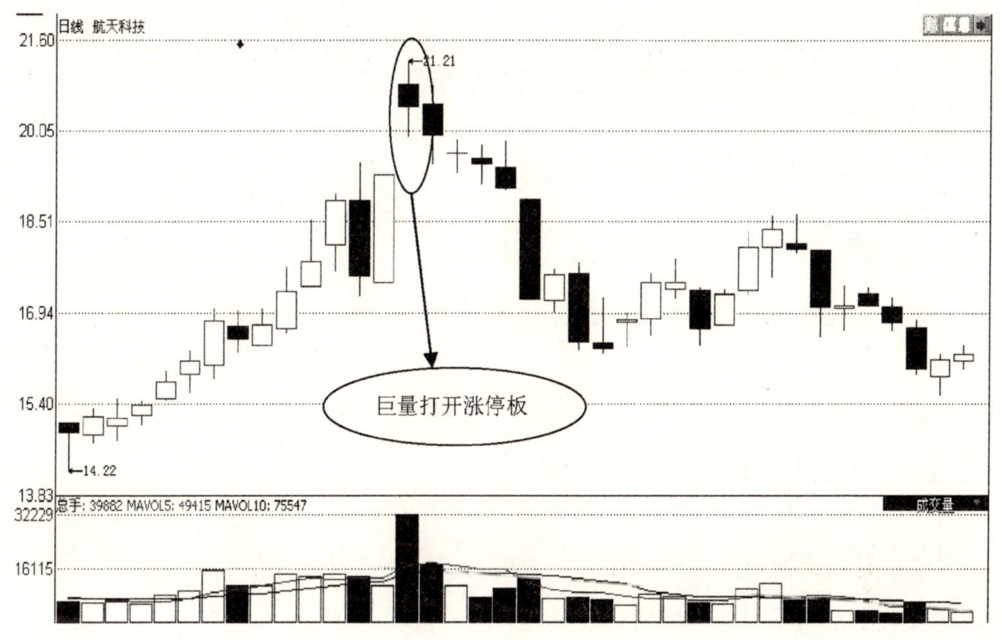

图8—14 航天科技（000901）日K线走势图

航天科技的股价从2010年10月中下旬开始一路上涨，2010年11月4日，更是早早地封住了涨停板。11月5日，航天科技的股价再次高开后一路向上，期间曾一路冲上涨停板，最终由于巨量卖单的打压，股价未能封住涨停板，全天换手率19.49%。投资者看到此种情况应果断卖出股票。下面来看一下航天科技在2010年11月5日的分时走势图，如图8—15所示。

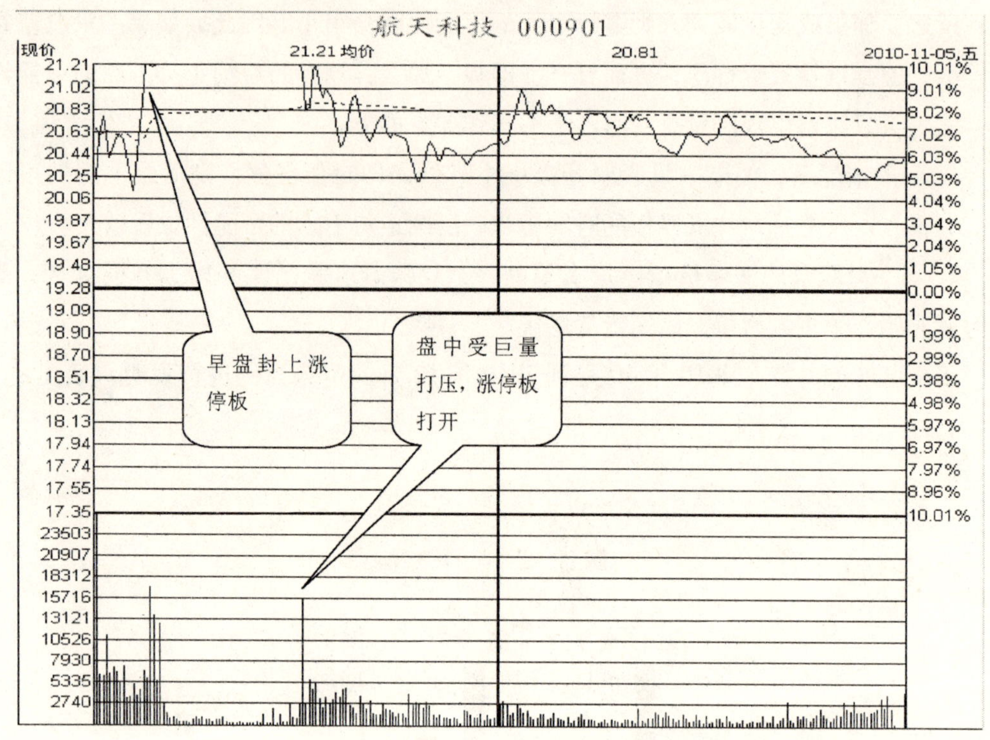

图 8—15 航天科技（000901）分时走势图（2010 年 11 月 5 日）

五、巨量打开跌停板：观望

跌停板是交易所规定的股价在一天中相对前一交易日收盘价的最大跌幅。如果一只股票被打压至跌停板，则说明该股只能买入不能卖出了。

当一只股票的股价从跌停板上被拉起，投资者就需要注意观察该股其后几个交易日的走势，如果股价开始向上运行，则应果断跟进买入；股价向下运行，则继续观望。某只股票出现巨量打开跌停板的操作要点如下：

1. 当跌停板被巨量资金打开后，股价在接下来的几个交易日内没有再创新低且成交量明显萎缩，可确认是中短期底部来临，投资者可执行买入操作。

2. 如果跌停板被打开后，股价仍旧维持下跌格局，投资者且不可轻易买入股票，以免被套。

如图 8—16 所示，建峰化工的股价从 2010 年 10 月底开始一路震荡下跌，从 2011 年 1 月底开始了一波反弹行情，且该股从 2011 年 2 月 19 日开始停牌。

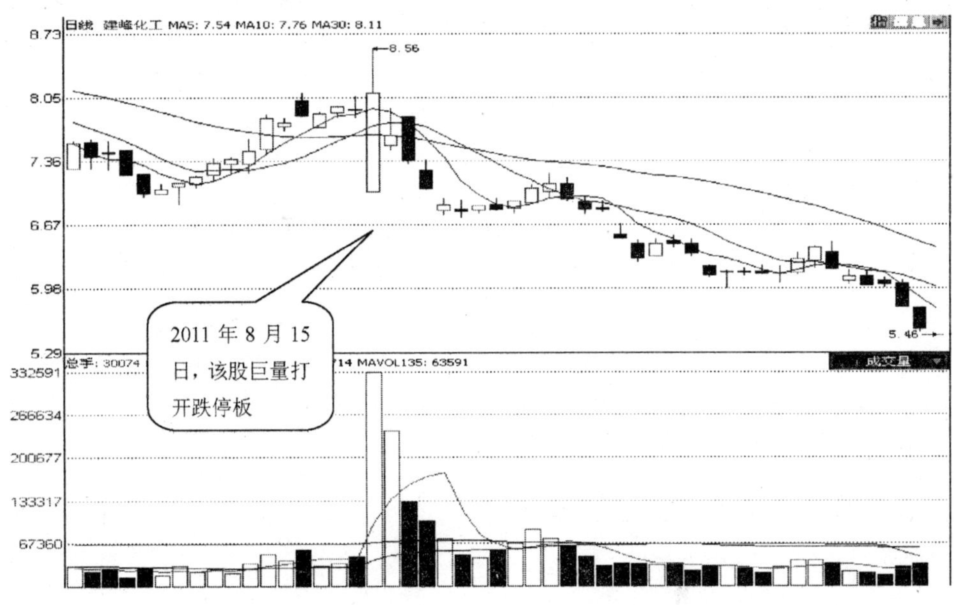

图 8—16 建峰化工（000950）日 K 线走势图

由于在该股停牌期间整个大盘下跌幅度较深，因而，当建峰化工在 2011 年 8 月 15 日复牌之后，股价出现了补跌行情，当日以跌停价开盘，其后，该股被巨量打开跌停板，股价一度冲击涨停板，全天震荡幅度达到 19.80%。下面看一下该股在 2011 年 8 月 15 日的分时走势图，如图 8—17 所示。

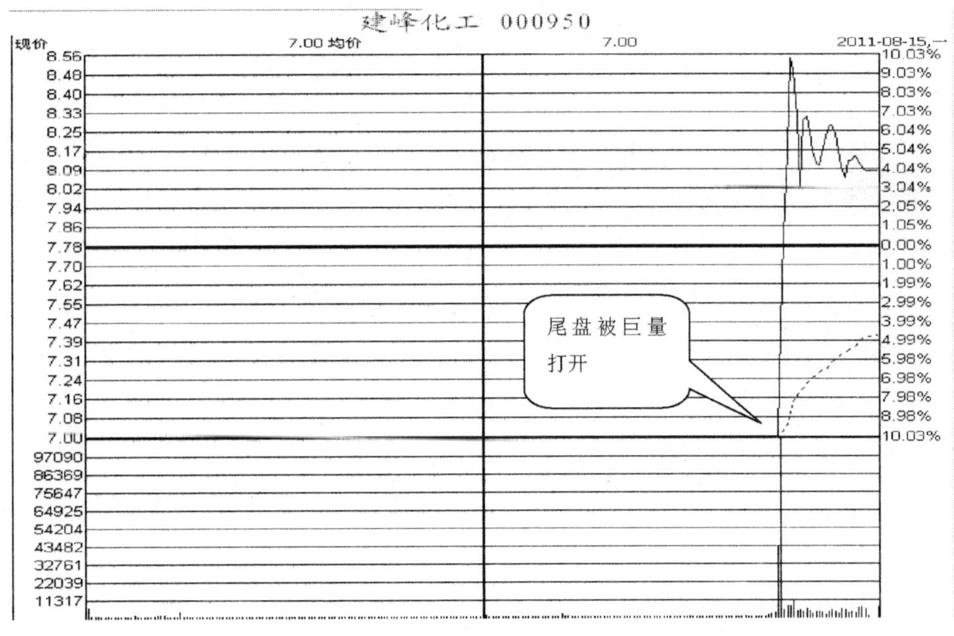

图 8—17 建峰化工（000950）分时走势图

投资者需要密切关注该股的走势，如果该股在随后的几个交易日无法走高，则需要卖出股票。

➲股海箴言

成交量会说话。当成交量出现极低值或极高值时，往往意味着股价的走势将会出现一定的变化，尤其是股价处于某些特殊的阶段时，如底部或顶部。成交量变化的背后都有庄家操作的身影，我们研究成交量的变化就是找寻庄家的足迹，并进而优化自己的投资决策。